公用文の書き表し方と用字用語の使い分け
―公用文作成のポイント―

川﨑　政司　編著

新日本法規

は じ め に

　公用文は、国・地方公共団体等の公的な機関の事務事業において用いられる文章ないし文書であるが、正確性や分かりやすさが基本とされ、そのために漢字の使用、送り仮名、仮名遣いなどそれを書き表すための基準が定められ、国民に公表されている。このようなことから、公的な機関において用いられる文書だけでなく、個人が公的機関に提出する文書、さらには一般の人々の間で正式なものとして用いられる文書等の作成においても、公用文の書き表し方の基準に準拠することが多く、例えば、常用漢字表に関しては学校教育や人々の漢字使用の目安となっているのである。

　そして、公用文の書き表し方の基準については、それぞれ、時代の変化や社会状況などを踏まえて改訂が行われてきている。

　そのような中で、2022年1月に「公用文作成の考え方」が公表され、約70年ぶりに公用文の基本的なルールが見直された。そこでは、これまで用いられてきた公用文の書き表し方の原則が今後とも適切に適用されることが目指されるとともに、社会の多様化や日本語の変化、とりわけ読み手や媒体の多様化に対応するために、読み手とのコミュニケーションとしての公用文作成、目的や種類に応じた公用文作成といった基本的な考え方が新たに打ち出され、書き方や表現の幅が広がることにもなった。その点では、これからは、公用文の目的・種類・読み手等に応じて柔軟な書き方が求められることになるが、その一方で、そのベースとなるものとして、各種の書き表し方の基準や用字用語の使い分けのポイントについて理解しておくことが必要である。

　本書は、公用文を作成する場合の基本となるものとして、公用文の書き表し方について幅広く多角的に説明するとともに、公用文における用字用語の使い分けについて用例を示しながらそのポイントを解説するものである。

このうち、第Ⅰ編の「公用文の書き表し方」においては、「公用文作成の考え方」に即しつつ、公用文の書き表し方の基準などを踏まえ、公用文の書き表し方の基本について、広く、分かりやすく丁寧に説明を行っており、読み手に伝わる公用文ないし文章を書く上で役立つものとなっている。

　また、第Ⅱ編の「用字用語の使い分け」においては、公用文で使用することが多い、あるいは公用文を書く場合に使い分けを知っておく必要がある同音異義語、同音類義語、異字同訓漢字、類義語、品詞・用法等による漢字と仮名の表記の使い分け、送り仮名、法令用語、法律類語、数字の表記や符号の使い分けを対象として、217の項目を取り上げ、それぞれの使い分けについて解説を行っている。それぞれの項目では、読者が理解しやすいよう、まず使い分けのポイントを簡潔に示した上で、その分類と根拠となる書き表し方の基準を挙げるとともに、それぞれの用語の意味・用法などを例を挙げながら説明し、さらに、読者の理解を深めるため、使い分けの具体的な解説を行うほか、応用や発展的な事項、言い換え、関連用語、関連知識などにも言及している。

　本書は、公用文の書き表し方と用字用語の使い分けの解説を組み合わせた総合的な解説書となっているほか、それぞれの構成・内容についても読者の視点に立った独自の工夫を行っており、これまで版を重ねてきている『注釈公用文用字用語辞典〔第10版〕』（新日本法規出版株式会社、2023年）の姉妹書としても位置付けられるものである。

　公用文の作成はもちろんのこと、それにとどまらず、文章・文書を書き作成する場合の便利で頼れるガイドブック・マニュアルとして、広く活用され、多くの方々のお役に立つことができるならば、幸甚である。

2025年1月

　　　　　　　　　　　　　　　　　川﨑政司

編著者・執筆者一覧

編　著

川﨑　政司
（慶應義塾大学大学院法務研究科客員教授）

第Ⅱ編執筆者等（順不同）

・宇田川　令　子

・滝　川　雄　一

・齋　藤　陽　夫

・藤　田　弓　子

・桑　原　　　明

・林　　　　　佑

・小　島　佳　奈

・木　村　　　歩（編集）

目　　次

第Ⅰ編　公用文の書き表し方

ページ

第1　公用文について ……………………………………… 3

1　公用文とは ……………………………………………… 3
2　公用文の基礎 …………………………………………… 5

第2　公用文の書き表し方の基準について ………………… 8

第3　公用文の書き方について ……………………………… 16

1　公用文作成の在り方 …………………………………… 16
2　文書の目的や種類に応じた書き方 …………………… 19
3　公用文作成の基本 ……………………………………… 24
4　伝わる公用文の書き方 ………………………………… 31
5　文書の構成 ……………………………………………… 36

第4　公用文の表し方について ……………………………… 41

1　表記の基本 ……………………………………………… 41
2　漢字の使い方 …………………………………………… 41
3　送り仮名の付け方 ……………………………………… 50
4　外来語の表記 …………………………………………… 53
5　数字の使い方 …………………………………………… 55
6　符号の使い方 …………………………………………… 57
7　その他の表記の原則・留意点 ………………………… 61

第5　公用文における用語の使い方 ………………………… 63

1　使い方に注意を要する用語 …………………………… 63

2　　　　　　　　　目　　次

　2　紛らわしい言葉……………………………………………… 67
　3　文書の目的、媒体に応じた言葉の使い方………………… 70
　4　読み手に違和感や不快感を与えない言葉の使い方……… 72
　5　その他の言葉の工夫………………………………………… 74

　第6　より確かに伝わる公用文のために……………………… 77

第Ⅱ編　用字用語の使い分け

　第1　用字用語を使い分けることの意味とこの編の
　　　　構成・解説等について ………………………………… 81

　第2　「用字用語の使い分け」解説……………………………… 86
〔1〕　会う／合う／遭う………………………………………… 86
〔2〕　空く／明く／開く………………………………………… 88
〔3〕　上げる／挙げる／揚げる／あげる……………………… 90
〔4〕　明渡し／引渡し／受渡し………………………………… 92
〔5〕　価／値……………………………………………………… 95
〔6〕　あっせん／仲介／仲裁／調停…………………………… 96
〔7〕　当てる／充てる／宛てる………………………………… 100
〔8〕　表す／現す／著す………………………………………… 102
〔9〕　ある／有る／在る………………………………………… 104
〔10〕　合わせて／併せて／あわせて…………………………… 106
〔11〕　言う／いう………………………………………………… 108
〔12〕　以下同じ／以下「○○」という………………………… 110
〔13〕　行く／いく………………………………………………… 112
〔14〕　意志／意思………………………………………………… 113
〔15〕　以上／超える、以下／未満……………………………… 115

〔16〕 異常／異状 ………………………………………… 117

〔17〕 移譲／委譲 ………………………………………… 118

〔18〕 以前／前、以後／後／以降 …………………… 120

〔19〕 委託／委任／委嘱／嘱託 …………………… 122

〔20〕 致す／いたす …………………………………… 126

〔21〕 頂く／いただく …………………………………… 127

〔22〕 悼む／痛む／傷む ……………………………… 128

〔23〕 違法／不法／不適法／脱法 ………………… 130

〔24〕 いる／居る ……………………………………… 133

〔25〕 受け入れる／受入れ／受入先 ……………… 134

〔26〕 内／うち ………………………………………… 135

〔27〕 写す／映す ……………………………………… 137

〔28〕 生まれる／産まれる …………………………… 139

〔29〕 閲覧／縦覧 ……………………………………… 140

〔30〕 お／御（おん）／御（ご）／ご ……………… 142

〔31〕 犯す／侵す／冒す ……………………………… 144

〔32〕 置く／おく ………………………………………… 146

〔33〕 後れる／遅れる ………………………………… 147

〔34〕 収める／納める／治める／修める ………… 149

〔35〕 恐れ／畏れ／おそれ（虞） ………………… 151

〔36〕 追って／おって ………………………………… 153

〔37〕 及び／並びに／かつ …………………………… 154

〔38〕 下りる／降りる ………………………………… 157

〔39〕 箇／か …………………………………………… 158

〔40〕 会社／企業／法人 …………………………… 160

〔41〕 解除／解約 ……………………………………… 162

〔42〕 解職／解任／辞任 …………………………… 164

〔43〕 改正／修正／訂正／更正／補正……………………166

〔44〕 改定／改訂………………………………………………169

〔45〕 価額／価格……………………………………………171

〔46〕 係る／関する／関わる……………………………173

〔47〕 科す／課す……………………………………………175

〔48〕 形／型（形式／型式）………………………………177

〔49〕 堅い／固い／硬い…………………………………178

〔50〕 過程／課程…………………………………………180

〔51〕 から／より…………………………………………181

〔52〕 から○日／から起算して○日…………………183

〔53〕 科料／過料…………………………………………185

〔54〕 代わる／替わる／換わる／変わる……………187

〔55〕 慣習／慣行／慣例…………………………………189

〔56〕 監督／管理／監理…………………………………191

〔57〕 起因／基因…………………………………………194

〔58〕 期間／期限／期日…………………………………196

〔59〕 棄却／却下…………………………………………199

〔60〕 聞く／聴く…………………………………………202

〔61〕 基準／規準…………………………………………203

〔62〕 規程／規定…………………………………………205

〔63〕 記名／署名…………………………………………207

〔64〕 休日／休暇／休憩／休業………………………209

〔65〕 給与／給料／賃金…………………………………213

〔66〕 行政機関／行政庁／行政官庁…………………216

〔67〕 協定／協約／条約…………………………………218

〔68〕 共同／協同／協働…………………………………221

〔69〕 強迫／脅迫…………………………………………223

〔70〕	許可／認可／免許………………………………	226
〔71〕	下さい／ください……………………………	229
〔72〕	国／政府／国庫…………………………………	230
〔73〕	位／くらい………………………………………	233
〔74〕	来る／くる………………………………………	235
〔75〕	契約／約定／約款／約束………………………	237
〔76〕	血族／親族／姻族………………………………	240
〔77〕	原本／正本／抄本／謄本／副本／複本………	243
〔78〕	権利／権限／権原／権能………………………	247
〔79〕	子／子供／児童…………………………………	250
〔80〕	故意／過失………………………………………	254
〔81〕	公開／公表／発表………………………………	256
〔82〕	更改／更新／延長………………………………	259
〔83〕	公告／広告／公示／告示………………………	262
〔84〕	更生／更正／厚生／公正………………………	266
〔85〕	交代／交替………………………………………	268
〔86〕	合法／適法………………………………………	270
〔87〕	公用／公共用／公有……………………………	271
〔88〕	考慮／配慮／勘案／参酌／しん酌……………	273
〔89〕	高齢者／老人／高年齢者／中高年齢者………	275
〔90〕	越える／超える…………………………………	278
〔91〕	答える／応える…………………………………	280
〔92〕	事／こと…………………………………………	282
〔93〕	この限りでない／妨げない……………………	283
〔94〕	歳／才……………………………………………	285
〔95〕	催告／督促………………………………………	287
〔96〕	探す／捜す………………………………………	289

〔97〕　作成／作製 …………………………………………… 290

〔98〕　差す／指す／刺す／挿す ……………………………… 292

〔99〕　更に／さらに …………………………………………… 295

〔100〕　時期／時季／時機 ……………………………………… 296

〔101〕　事故／事件／事案／案件 ……………………………… 298

〔102〕　志向／指向 ……………………………………………… 301

〔103〕　施行／適用／実施 ……………………………………… 302

〔104〕　支出／支弁／支給／交付／供与 ……………………… 304

〔105〕　辞職／失職／退職／免職／離職 ……………………… 307

〔106〕　施設／設備 ……………………………………………… 310

〔107〕　従って／したがって …………………………………… 312

〔108〕　実状／実情／実態／実体 ……………………………… 313

〔109〕　してはならない／することができない ……………… 315

〔110〕　指導／指示／指針 ……………………………………… 317

〔111〕　しなければならない／するものとする／することが
　　　　できる ………………………………………………… 319

〔112〕　支払／給付／弁済／履行 ……………………………… 322

〔113〕　事務／事業／職務 ……………………………………… 325

〔114〕　社団／財団 ……………………………………………… 327

〔115〕　住所／居所／住居 ……………………………………… 329

〔116〕　習得／修得 ……………………………………………… 332

〔117〕　十分／充分 ……………………………………………… 333

〔118〕　主旨／趣旨／要旨 ……………………………………… 335

〔119〕　受理／受領 ……………………………………………… 337

〔120〕　準用する／例による／同様とする …………………… 339

〔121〕　条／項／号、章／節／款／目／編 …………………… 341

〔122〕　使用／利用／占用 ……………………………………… 344

〔123〕	昇格／昇任／昇給／昇進………………………	346
〔124〕	償却／消却／焼却……………………………	348
〔125〕	上記／前記、下記／後記、次の／以下の、別記…………	349
〔126〕	召集／招集……………………………………	351
〔127〕	譲渡／譲与／贈与……………………………	352
〔128〕	使用料／手数料………………………………	354
〔129〕	所轄／所管／所掌……………………………	355
〔130〕	所有／占有／所持……………………………	357
〔131〕	承認／承諾／許諾／同意……………………	359
〔132〕	審議／審査／調査……………………………	361
〔133〕	申請／申告／申出／申立て…………………	363
〔134〕	推定する／みなす……………………………	365
〔135〕	政策／施策／対策／方策……………………	367
〔136〕	製作／制作……………………………………	369
〔137〕	清算／精算……………………………………	371
〔138〕	正当／相当……………………………………	373
〔139〕	責任／責め／責務……………………………	376
〔140〕	沿う／添う……………………………………	378
〔141〕	相談／助言／勧告……………………………	379
〔142〕	即する／則する………………………………	382
〔143〕	措置／処置／処理／処分……………………	383
〔144〕	その他／その他の……………………………	386
〔145〕	損害賠償／損失補償…………………………	388
〔146〕	対象／対称／対照……………………………	390
〔147〕	体制／態勢……………………………………	392
〔148〕	代表／代理／代行……………………………	393
〔149〕	ただし／この場合において…………………	395

目　次

〔150〕　直ちに／速やかに／遅滞なく……………………………397

〔151〕　立つ／建つ…………………………………………………399

〔152〕　地方公共団体／地方自治体／公共団体／公共的団体………400

〔153〕　調整／調製…………………………………………………403

〔154〕　追及／追求／追究…………………………………………404

〔155〕　通知／通報／通告／告知…………………………………406

〔156〕　付く／着く／就く…………………………………………409

〔157〕　作る／造る／創る…………………………………………412

〔158〕　勤める／務める／努める…………………………………414

〔159〕　的確／適確／適格…………………………………………415

〔160〕　手続／手続き………………………………………………417

〔161〕　等／など……………………………………………………419

〔162〕　同／その／当該……………………………………………421

〔163〕　当分／当面…………………………………………………423

〔164〕　通り／とおり………………………………………………425

〔165〕　所／ところ…………………………………………………426

〔166〕　届出／報告…………………………………………………427

〔167〕　整える／調える……………………………………………429

〔168〕　……と共に／……とともに………………………………431

〔169〕　捕らえる／捉える…………………………………………433

〔170〕　執る／採る／取る／とる…………………………………434

〔171〕　無い／ない…………………………………………………437

〔172〕　なお従前の例による／なおその効力を有する……………439

〔173〕　成る／なる…………………………………………………442

〔174〕　認証／認定／認許／認諾…………………………………443

〔175〕　年／年度……………………………………………………446

〔176〕　延ばす／伸ばす……………………………………………448

〔177〕	上る／登る／昇る……………………………………	449
〔178〕	場合／とき／時……………………………………………	451
〔179〕	廃止／停止／中止／中断／休止……………………………	453
〔180〕	配付／配布…………………………………………………	457
〔181〕	図る／計る／測る／量る……………………………………	459
〔182〕	諮る／謀る…………………………………………………	461
〔183〕	初め／始め／（はじめ）……………………………………	462
〔184〕	早い／速い…………………………………………………	465
〔185〕	人／個人／自然人…………………………………………	467
〔186〕	費用／経費／実費…………………………………………	470
〔187〕	表示／標示…………………………………………………	473
〔188〕	附／付………………………………………………………	475
〔189〕	不正／不当／不実…………………………………………	477
〔190〕	振り／ぶり…………………………………………………	480
〔191〕	弁明／釈明…………………………………………………	481
〔192〕	他／外／ほか………………………………………………	484
〔193〕	保護者／親権者／監護者／後見人………………………	486
〔194〕	欲しい／ほしい……………………………………………	490
〔195〕	補助／補佐／保佐…………………………………………	491
〔196〕	保証／保障／補償…………………………………………	494
〔197〕	補足／捕捉／補則…………………………………………	496
〔198〕	程／ほど……………………………………………………	499
〔199〕	又は／若しくは／あるいは………………………………	500
〔200〕	見る／診る／みる…………………………………………	503
〔201〕	無効／取消し／撤回………………………………………	505
〔202〕	巡る／めぐる………………………………………………	509
〔203〕	下／元／本／基……………………………………………	510

10　　　目　次

〔204〕 基づく／よる……………………………………………………513

〔205〕 者／物／もの………………………………………………………515

〔206〕 故なく／みだりに／正当な理由がないのに………………518

〔207〕 代／世………………………………………………………………520

〔208〕 良い／善い／よい………………………………………………521

〔209〕 要領／要綱／大綱／骨子………………………………………523

〔210〕 濫用／乱用………………………………………………………525

〔211〕 連係／連携………………………………………………………527

〔212〕 分かれる／別れる………………………………………………529

〔213〕 訳／わけ…………………………………………………………530

〔214〕 算用数字／漢数字………………………………………………531

〔215〕 （　）／「　」／【　】………………………………………535

〔216〕 。／、／，／・…………………………………………………538

〔217〕 —／‐／〜／……………………………………………………539

用語索引………………………………………………………………541

第Ⅰ編

公用文の書き表し方

2

第1　公用文について

1　公用文とは

　文章は、文を連ねることで、相手方に意思、考え方をはじめ一定の内容を伝えるものである。

　公用文は、それらの中で、国や地方公共団体などの公的な機関が、その職務において作成する文章又は文書を指すということができる。

　この点、2022年1月に新たに公用文作成の指針を示した「公用文作成の考え方」では、それが「政府内で活用されることを目指し取りまとめたもの」であることから、その解説によれば、「府省庁において職務上作成された文章の全体を指すのが「公用文」である」との捉え方がなされている。

　しかしながら、一般に、公用文という場合には、それらに限られるものではないと言えるだろう。

　もちろん、国の行政は、文書によって実施されるのが通例であり、例えば、人々の活動や生活に関わるようなルールや指針を示したり、人々に一定の行為を要請したり、促したり、情報を提供したり、周知啓発を図ったりするのは、文書によることが多い。ただ、行政については、人々により身近な政府である地方公共団体によっても担われており、むしろ人々が普段目にすることが多いのは、地方公共団体により作成され、公表され、配布される文書ではないかと思われる。行政は、独立行政法人、事業団、公共組合などの国や地方の関係機関・関係団体によっても担われている。

　そもそも、国や地方公共団体の指針・政策や行為の準則などを示す文書の典型は、法令であり、法律は国会によって、条例は地方公共団体の議会によって制定されるものである。それ以外にも、国会や地方

公共団体の議会においては、会議録や各種報告書など様々な文書が作成され、公表されている。裁判所が示す判決も、訴訟当事者の紛争を解決するためのものではあるが、判例として一般的な意味をもつものでもあり、基本的に公表される。

これらも公用文とすることには違和感はないというよりも、公用文と捉えるのが一般的ではないだろうか。

加えて、様々な行為や事業を行うに当たっては、国や地方公共団体の機関に対して、申請、届出、報告などを行うことが多い。それらは一般の人々が作成するものとはいえ、行政機関において審査や管理保存されることになることなどからは、公用文に準じるものと見ることもできるのであり、実際にも、公用文の書き表し方に準拠して作成されるのが一般的である。

そして、これらの文章ないし文書の形式や書き表し方については、その性格や用途などに応じつつ、ある程度パターン化されているところもあり、それらにおいては、相対的・弾力的な面はあるものの、それぞれの特徴とともに、それに関連した約束事が存在している。

本書では、公用文をこのように広く捉えて、また、一般の人々が公的機関等に提出する文書を作成する場合にも参照されることも念頭に置きつつ、公用文の書き表し方について、解説するとともに、公用文においてその使い分けについて留意すべき用字用語のポイントを解説するものである。

その際には、基本的に「公用文作成の考え方」やその解説をベースにしながら、公用文の書き表し方について説明を行うこととしたい。「公用文作成の考え方」は、そこにおいて想定されている「公用文」の範囲はともあれ、「現代社会において公用文作成の手引きとしてふさわしいもの」とされており、「公用文に関する既存のルール、慣用及

第Ⅰ編　公用文の書き表し方　　5

び実態に基づき、表記、用語、文章の在り方等に関して留意点をまとめたもの」であることからするならば、国の行政に限らず、それが広い意味での公用文においても基本的な指針とされるべきものということができる。

2　公用文の基礎

　以上のように、公用文は、一定の文章又は文書を指すものであるが、ここで、その基礎知識として、「文」、「文章」、「文書」の意味や相違などについても確認しておきたい。

　まず、「文」は、文法上の言語単位ということでは、一語以上の語からなり、一定の内容を表す一続きの言葉のことであり、文の終わりが「句点（。）」で示されるものである。

　「文」は、基本的に主語と述語によって構成されるが、そのほかに修飾語、接続語、独立語などが基本要素となり、文の区切りである「文節」としての働きをすることになる。「文」は、その構造によって、主語と述語の関係が一つだけある「単文」、主語・述語の関係が二つ以上あって、一つ以上が連文節となって文の成分に含まれる「複文」、主語・述語の関係が二つ以上あって、それらが並立する「重文」に区分される。また、「文」は、その意味によって、断定、推量、決意などを表す「平叙文」、疑問や反語を表す「疑問文」、感動を表す「感嘆文」、命令、禁止、依頼を表す「命令文」などに分類される。

　次に、「文章」は、文を連ねて、あるまとまった感情、思想、話題を表したものである。一文だけでもまとまった感情や思想などが表されていれば文章と言えるが、通常は複数の文から構成される。

　「文」と「文章」は、同じ意味で使われることもあるが、一般的には、「文」は、言葉の始まりの部分から終わりの句点までの一文を指す

ものであるのに対し、「文章」は、文の連なりによって表現したものを指す。

　また、まとまった内容である「文章」の数え方としては、「項」、「段落」、「行」、「くだり」、「編」、「章」、「節」などが用いられる。このうち、特に「段落」は、一つの文章の中で新しい話題、考え方などに移るときに使用される「区切り」や「切れ目」であり、文章の読みやすさ、分かりやすさの面で適切に使うことが必要となるものである。

　他方、「文書」は、文字や文で書き記したものの総称である。言葉や文、文章そのものではなく、それらが書かれているもののことを意味し、書類、書面、書状、書籍などを指すものである。ただし、紙に文字を書き記した物に限らず、コンピューターなどの電子媒体を使って記録したもののように、文字で書き記される形式であれば媒体は問わず、文書に含まれる。

　「文章」は、言葉によってまとまった内容を表すものであるのに対し、「文書」は、情報の媒体となるものを指し、例えば、「文章」については、「文章を書く」、「文章を練る」、「文章力」、「文章構成」などと用いられるのに対し、「文書」については、「文書を作成する」、「文書にまとめる」、「文書を提出する」、「文書で回答する」、「文書整理」などといった用い方がされる。

　「公用文」は、文章又は文書を指すものであり、また、「公用」という言葉は、主に、国や地方公共団体の事務、事業等の用に供することなどを表す場合に用いられるものである。その字義からも、公用文については、国や地方公共団体などの公的な機関がその職務において作成する文章又は文書を指すと捉えることができる。

　なお、このほかに、「公文書」などの用語もあり、これは国や地方公共団体の機関又は公務員が職務上作成する文書をいい、それ以外の文

書である「私文書」に対するものである。ただし、「公文書等の管理に関する法律」では、公務員が職務上取得した文書も公文書に含むものとされ、国の行政機関の職員が職務上作成し、又は取得した文書（図画及び電磁的記録を含む。）を「行政文書」と呼んでいる。そこでは、先に述べた一般の人が作成し国の機関に提出するなどした文書も、公務員が職務上取得したものであれば、公文書とされることになる。また、「行政機関の保有する情報の公開に関する法律」では、それらのうち、行政機関の職員が組織的に用いるものとしてその行政機関が保有しているものを開示の対象とする「行政文書」としている。地方公共団体が制定する公文書管理条例や情報公開条例においても同様である。

第2　公用文の書き表し方の基準について

　国は、公用文の書き表し方に関する諸施策、すなわち書き表し方の基準として、次に掲げるものを決定し、公表するなどしている。公用文の作成に当たっては、基本的にそれらの基準に準拠すべきことが求められることになる。

○常用漢字表（平成22年11月30日内閣告示第2号）

○送り仮名の付け方（昭和48年6月18日内閣告示第2号）

○現代仮名遣い（昭和61年7月1日内閣告示第1号）

○外来語の表記（平成3年6月28日内閣告示第2号）

○公用文作成の考え方（令和4年1月11日通知（内閣文第1号）、令和4年1月7日文化審議会建議）

○公用文における漢字使用等について（平成22年11月30日内閣訓令第1号）

○法令における漢字使用等について（平成22年11月30日内閣法制局総総第208号）

○文部科学省用字用語例（平成23年3月）

○文部科学省公用文送り仮名用例集（平成23年3月）

○同音の漢字による書きかえ（昭和31年7月5日国語審議会報告）

○「異字同訓」の漢字の使い分け例（平成26年2月21日文化審議会国語分科会報告）

　次に、これらの基準の位置付けや概要等について簡単に紹介しておきたい。

　なお、これらについては、文化庁のウェブサイトの国語施策情報 https://www.bunka.go.jp/kokugo_nihongo/sisaku/joho/joho/index.html （2024.11.18）に国語表記の基準として、「内閣告示・訓令」と「参考資料」に分けて掲載されているので参照していただきたい。

（1） 常用漢字表

　「常用漢字表」は、「法令、公用文書、新聞、雑誌、放送など、一般の社会生活において、現代の国語を書き表すための漢字使用の目安を示すもの」として、政府によって定められ、内閣告示されたものである。

　常用漢字表は、本表と付表とから成り、「本表」には、字種2,136字が掲げられ、字体、音訓、語例等が併せ示されている。「本表」の漢字欄には、字種と字体が示され、音訓欄には、字音は片仮名、字訓は平仮名により音訓が示され、例欄には、音訓使用の目安としてその字の当該音訓における使用例の一部が示されているほか、備考欄には、個々の音訓の使用に当たって留意すべき事項などが記されている。他方、「付表」には、いわゆる当て字や熟字訓など、主として一字一字の音訓としては挙げにくいものが語の形で掲げられている。

　なお、この常用漢字表は、科学、技術、芸術その他の各種専門分野や個々人の表記にまで及ぼそうとするものではなく、また、都道府県名に用いる漢字及びそれに準じる漢字を除き、固有名詞を対象とするものではないとされている。

　常用漢字については、「公用文における漢字使用等について」により、各行政機関が作成する公用文における漢字使用等については、常用漢字表の本表及び付表（表の見方及び使い方を含む。）によるものとされ、字体については通用字体を用いることとされている。

　常用漢字は、公用文はもちろんのこと、広く文章を書く場合の基準となるものと言えるだろう。

　ちなみに、戸籍において子の名に使用できる漢字は、常用漢字表と人名用漢字表に記載された漢字とされ、常用漢字とされていない人名用漢字については、戸籍法施行規則別表第二として掲げられている。

（2）　送り仮名の付け方

　「送り仮名の付け方」は、「一般の社会生活において現代の国語を書き表すための送り仮名の付け方のよりどころ」として、政府によって定められ、内閣告示されたものであり、また、各行政機関においてこれを送り仮名の付け方のよりどころとすべきとされている（昭和48年6月18日内閣訓令第2号「「送り仮名の付け方」の実施について」）。

　この「送り仮名の付け方」は、「単独の語」（漢字の音又は訓を単独に用いて、漢字一字で書き表す語）と「複合の語」（漢字の訓と訓、音と訓などを複合させ、漢字二字以上を用いて書き表す語）、「活用のある語」（動詞・形容詞・形容動詞）と「活用のない語」（名詞・副詞・連体詞・接続詞）に分けるなど、語の性質や成り立ちによって送り仮名の付け方に七つの通則を立て、各通則には「本則」のほかに必要に応じて「例外」・「許容」を設けるとともに、常用漢字表の音訓によって書き表す語を対象として約500語の語例を掲げているものである。

　ちなみに、単独の語で活用のある語に関する「通則1」は、活用語尾を送る語に関するもの、同じく「通則2」は、派生・対応の関係を考慮して、活用語尾の前の部分から送る語に関するものである。また、単独の語で活用のない語に関する「通則3」は、名詞であって、送り仮名を付けない語に関するもの、同じく「通則4」は、活用のある語から転じた名詞であって、もとの語の送り仮名の付け方によって送る語に関するもの、同じく「通則5」は、副詞・連体詞・接続詞に関するものである。他方、複合の語に関する「通則6」は、単独の語の送り仮名の付け方による語に関するもの、同じく「通則7」は、慣用に従って送り仮名を付けない語に関するものとなっている。

　なお、送り仮名については、「公用文における漢字使用等について」により、公用文における送り仮名の付け方は、原則として、「送り仮名の付け方」の本文の通則1から通則6までの「本則」・「例外」、通則7及び「付表の語」（1のなお書きを除く。）によるものとされている。

第Ⅰ編　公用文の書き表し方　　11

（3）　現代仮名遣い

「現代仮名遣い」は、「一般の社会生活において現代の国語を書き表すための仮名遣いのよりどころ」として、政府によって定められ、内閣告示されたものであり、また、各行政機関においても、「現代仮名遣い」を仮名遣いのよりどころとすべきものとされている（昭和61年７月１日内閣訓令第１号「「現代仮名遣い」の実施について」）。

「現代仮名遣い」は、主として現代文のうち口語体のものに適用する仮名遣いで、語を現代語の音韻に従って書き表すことを原則とし、表記の慣習を尊重して一定の特例を設けているものである（例えば、助詞の「を」「は」「へ」はそのまま書くなど）。その内容は、前書き、本文、付表から成り、「本文」には、原則に基づくきまり（第１）と表記の慣習による特例（第２）を示し、「付表」には、現代仮名遣いと歴史的仮名遣いとを対照させて示している。

（4）　外来語の表記

「外来語の表記」は、「一般の社会生活において現代の国語を書き表すための「外来語の表記」のよりどころ」として、政府によって定められ、内閣告示されたものであり、また、各行政機関においても、外来語の表記のよりどころとすべきとされている（平成３年６月28日内閣訓令第１号「「外来語の表記」の実施について」）。

「外来語の表記」は、前書き、本文、付録から成り、「本文」には、仮名と符号の表を掲げ、その第１表には、外来語や外国の地名・人名を書き表すのに一般的に用いる仮名、第２表には、外来語や外国の地名・人名を原音や原つづりになるべく近く書き表そうとする場合に用いる仮名が示されるとともに、原則的な事項として留意事項その１と、細則的な事項として留意事項その２が添えられており、「付録」は用例集となっている。

（5）　公用文作成の考え方

「公用文作成の考え方」は、昭和27年の「公用文作成の要領」を見直し、これからの時代にふさわしい公用文作成の手引とするために、文化審議会が取りまとめたものであり、閣議で報告され、内閣官房長官通知「「公用文作成の考え方」の周知について」により政府内に周知されたものである。

すなわち、内閣官房長官依命通知別紙として各省庁に周知されてから約70年が経過した「公用文作成の要領」については、その基本となる考え方は現代にも生きているものの、内容のうちに公用文における実態や社会状況との食い違いがあることも指摘されてきたことから、その理念を生かしつつ、それに代えて政府内で活用されるものとして「公用文作成の考え方」が取りまとめられるに至ったものである。そこでは、法令や告示・通知等に用いられてきた公用文の書き表し方の原則が、今後とも適切に適用されることが目指されるとともに、各府省庁等が作成する多様な文書それぞれの目的や種類に対応するよう、公用文に関する既存のルール、慣用及び実態に基づき、表記、用語、文章の在り方等に関して留意点がまとめられている。

公用文を作成する際に、その基本的・総合的な手引とされるべきものと言えるだろう。

なお、「公用文作成の考え方」には、その内容について具体的に説明する「解説」が付されている。公用文の書き表し方に関する既存の基準、慣用及び実態に基づき、公用文を作成する際に参考となる考え方を示したものとされるが、「公用文作成の考え方」の理解に不可欠であるとともに、公用文を書き表す際には、「解説」に示された考え方まで理解しておくことが必要である。

第Ⅰ編　公用文の書き表し方　　13

　本書では、「公用文作成の考え方」と「解説」を一体のものと捉え、解説に示された説明や考え方も、「公用文作成の考え方」によるものとして引用したり、解説したりしており、一々「解説」によるものかどうかを示してはいないので、留意していただきたい。

（6）　公用文における漢字使用等について

　「公用文における漢字使用等について」は、内閣告示により「常用漢字表」が定められたことを受け、内閣訓令として、各行政機関が作成する公用文における漢字使用等について指針を示したものであり、既に述べたとおり、漢字使用については「常用漢字表」、送り仮名の付け方については原則として「送り仮名の付け方」によることとしているものである。

　なお、そこでは、「送り仮名の付け方」の本文の通則7を適用する語以外の複合の語のうち、活用のない語であって読み間違えるおそれのない語については、「送り仮名の付け方」の本文の通則6の「許容」を適用して送り仮名を省くものとしており、これに該当する語186語を列挙しているので、注意が必要である（次の「法令における漢字使用等について」も同様）。

　この186語については、本書では本編の50頁に列挙しているので、適宜参照していただきたい。

（7）　法令における漢字使用等について

　また、「法令における漢字使用等について」は、「常用漢字表」や「公用文における漢字使用等について」などを受けて内閣法制局において定められ、各府省庁に通知されたものである。法令における漢字使用は、「常用漢字表」及び「公用文における漢字使用等について」の別紙の1（2）に示された「常用漢字表」の本表に掲げる音訓によって語を

書き表すに当たっての留意事項によるものとする一方で、法令において、引き続き従来の表記を用いるもの、常用漢字表にあるものであっても仮名で表記するもの、常用漢字表にない漢字で表記する言葉及び常用漢字表にない漢字を構成要素として表記する言葉並びに常用漢字表にない音訓を用いる言葉の使用などについて示している。また、送り仮名の付け方については、原則として「送り仮名の付け方」によるものとしている。

（8）　その他

このほか、「文部科学省用字用語例」は、文部科学省で公用文を作成する上での参考にするため、「常用漢字表」、「公用文における漢字使用等について」に基づき、一般に留意を要する用字用語の標準を示したもの、「文部科学省公用文送り仮名用例集」は、文部科学省で公用文を作成するため、「送り仮名の付け方」、「常用漢字表」、「公用文における漢字使用等について」、「法令における漢字使用等について」等に基づき、よく用いられる語を中心に、その送り仮名の付け方の標準を示したものである。文部科学省内のものではあるが、広く、公用文を作成する場合の用例集として参照されているものである。

また、「「異字同訓」の漢字の使い分け例」は、常用漢字表に掲げられた漢字のうち、同じ訓を持つもの（133項目）について、その使い分けの大体を簡単な説明と用例で示したものであり、文化審議会国語分科会によって報告されたものである。同訓の漢字の使い分けについては、明確に使い分けを示すことが難しいところや、人や分野による表記慣習の差や違いなどもあるものの、公用文においては、これを踏まえて使い分けをしていくことが求められる。ただ、そこでは、一方が常用漢字表にない訓である場合には取り上げられておらず、また、必

第Ⅰ編　公用文の書き表し方　　15

要に応じて仮名で表記することを妨げるものではないとされていることに、留意が必要である。

　これら以外にも、例えば、国語の書き表す場合に用いるローマ字のつづり方を定めた「ローマ字のつづり方」（昭和29年12月９日内閣告示第１号）もあり、内閣訓令第１号「ローマ字のつづり方の実施について」によって、各官庁はローマ字で国語を書き表す場合には、このつづり方によるべきものとされている。

　ローマ字表記については、さらに「公用文等における日本人の姓名のローマ字表記について」（令和元年10月25日関係府省庁申合せ）もあり、それによれば、各府省庁が作成する公用文等における日本人の姓名のローマ字表記については、差し支えない限り「姓－名」の順を用いることとし、地方公共団体、関係機関等、民間に対しても配慮を要請するとされる。また、その際に、姓と名を明確に区別する必要がある場合には、姓を全て大文字とし（YAMADA Haruo）、「姓－名」の構造を示すものとされている。

第3　公用文の書き方について

　公用文については、その位置付け、性格、役割等からすると、その内容が相手方に確実に伝わることが重要であり、読み手に過不足なく理解されるとともに、信頼され、それによってルールや施策、情報などを知り、理解し、必要な行動を起こすきっかけともなるものであることが求められる。

　どのように文書が作成され、公表されるかということは、そのままその機関への信頼性につながることにもなると言えるだろう。

　以下では、引用につき一々明記はしないが、基本的に「公用文作成の考え方」に沿いつつ、必要に応じ独自の視点や考え方、説明なども加えながら、公用文の書き方の基本について解説することとしたい。

1　公用文作成の在り方

　「公用文作成の考え方」は、法令や告示・通知等に用いられてきた公用文の書き表し方の原則が、今後とも適切に適用されることを目指しているものであるとされる。

　これまで用いられてきた公用文の書き表し方は、官庁用語を平易なものとすることを旨として、公用文の改善を図る中で形成されてきたものであり、実情に沿わなくなってきているところについては改善の必要があるものの、基本的に維持されていくべきものであると言える。

　ただ、いわゆる「お役所の文書」については、なお権威的・一方的であり、読み手である相手方への配慮が十分ではないとのイメージが強いのも確かであり、そのような公用文の在り方については、反省し、改めていくべきところもある。特に、その点では、相手方との対等性を前提としつつ、多様な読み手の立場への配慮や「対話」といった視点が求められるようになっていることに十分注意する必要がある。

第Ⅰ編　公用文の書き表し方　　17

（1）　読み手とのコミュニケーションとしての公用文

　この点、「公用文作成の考え方」でも、「読み手とのコミュニケーションとして捉える」ことが掲げられ、「読み手に理解され、信頼され、行動の指針とされる文書を作成する」ことを求めている。

　すなわち、公用文は、相手方に伝えることを目的とするものであるが、だからといって、伝えたいことを一方的に書き連ねればよいというものではない。対象が特定か不特定かということはあるものの、そのいずれかを問わず、常に、読む相手が存在することを意識するとともに、読み手にどのように伝わるのか、読み手がどのようなことを知りたいと思うのかなど、想像力を働かせながら、文章を書いていくことが大事となる。

　書き手としてはつい読み手の理解力に頼りがちになる傾向があるが、たとえ一方向の情報発信となる場合であっても、「書き言葉によるコミュニケーション」（「公用文作成の考え方」）といった意識を持つようにする必要がある。

　そして、公用文の在り方を考える上でもう一つ認識しておかなければならないのは、読み手となる人々が、非常に多様化してきていることである。

　例えば、高齢化の進展により高齢者を対象とした文書を配布する機会も増えていると思われるが、その場合には、判断能力が低下した高齢者が対象となることもあり得るのであり、また、読み手として多様な障害をもつ人を意識することなども必要となる。さらに、日本で働き、暮らす外国人が増加するに伴い、外国人が読み手となることを念頭において文書を作成する必要なども出てきているのであり、今後、そのようなケースは格段に増えていくものと思われる。

　「公用文作成の考え方」が述べるように、かつては想定されなかったほどに読み手となる人々は多様化しているのであり、そのことを念

頭に置いて、多様化する読み手に対応するようにしていくことが求められていると言える。

　それとともに、「公用文作成の考え方」では、これからは、「ふだん文書に触れることの少ない人などへの配慮」がますます重要になることも強調しており、特に広く一般の人たちに向けた解説や広報においては、義務教育で学ぶ範囲の知識で理解できるように書くための努力についても求めている。その点では、広く一般に向けた解説や広報などのように、文書の目的や対象となる読み手によっては、公用文であっても公用文表記の原則とは異なる表記を用いる方が効果的な場合があり得ることになる。そして、その場合には、できるだけ平易な文章を心掛けるだけでなく、より親しみやすい表記を用いてもよいのであり、例えば、常用漢字であっても使用を控えたり、あえて振り仮名を付けたりするなどの工夫も考えられる。

　（２）　有効な手段・媒体の選択

　このほか、有効な手段・媒体を選択し、読み手にとっての利便性に配慮することなども必要となる。

　従来においては、公文書は紙媒体によって発せられるのが一般的であったが、近年においては、国や地方公共団体による情報の発信は、ウェブサイトを中心に行われる傾向が見受けられ、広く周知を図ったり、公開したりする手段として、インターネットは欠かせないものとなっている。そして、それにとどまらず、インターネットでの発信が、公用文の書き表し方にも影響を与えているような状況も見られる。

　その一方で、インターネットで広く公開すれば十分というわけではなく、対象となる読み手にとっての利便性に配慮し、無理なく情報を受け取ることができる手段・媒体を選択したり、併用したりすることも必要である。その際、障害のある人たちをはじめ、誰もができるだけ公平に情報を入手できるよう配慮することが求められるのであり、

例えば、機械による音声読み上げ等にも対応できるようにすることなども必要となる。

なお、どのような手段・媒体を用いる場合であっても、文書で取り上げる施策等を所管する機関や部局を明示し、責任の所在を明らかにしておくことが必要となることは、いうまでもない。

2 文書の目的や種類に応じた書き方
（1） 公用文の類型
本来、公用文については、日本で日本語を用いて生活している人であれば、誰でも読めて理解できるものでなければならない。ただ、公用文は、多種多様であり、その目的、種類などによりどこまでの読み手を想定するのかが異なってくることもあり得る。

「公用文作成の考え方」は、「文書の目的や種類に応じて考える」ことを掲げ、文書の目的や種類、想定される読み手に応じた工夫の余地があるとしているところに大きな特徴がある。

すなわち、現在、公用文として作成される文書類は多様であり、国民の生活に直接的な影響を及ぼすルール等が告示・通知等によって示されるほか、各機関の取組とその内容を広く公開するための記録・公開資料等も日々作成されている。さらに、政策・施策の内容をより親しみやすく伝える解説・広報等の活動も盛んであり、今日では、SNSによる発信に力を入れているところも多い。これからの時代においては、文書等を受け取る相手や伝達の手段・方法が更に多様になっていくことが予想されているところである。

そして、告示・通知など法令に準ずるような文書では、特に正確さを重視し、今後も従来どおり、法令と一致した表記を用いることをはじめ、公用文の書き表し方の原則に従うべきとされる。その一方、各機関では、主に広報などの分野で、多様な文書類それぞれの性格に応

じた書き表し方の工夫が既に行われてきているのであり、今後は、そういった考え方をあらかじめ共有していくことが望ましいとされる。

　以上を踏まえ、「公用文作成の考え方」は、公用文の書き表し方の原則を理解した上で、読み手に応じた工夫の仕方を考えたいとし、そのために、文書の目的や想定される読み手などを基準に、公用文を便宜的に分類する場合の例を示した「公用文の分類例」を次表のとおり示している。

大　別	具体例	想定される読み手	手段・媒体の例
法　令	法律、政令、省令、規則	専門的な知識がある人	官報
告示・通知等	告示・訓令 通達・通知 公告・公示	専門的な知識がある人	官報 府省庁が発する文書
記録・公開資料等	議事録・会見録 統計資料 報道発表資料 白書	ある程度の専門的な知識がある人	専門的な刊行物 府省庁による冊子 府省庁ウェブサイト
解説・広報等	法令・政策等の解説 広報 案内 Q&A 質問等への回答	専門的な知識を特に持たない人	広報誌 パンフレット 府省庁ウェブサイト 同SNSアカウント

　なお、上記の公用文の分類例は、便宜的なものであり、必ずしも明確に区分できるものではなく、また、「想定される読み手」は、各文書を実際に読み活用する機会が多いと考えられる人を指すものであり、

第Ⅰ編　公用文の書き表し方　　21

文書の名宛人と一致するものではないとされている。

　ただ、そうはいっても、「想定される読み手」については、やや単純化しすぎているきらいもあり、誤解を招きかねないものとなっている面があることは否めない。

　例えば、法令や告示・通知については、専門的な知識がある人を想定して書けばよいというものではなく、建前としては、名宛人となり得る一般の人々にもできるだけ分かりやすいものとなるようにしていく必要があるのであり、その読み手を「専門的な知識がある人」としてしまうことは、そのような取組に影響を与えることにもなりかねない。

　また、記録・公開資料等の想定される読み手とされる「ある程度の専門的な知識がある人」についても、その分類に応じた書き方を導き出すためのものといった面があるとはいえ、実際にどのような人を想定すればよいのか不分明である。さらに、解説・広報等については、専門的な知識を持たない人だけでなく、専門的な知識がある人も読み手となり得るほか、専門的な知識がある人から見て内容的に適切なものとなっていることが必要であることはいうまでもない。

　ちなみに、公用文を上記の四つの類型（ただし、「公用文作成の考え方」では法令を公用文から除外している。）に大別することについては、それぞれの類型の中で更に分類する必要が出てくるとはいえ、いまのところ、おおむね妥当ではないかと思われる。

　地方公共団体の公用文をはじめその他の公的機関が作成する公用文も、それに準じて類型化していくことになる。例えば、地方公共団体の公用文については、「条例・規則」、「公示・通知等」、「記録・公開資料等」、「広報等」とすることが考えられるが、地方公共団体では公用文に関する規程などを訓令等の形式で定めているところもあり、そこで公用文の種類を規定しているものもある。

その区分は、それぞれの規程で異なるが、比較的細かく規定しているものとしては、例えば、①例規文、②公示文、③令達文、④往復文、⑤証明文、⑥契約書、⑦部内関係文、⑧その他などの分類が見られる。ちなみに、「令達文」は訓令、指令、指示などを内容とする文書、「往復文」は通知・通達、照会・回答、報告、申請、願いなど特定の者から特定の者に対する意思伝達を内容とする文書を指す。だいぶ上記の類型とは視点を異にしており、一般住民向けの広報文はそこでの公用文には含めていないようであり、基本的には地方公共団体において内部的に用いられる様々な文書の種類が列挙されている。②以下の公用文のほとんどは、「公示・通知等」に当てはまる、あるいは準ずるものとして公用文表記の原則に従い書き表すことになるものと言えるが、住民に身近な地方公共団体においては、公示文の類であっても一般住民向けのものについては、できる限り分かりやすいものとすることが求められるのではないかと思われる。

（２）　公用文の分類に応じた書き方

　公用文の表記は、法令と一致させるのが原則とされてきた。ただし、文書の目的や種類、想定される読み手に応じた工夫の余地があることも確かであり、「公用文作成の考え方」では、そこで示した分類ごとに、書き方に関する考え方が示されている。

　ちなみに、「公用文作成の考え方」が広い意味では公用文の一部としつつも対象から除外している「法令」は、本書では公用文に含めていることから、その書き方について確認しておくならば、公用文表記の原則に従って書き表すことになっている。ただし、その例外として、法令において特別の表記等を用いるとされているものについては、「法令における漢字使用等について」などで定められている。法令については、公用文の書き表し方の基準による公用文表記の原則が厳格に適用されることになるが、法令にしても公用文にしても、その対象や名宛

第Ⅰ編　公用文の書き表し方　　23

人ともなる一般の人々にとって分かりやすいものとするための取組が行われてきているところであり、それらの原則も、正確性を重視しつつも、そのような考え方に基づいて作られてきたものということができる。

　さて、その上で、法令に準ずるような「告示・通知等」においては、公用文表記の原則に従って書き表すのが基本となる。これらのうち、告示や訓令等は、内外に対して一定の拘束力や実効性を持つものであることから、作成に当たっては、法令と表記を一致させるなど、法令に準じて扱うものとされるとともに、一定の拘束力や実効性を持つ通知や通達等についても、法令で用いる語をそのまま使うことにより正確さを保証すべきことが多いことから、同様とされているものである。

　次に、議事録、報道発表資料、白書などの「記録・公開資料等」では、公用文表記の原則に基づくことを基本としつつ、必要に応じて読み手に合わせた書き表し方を工夫するものとされている。これらにおいては、過去から将来にわたり、情報の正確さを保つことが重要であることから、公用文表記の原則に従うことを基本として作成すべきであるが、内容や目的によっては、専門的な知識を持たない読み手を意識し、分かりやすい書き方が求められる場合もある。特に、報道発表資料や白書では、専門的な知識は持たなくとも関心のある人々に伝わる工夫が必要とされ、また、話し言葉を書き言葉に直して保存する議事録や会見録では、元の内容を正しく保ちながら、簡潔に分かりやすくまとめることが求められている。

　次に、広く一般に向けた「解説・広報等」では、特別な知識を持たない人にとっての読みやすさを優先し、書き表し方を工夫するとともに、施策への関心を育むよう工夫することなども必要である。これらは、法令や告示・通知等の内容を分かりやすくかつ親しみやすく伝えたり、各機関の施策や具体的な取組について広く周知したりすること

を目的とするものであることから、全ての国民が読み手となり得ることを意識し、特別な知識を持たない読み手であっても理解できる言葉を使って、丁寧かつ親しみやすく伝えるようにすることが重要となる。その際には、解説・広報等が、更に正確で専門的な知識を得るための入り口ともなり得ることを意識しておく必要がある。

なお、「公用文作成の考え方」においては、公用文の種類や読み手に応じた柔軟な対応・書き方の工夫などを求めるものとなっているが、その前提として、あくまでも公用文の書き表し方の原則を十分に理解しておくことが必要となるのであり、読み手の分かりやすさなどの面から公用文の書き表し方の原則を考慮することなく、自由に書き表してよいとするものではない。

そのことを十分に念頭に置きつつ、公用文の書き表し方の原則をしっかりと理解した上で、その目的、種類などに応じて工夫を重ねていくようにしたいところである。

3　公用文作成の基本

公用文においては、その伝えたい内容が正しく相手方に伝わり、理解されることが大事となる。この点では、公用文については、正確性と平易性（分かりやすさ）と明確性が重要となるが、これらは時として相矛盾するものともなり、それらの間でどのように調整を図るかが課題ともなり得る。

（1）　正確に書く

公用文は、何よりも正確なものであることが前提であり、人々は、公用文が正確なものであることを前提にこれを受け取り、理解することになる。特に、文書は、外部に発出されれば、文書の作成者・発行者の意思・意図いかんにかかわらず、そこでの文章や表現によって理解される存在となる。

第Ⅰ編　公用文の書き表し方　　25

　正確に書くとは、必要な内容を誤りなく、かつ、過不足なく伝えることであり、読み手に伝えるべき情報を、意図するとおりに、誤解なく伝えることが大事である。

　公用文の内容に誤りや不正確な情報があってはならないのであり、仮に、誤りが見つかった場合には、速やかに訂正することが必要である。

　とりわけ、法令のほか、国民に対して一定の影響力を発揮することになる告示・通知等は、正確であることが強く求められる。このため、これらの公用文については、公用文の書き表し方の基準に従うことが必要とされているのである。公用文の書き表し方を守り表記の揺れを防ぐとともに、誤読されたり複数の意味に解釈されたりするおそれのない書き方をすることが重要となる。

　同じく、統計や調査等の結果を示す場合にも、第一に正確であることを期し、データやその示し方に誤りがないようにする必要がある。ただし、多くの人にとってなじみがないと思われるような表現を用いる場合には、適宜、用語の説明や注を付けるなどの工夫を加えることも考慮されるべきであろう。

　他方、広報等を通じて、法令や告示・通知等の情報を広く一般の人たちに分かりやすく解説する場合には、多くの人にとって難解な公用文に特有の用語や表現等を分かりやすく言い換えるときにも、正確さを保つことを意識し、基となる情報の内容や意味を損なわないようにすることが求められる。また、その際には、基になっている法令や告示・通知等の情報に関する資料を読み手が参照できるように工夫することも大事である。

　いずれにしても、正確を期すには、文章を厳密なものとすることが必要となってくる。しかし、正確さは厳密さと密接に関わるが、厳密さを求めすぎると、文章が複雑で長くなるなど伝えるべき内容が伝わ

らなくなる可能性もある。また、専門家同士であれば、難しい用語や詳しいデータをそのまま用いることによって正確な伝え合いが可能となるが、専門的な知識を特に持たない人に対してはそのままでは伝わらない可能性が高い。

公用文だからといって、とにかく厳密であればよいというものではないのであり、伝えるべき内容を取捨選択し、文書の目的に照らして必要となる情報に絞って、その範囲を正確に書くようにすることが肝要である。

（2）　分かりやすく書く

公用文は、誰にとっても分かりやすいものであることが理想である。

厳密さが求められる法令や告示・通知等においても、その名宛人や対象となる人にとってできる限り分かりやすいものとすることが必要であり、公用文において、分かりやすさは正確性と並ぶ重要な要素となる。

とりわけ、解説・広報等に当たる文書など、専門的な知識を特に持たない人々に向けた情報では、分かりやすさが重視されるべきである。

分かりやすい文書とするためには、読み手が内容を十分に理解できるように、表現を平易なものとするだけでなく、伝える内容を絞り、専門用語などについては言い換えたり具体例を用いたりするなど、表現を工夫することが求められる。文書が平易に書かれているだけでは、分かりやすいとは限らず、発信者の視点からではなく、読み手の視点に立ち、読み手から求められていることが何であるのかを考え、それに配慮した内容とすることが大事である。

特に、分かりやすさが重視される文書では、優先して伝えるべき情報を絞り込んでおく必要がある。文章の分量が増えると、それだけ分かりやすさは失われかねないのであり、過不足や誤りがないよう十分に留意した上で、読み手のうちの多くが共通して必要とする事柄を優

第Ⅰ編　公用文の書き表し方　　27

先して提示するよう工夫する必要がある。

　また、公用文では、法令に関する専門用語や、行政に特有の言い回しなどがよく用いられるほか、外来語が濫用されがちである。これらが、文書を分かりにくくする原因となる場合もあることから、分かりやすさが重視されるべき文書の場合には、専門用語や外来語をむやみに用いないようにし、必要に応じて別の言葉に言い換えたり、説明や注を付けたりするなど、読み手に分かりやすく通じるものとなる工夫が求められる。

　なお、言葉だけでは分かりにくい場合などには、必要に応じて、図表やイラスト、ピクトグラム（絵記号）等を用いて視覚的な効果を活用することも考えられる。

（3）　明確に書く

　公用文は、対象となる人に一定の内容を伝えるものであることから、その文章が明瞭であるべきであり、意味がはっきりと取れ、かつ、疑義の生じることがないものとすることが求められる。意味がはっきりとしない言い回し、人によって異なる意味に受け取られかねない表現とならないように注意する必要がある。この明瞭性は、正確性と表裏一体をなすものでもある。不明確な公用文は、社会に混乱をもたらしかねず、その信頼をゆがめることにもつながりかねない。

　とりわけ、法令のように人々の権利義務に関わるものである場合には、その表現が不明確であることによって萎縮効果など人々の行動に影響を与えかねないだけに、明確性が強く要求されることになる。

　また、それ以外の場合にも、遠回しな書き方は避け、主旨を明確に示すことが重要である。伝えるべき重要なことは、はっきりと述べ、読み手に察してもらわないと伝わらないような書き方は避けなければならない。

　その点では、抽象的になることは避けなければならないが、伝える

べき内容を整理し、文章はできるだけ簡潔なものとなるよう心掛けることが必要である。

（4）　内容に客観性を持たせる

公用文は、ルールや指針、施策などを示したり、必要な情報を伝えたりする手段となるものであり、感情や情緒などを伝えるものではない。分かりやすさや親しみやすさの点から時に情緒的な表現が用いられることがあるとしても、あくまでもその内容や文章については客観性を持たせることが重要である。主観や感情が前面に出るような公用文は、伝えたい内容がうまく伝わらなくなるおそれがあるだけでなく、信頼性が疑われることにもつながりかねない。

また、相手に伝わるためには、内容・文章が論理的なものとなっている必要があることはいうまでもない。論理的ではない文章は、相手方にその意図・考え・内容がうまく伝わらないものとなってしまう。

これらは、書き表し方というだけでなく、思考や内容の整序の問題として、その基本的な前提ともなるものである。

（5）　正確さと分かりやすさのバランスをとる

公用文の理想としては「分かりやすく正確な文書」を作成することを目指したいところである。しかしながら、読み手にとって分かりやすく書こうとすることと正確さを保つこととは、おのずと両立するとは言えない面があり、時に相対立するものともなり得る。

例えば、分かりやすくしようとする余り、誤解を招きやすいたとえや比喩を用いるなどした結果、正確さが損なわれてしまう場合がある。たとえが不適切ではないか、誇張された情報がないか、必要な情報までを省いていないかなど、十分点検することが必要である。

その一方で、逆に正確に誤りなく書こうという意識が強いと、持っている詳細な情報までを全て詰め込もうとしてしまいがちであり、その結果、複雑で分かりにくい文章となりかねないことになる。

第Ⅰ編　公用文の書き表し方　29

　正確さと分かりやすさのバランスをどのようにとるのか、なかなか難しいところであるが、公用文の種類によって重点の置き方が異なるほか、絶えず二つの視点を持ち、往復させながら、読み手への伝わり方を考えていく必要があると言える。

（6）　読み手を考えて書く

　公用文には多くの種類があり、法令、告示、公告、通達、通知などに加え、伺い、願い、届け、申請、照会、回答、報告など、往復文書の類もある。また、広報のように、親しみやすく政策などを知らせるものもある。

　それぞれの文書の目的や種類、読み手にふさわしい書き方をすることが必要となる。公的機関内部や機関同士の文書では、法令用語や行政特有の言葉をそのまま用いる方が効率的と言えるが、外部の一般の人々に向けられる文書ではそうとは限らない。

　公用文の読み手は、今後ますます多様になっていくものと考えられ、読み手が誰であるのかを常に考えながら書くことが必要不可欠となる。むしろ、読み手が限定されない場合の方が多いと考え、広く通用する言葉を使う意識を持っておくことが求められているとも言えるだろう。

　そして、そのことを前提に、「公用文作成の考え方」が掲げるのが、①読み手が違和感を抱かないように書く、②敬意を表す、ということである。

　①では、年齢差、性差、地域や国籍の違いなどに関連して、型にはまった考え方に基づいた記述がないか、常に注意する必要があるとされる。例えば「年配の方でも簡単に申請できます。」という言い方には「高齢者は申請が苦手である。」という考え方が隠れており、受け取る人によっては、気を悪くするおそれもある。本来は問題のない言葉であっても、使用する際に注意が必要になる場合があり得ると言える。

また、②では、公用文は、不特定多数の読み手に向けられることが多いため、誰に対しても敬意が伝わるよう敬語を適切に用いて書くことを求めている。例えば「利用者の方々」と「利用される皆さん」という言い方について、前者は「方々」によって、後者は「利用する」を尊敬語にすることで敬意を表しているが、後者の方が敬意を一人一人に差し向けようとする面があるとする。他方で、敬語は丁寧度の高い言葉を多用すればよいものではなく、かえってよそよそしい響きで読み手を遠ざけてしまう面もある。相手を立てようとする気持ちから過度の敬語を用いると、伝えるべき内容が分かりにくくなることがあるので注意が必要である。広報等では敬体（です・ます体）を基本としながら、簡潔な表現で敬意を表すよう意識することが肝要である。

　また、敬語の用い方に注意を払うだけでなく、文書を親しみあるものにするよう意識することも必要となる。人間関係に遠近があるように、言葉にも相手との距離を表す機能があり、敬意と親しさのバランスをとるよう考えながら書くことで適度な距離感になる。例えば、傾向として、和語より漢語、動詞的表現より名詞的表現で、対象が客観化されて距離感が大きくなりやすいのであり、和語的な言い換えを添えたり、動詞的に表すようにしたりすることで、親しさの印象を増すこともできる。

　このほか、公用文については、他の機関や団体によって引用されたり、活用されたりすることが少なくなく、このことを意識して作成することも必要となる。例えば、国が示す公用文は、地方公共団体や民間の組織等によって、広く子供から高齢者まで読む文書に、更には日本語を母語としない人々などに向けた平易で親しみやすい日本語に、書き直されることも多い。国の公用文においては、そのことを意識して、あらかじめ読みやすいものにしておくことが重要となる。

4 伝わる公用文の書き方

「公用文作成の考え方」においては、「伝わる公用文のために」として、その書き方の留意点についても述べている。公用文に限らず、分かりやすく、伝わる文章とする上で重要なポイントになると言える。

（1） 文 体

公用文は、口語体を用いるのが基本である。かつて、公用文には、平安時代以来、日本語の書き言葉として確立されてきた文語体が用いられていたが、明治時代以降、言文一致運動によって新しい文章語として生み出され、発展してきた口語体が用いられるようになったものである。ただし、口語体も、話し言葉そのものではなく、書き言葉であることに留意する必要がある。

また、公用文においては、文書の目的や相手に合わせ、常体と敬体を適切に選択する必要がある。

その場合、法令、告示、訓令などの文書は常体（である体）を用いる一方、通知、依頼、照会、回答など、特定の相手を対象とした文書では敬体（です・ます体）を用いることが考えられる。一つの文・文書内では、常体と敬体のどちらかで統一する必要があることは当然である。

なお、常体では、「である・であろう・であった」の形を用いる。「だ」については、簡潔で断定や強調をするときに向いてはいるものの、公用文ではあまり用いられない。

このほか、文語の名残に当たる言い方は、分かりやすい口語体に言い換えることなども必要である。そのような例として、「〜のごとく→〜のように」、「進まんとする→進もうとする」、「大いなる進歩→大きな進歩」が挙げられている。

さらに、「べき」は、「用いるべき手段」「考えるべき問題」のような場合には用いるが、「べく」「べし」の形は用いないようにする。また、

「べき」がサ行変格活用の動詞（「する」「～する」）に続くときは、「～するべき…」としないで「～すべき…」とするとともに、「～すべき」で文末を終えずに「～すべきである」「～すべきもの」などとする。

（2）　標題・見出しの付け方

ア　標　題

文書には標題（タイトル）を付すことが必要となるが、標題は、主題と文書の性格を示すものとなるようにする必要がある。

その場合、報告、提案、回答、確認、開催、許可などの言葉を使って文書の性格を示すように工夫することが重要である。

イ　見出し

分量の多い文書では、文章をいくつかに分け、それぞれに見出しを付けることが考えられる。その場合、見出しにおいては、その内容や論点を端的に示すようにすることが求められる。場合によっては、さらに、中見出しや小見出しを適切に活用するようなことなどもあり得る。

特に、見出しを追えば全体の内容がつかめるようにするとともに、標題と見出しを呼応させることなども必要である。

なお、見出しについては、これを目立たせるようにする工夫なども求められることになってくる。

（3）　文の長さ

ア　一文を短くする。

一文が長くなると、その構造は複雑になりやすく、また、前の語句と後の語句との係り受けや主語と述語の関係が乱れるなど、読みにくくなりがちである。一文を短くすることによって、読み取りにくい文になることを防ぐことができるのであり、長い文は、句点や接続詞を使い、更に長い修飾語・修飾節を別文に移すなどして複数の文に区切るようにすることが重要である。そして、一文を短くするには、でき

るだけ、伝えるべき内容・要点を絞り、文章の構造を単純化するなど
の工夫も必要となる。

　　イ　一文の論点は、一つにする。

　一つの文で扱う論点は、できるだけ一つとする。論点が変わるとき
には、文を区切った方が読み取りやすく、また、一文の中に主語述語
の関係を幾つも作らないように心掛ける必要がある。

　　ウ　三つ以上の情報を並べるときには、箇条書を利用する。

　一文の中で、並立する情報を三つ以上列挙するときには、箇条書を
利用することで、分かりやすく示すことができる。ただ、箇条書にし
た方が見やすくなることは確かだが、機械的に三つ以上は箇条書とす
ると考える必要はなく、文章の構成や文脈によっては三つ以上の情報
を文中において書き並べる方がよい場合もあり得ると言える。

（4）　文の書き方の基本・語順

　　ア　基本的な語順（「いつ」「どこで」「誰が」「何を」「どうした」
　　いわゆる５Ｗ１Ｈ）を踏まえて書く。

　日本語では、「いつ」「どこで」「誰が」「何を」「どうした」という順
で書かれることが多く、この語順を守っておけば、おおむね読み取り
やすい文になると言われる。

　ただし、文を理解する上での条件となるような内容や強調したい要
素を文の最初に置く方が効果的な場合もある。また、公用文において
伝える情報の基本は、「誰が」「何を」「どうする」であることが多いこ
とも理解しておく必要があるだろう。

　　イ　主語と述語の関係が分かるようにする。

　文章においては、主語（「何が（は）」）と述語（「どうする」「どんな
だ」「何だ」）との呼応が読み取れるようにするのが基本である。日本
語の文では、主語が省略されることがあるが、省略されているかどう
かにかかわらず、主語と述語の関係が明らかに分かるようにする必要
がある。

公用文の場合には、その内容を正確に伝えるためには、主語を明確にする必要があるが、問題は、むしろ主語と述語の関係が分かりにくい文となることが少なくないことである。すなわち、主語は文の冒頭に置かれ、述語は文の最後に来ることが一般的であるが、その間に様々な修飾語や修飾節、特に条件節が入ることにより、主語と述語が離れ離れとなり、両者の関係が分かりにくくなるためである。

主語と述語の対応関係を明確にするためには、その間に入る条件節などを別文にすることなどの工夫が考えられるが、そのためにも、常に主語と述語を意識することが重要である。

また、主語は、文の途中でできるだけ変えないようにすることなども必要となる。文の途中で別の主語が入るような場合もあるが、これらの場合にも文を分けるなどの工夫が必要となる。

（5）　その他の文の書き方の工夫・留意事項

そのほかにも、文の書き方として、次のような工夫も必要となる。

　ア　接続助詞や中止法を多用しない。

接続助詞の「が」や中止法（述語の用言を連用形にして、文を切らずに続ける方法）を多用する書き方は避ける必要がある。そうすることで、結果的に文は短くなり、長い文になったとしても分かりにくくなることを避けることができる。

　イ　同じ助詞を連続して使わない。

「の」「に」「も」「て」などの助詞を連続して使うと、文が長くなるだけでなく稚拙な印象を与えてしまうおそれがあることに注意が必要である。例えば、「本年の当課の取組の中心は…」は「本年、当課が中心的に取り組んでいるのは…」と言い換えることができる。

　ウ　修飾節は長いものから示すか、できれば文を分ける。

複数の修飾節が述部に掛かるときには、長いものから示した方が理

第Ⅰ編　公用文の書き表し方　　35

解しやすいと言える（例1）。ただし、長い修飾節を含む文は、文を分けることで、より読みやすくなることが多い（例2）。

> 　我が国は、文化遺産国際協力に関する覚書を、文化財の保存修復や国際協力の分野で永年の経験を有するイタリアと締結している。
>
> ↓
>
> 例1）　我が国は、文化財の保存修復や国際協力の分野で永年の経験を有するイタリアと、文化遺産国際協力に関する覚書を締結している。
>
> ↓
>
> 例2）我が国は、文化遺産国際協力に関する覚書をイタリアと締結している。イタリアは、文化財の保存修復や国際協力の分野で永年の経験を有している。

　　エ　受身形をむやみに使わない。

　「言われる」「述べられる」のように、動詞に「れる」「られる」を付けた受身形の表現は、文の構造を難しくしたり責任の所在を曖昧にしたりする場合があるので注意が必要である。

　一方で、行為の主体を示す必要がない場合や、行為の対象や目的を目立たせるのに、受身形の使用が効果的な場合もある。例えば、「○○とされている」と書くと、主張や意見を客観的に見せることができる。また「○○が公表された」と書くと、公表した主体よりも公表されたものを目立たせることができる。

　なお、「れる」「られる」には「〜できる」「（自然と）〜になる」といった意味や尊敬を表す用法もあることにも留意する必要がある。

　　オ　二重否定はどうしても必要なとき以外には使わない。

　二重否定やそれに類する表現を用いると、否定しているのか肯定しているのか分かりにくくなることがある。強調したいことを効果的に伝えようとするような場合を除き、なるべく避ける必要がある。例えば、「…しないわけではない」は「…することもある」、「○○を除いて、

実現していない」は「○○のみ、実現した」と書き替えることなどが考えられる。

　　カ　係る語とそれを受ける語、指示語と指示される語は近くに置く。

　主語と述語、修飾語・修飾節と被修飾語、目的語と述語など、係り受けの関係がある語は、近くに置くと関係が分かりやすい。同様に、指示語を用いるときにも、指示される内容の近くに置くとよい。

　　キ　言葉の係り方によって複数の意味に取れることがないようにする。

　取り違えや誤解を防ぐためにも、言葉の係り方によって複数の意味にとれる表現は避ける。例えば、「所得が基準内の同居親族のいる高齢者」との表記は、「同居親族」と「高齢者」のどちらが「基準内」であるのか判然としないことから、「同居親族（所得が基準内）のいる高齢者」、「所得が基準内の高齢者で同居親族のいる者」などとすることが考えられる。

　　ク　読点の付け方によって意味が変わる場合があることに注意する。

　読点をどこに打つかによって、文の意味が変わることがある。意図する意味で読み手に伝わるよう読点を打つ位置に留意するとともに、必要な場合には文を書き換えるようなことも考えられる。

5　文書の構成

　公用文の構成には、いつでも使えるような型があるわけではない。公文書においても、文書の性格に応じて構成を工夫することが必要である。

　その場合、文書を書き始める前に、何を、どのような目的で、どのような根拠（法令、通知、調査・統計データ等）に基づいて、誰に向

けて発信しようとしているのか、整理しておき、これらを踏まえて、その都度構成の仕方を工夫することが考えらえる。

ただし、定期的に作成する文書など、同じ構成を用いた方が読み手に安心感を与えるものもあるので留意する必要がある。

文書の構成のポイントとしては、次のものが挙げられる。

（1）　文書の構成の基本

公用文においては、結論は早めに示し、続けて理由や詳細を説明する。

文書の結論は、できれば最初の段落で示しておくことが望ましい。最後まで読まないと何を言おうとしているか分からないような書き方はできる限り避けるべきである。その場合、最初に主旨を理解してもらった上で、次の段落から、その目的や理由、根拠など、案件の詳細を説明していくことになる。重要な点を優先して伝えるようにし、具体例、細目等は、後に示すか、分量が多くなるようであれば別途添えるなどの工夫をすることも考えられる。

実際、公用文においては、起承転結といった構成よりも、序論・本論・結論といった論理的な構造が適していると言われており、序論では、読み手の関心を惹起するため、主題、結論などを書くことが少なくない。

なお、プレゼンテーションや文書の作成などで、分かりやすい説明が必要となる場合のスキルとして用いられているものに、PREP法がある。PREP法は、

①Point：要点（結論・主張）

②Reason：理由（結論に至った理由・主張の理由）

③Example：具体例（理由に説得力を持たせるための事例・データ・状況）

④Point：要点（結論・主張）

の四つの頭文字を取ったものである。最初に要点（結論・主張）を伝えた上で、その理由を説明し、理由に説得力を持たせる情報を提示し、最後にもう一度結論を述べて締めくくる構成であり、解説や広報など分かりやすさや要点を伝えることが必要な場合に応用することが可能である。

（2）　法令や契約等の構成

法令、契約など一定の規範、定め、合意などを内容とする文書の場合には、基本的に定型的な形式によることになる。

その場合、まず内容を簡潔に表現した題名を付けた上で、全体を本則と附則とに分け、本則には本体的な内容、附則には本則に付随する内容の規定を置く。それぞれの内容は箇条書とし、内容ごとに「条」に区分し、条はその内容に応じて段落を変えて「項」に区分するほか、その文章の中でいくつかの事項を列挙する場合は「号」として掲げる。条項は、通常は一つの文章から成り立つが、二つの文章に分けられることなどもあり、通常は、前の文章を「前段」、後ろの文章を「後段」と呼び、原則と例外の関係にある場合は後ろの文章に「ただし」という接続詞を付し、前の文章を「本文」、後ろの文章を「ただし書」と呼ぶ。複雑で内容が多い場合には、本則をその内容ごとに章、節、款等に区分し、章の上の区分としては編を用いる。

なお、本則での順序は、原則として、最初にその全体に関係する目的、前提、定義、理念などの総則的なもの、続いてその本体的な内容、最後に本体に附属する種々の内容とするとともに、附則には、本則に付随する内容として施行、特例、経過的な内容などの規定を置く。

これらの場合、「配字」といって文字の配列についても一定の決まりや基準がある。

（3）　通知等の構成

通知等は、既存の文書形式によることが基本となる。

第Ⅰ編　公用文の書き表し方　　39

　その場合、通知等の多くは、前文・主文・末文の3段で構成されている。中心となるのは主文であり、この中で、文書の目的と主旨、相手に求める事柄とその方法を示すことになるが、主文だけで十分に必要を満たせるのであれば、前文や末文は不要である。

　他方、目的や主旨の背景やこれまでの経緯等を示す必要がある場合には、前文を置き、また、具体的な事務手続や処理方法等について言及する必要がある場合には、末文を置くことになる。

（4）　解説・広報等の構成

　解説・広報等では、読み手の視点で構成を考える。

　解説・広報など書き方の決まっていない文書では、読み手が情報を円滑に受け取れるように提示していくことが必要である。自分が伝えたいことを優先するのではなく、読み手の立場になって、求められる情報を見極め、整理した上で文書作成に入るようにしたい。特に、読み手の利益や不利益につながるような文書では、読み手が進めるべき手順に沿って書くことが必要である。

　その際、例えば、「上記に該当しない場合、手続は不要です」などと、する必要のないことも明示することによって、読み手の不安を軽減できる。既存の形式に則して書かれた文書について解説するときなども、元の構成にこだわらず、より伝わりやすくなるよう工夫することなども考えられる。

　また、読み手に対して複数の選択肢を示し、いずれか一つを選んでもらった上で読み進めてもらうような場合には、それぞれの選択肢の内容に重なりがないようにし、迷わせることのないよう配慮することが重要となる。

（5）　文書の分量

　文書の分量については、その限度を決めておくとよい。

　すなわち、文書は、何文字・何ページ分にするのかを決めてから書

き始めるようにする。文書の分量は、その目的、内容、読み手などによって、ある程度適当な目安といったものを組織内で共有しておく。書き連ねたものは、よく見直し、必要性の低い情報は、分量を調整する段階で削るようにする。

特に、複数の主体が書いたものを合体する場合には、あらかじめ分担と分量を明確にしておき、それぞれの限度を守るように打ち合わせておくことが必要となる。

（6）　記書きなどの活用

通知や依頼などの文書で、要点を明瞭に伝えるために、本文と下記部分とに分けて書き、下記部分で伝えたいことを整理して箇条書にする書式（これを「記書き」とも呼ぶ。）を用いることもある。この場合には、本文中に下記部分を指す「下記」等を用い、本文と下記との間の中央に「記」と記述する。

同様に、本文とは別に別記部分を設ける場合には、「別紙」「別記」等を用いる。

このほか、本文中で後述の内容を指示するような場合には、「次の」や「以下の」を用いる。

第4　公用文の表し方について

　「公用文作成の考え方」においては、公用文の表記の仕方についても、示している。その概要を確認しておこう。

1　表記の基本

　公用文については、「現代仮名遣い」による漢字平仮名交じり文を基本とし、特別な場合を除いて、左横書きするものとされており、これが表記の基本原則となる。

　その上で、漢字の使い方については、「常用漢字表」に基づくものとされ、また、送り仮名の付け方については、「送り仮名の付け方」に基づくものとされている。

2　漢字の使い方

（1）　漢字使用の原則

　漢字使用については、常用漢字表にある字種（漢字）や音訓を用いるのが原則とされている。

　すなわち、漢字の使用は、「公用文における漢字使用等について」に基づき、「常用漢字表」の本表及び付表（表の見方及び使い方を含む。）に従う。常用漢字表に使える漢字がある語は、例外を除き、その漢字を使って書き表す。常用漢字表にない漢字（表外漢字）や漢字が表にあっても採用されていない音訓は、原則として用いないようにすべきである。

　また、字体については、常用漢字表に示された通用字体を用いるのが原則であり、特別な事情のない限り常用漢字表に示された通用字体を用いるものとされている。

　ただし、例外として、固有名詞（地名・人名）には、常用漢字表に

ない漢字も使うことができる。固有名詞は、常用漢字表の適用対象ではないことから、地名は、通用している書き方を用い、また、人名は、原則として本人の意思に基づいた表記を用いるが、必要に応じて振り仮名を用いる。特に差し支えのない場合には、固有名詞についても、常用漢字表の通用字体を用いるほか、常用漢字表にない漢字については、表外漢字字体表の印刷標準字体を用いることが望ましいとされている。

このほか、読み手への配慮に基づき、原則と異なる書き方をすることもできるとされている。特に、解説・広報等においては、児童・生徒や日本語を母語としない人など、常用漢字に十分に通じていない人を対象に文書を作成することもあることから、場合によっては、分かりやすさや読み手への配慮を優先し、常用漢字表の字種・音訓を用いた語であっても、必要に応じて振り仮名等を用いたり仮名で書いたりするなどの工夫をすることが必要となる。

（2） 常用漢字表の字種・音訓で書き表せない場合

常用漢字表の字種・音訓で書き表せない語については、仮名書きとされることになる。その際、訓による語は、次のように平仮名で書く。なお、以下の例においては、漢字に付された×印は常用漢字表にない漢字（表外漢字）、△印は常用漢字表にない音訓（表外音訓）を示すものである。

敢えて→あえて　予め→あらかじめ　或いは→あるいは　未だ→いまだ
謳う→うたう　嬉しい→うれしい　概ね→おおむね
自ずから→おのずから　叶う→かなう　叩く→たたく
止める・留める→とどめる　経つ→たつ　為す→なす　則る→のっとる
捗る→はかどる　以て→もって　依る・拠る→よる　宜しく→よろしく
坩堝→るつぼ

第Ⅰ編　公用文の書き表し方　　　43

　また、音による語でも、漢字を用いないで意味の通るものは、次の
ようにそのまま平仮名で書く。「法令における漢字使用等について」
では、単語の一部だけを仮名に改める方法はできるだけ避けることと
され（例えば「あっ旋」とはしない。）、一部に漢字を用いた方が分か
りやすい場合はその例外とされている。

斡旋→あっせん　億劫→おっくう　痙攣→けいれん　御馳走→ごちそう
颯爽→さっそう　杜撰→ずさん　石鹸→せっけん　覿面→てきめん
咄嗟→とっさ　煉瓦→れんが

　なお、動植物の名称を一般語として書くときには、常用漢字表にな
いものは仮名で、常用漢字表にあるものは漢字で書くとされる。ただ
し、学術的な名称としては、慣用に従い片仮名で書くことが多い。
　このほか、音訓が同じで、意味の通じる常用漢字を用いて書くもの、
常用漢字を用いた別の言葉で言い換えるものなどもある。
　音訓が同じで、意味の通じる常用漢字を用いて書く場合としては、
次のような例が示されている。

　　ア　常用漢字表中の同じ訓を持つ漢字を用いて書く例

活かす→生かす　威す、嚇す→脅す　伐る、剪る→切る
口惜しい→悔しい　歎く→嘆く　脱ける→抜ける　拓く→開く
解る、判る→分かる　仇→敵　手許→手元　想い→思い
哀しい→悲しい　真に→誠に

　　イ　常用漢字表中の、同じ音を持ち、意味の通じる漢字を用いて
　　　書く例

吉方→恵方　恰好→格好　確乎→確固　義捐金→義援金
醵出金→拠出金　車輛→車両　穿鑿→詮索　洗滌→洗浄　煽動→扇動
碇泊→停泊　顛覆→転覆　杜絶→途絶　日蝕→日食　脳裡→脳裏
編輯→編集　抛棄→放棄　聯合→連合　煉乳→練乳

次に、常用漢字を用いた別の言葉で言い換える場合としては、次のような例が示されている。

　　ウ　常用漢字表にある漢字を用いた言葉で言い換える例

隘路→支障、困難、障害　軋轢→摩擦　改悛→改心　干魃→干害
瀆職→汚職　竣工→落成、完工　剪除→切除　捺印→押印
誹謗→中傷、悪口　逼迫→切迫　罹災→被災　論駁→反論、抗論

　　エ　同じ意味の分かりやすい言い方で言い換える例

安堵する→安心する、ほっとする　陥穽→落とし穴　狭隘な→狭い
豪奢な→豪華な、ぜいたくな　誤謬→誤り　塵埃→ほこり
脆弱な→弱い、もろい　庇護する→かばう、守る　畢竟→つまるところ
酩酊する→酔う　凌駕する→しのぐ、上回る　漏洩する→漏らす

なお、次のように、ウとエの両方の処理ができるものもある。

帰趨→動向、成り行き　斟酌→遠慮、手加減

　他方、他に良い言い換えがないものや、言い換えをしては不都合なものは、常用漢字表にない漢字だけを平仮名書きにする、又は、その漢字をそのまま用いてこれに振り仮名を付ける（次の例1）。上記ウとエに例示した語でも、文書の目的や想定される読み手の在り方に合わせて、この方法を用いることができる。

　化学用語など、片仮名を用いる場合もある（例2）。

　常用漢字表にない漢字や音訓を用いるときには、必ず振り仮名を付けるなどする。特に、法令では、専門用語であって、他に言い換える言葉がなく、しかも仮名で表記すると理解することが困難であると認められるようなものについては、その漢字をそのまま用いて振り仮名を付けるとされているが（例3）、それらを用いる際には、法令と同様に、原則として熟語のうち常用漢字表にない漢字と音訓にのみ振り仮名を付けるのが原則である（例4）。ただし、読み手に配慮して、熟語

第Ⅰ編　公用文の書き表し方　　45

全体に振り仮名を付すこともある。

　振り仮名は、該当する漢字が現れる度に付ける必要はない。文書全体又は章ごとの初出に示すなどの基準を定め、文書内で統一して行うようにする。振り仮名については、見出しではなく本文部分に付すのが一般的である。

　なお、情報機器の設定等の関係で、振り仮名を用いることが難しい場合には、その漢字の後に括弧に入れて示すこともできるとされ（例５）、その際、熟語についてはその全体の読み方を示す方が読み取りやすいとも示唆されている。

例１）　改竄→改竄、改ざん　絆→絆、きずな　牽引→牽引、けん引
　　　　口腔→口腔、口こう（「こうくう」とも。）　招聘→招聘、招へい
　　　　綴る→綴る、つづる
　　　　綴じる→綴じる、とじる　酉の市→酉の市、とりの市
例２）　燐酸→リン酸　沃素→ヨウ素　弗素→フッ素
例３）　暗渠　按分　蛾　瑕疵　管渠　涵養　強姦　砒素　埠頭
例４）　忸怩たる思い　目標へ邁進する　指揮者を招聘する　未来を拓く
例５）　忸怩（じくじ）たる思い　目標へ邁進（まいしん）する
　　　　指揮者を招聘（しょうへい）する
　　　　未来を拓（ひら）く

（3）　常用漢字表に使える漢字があっても仮名で書く場合

　書き表そうとする語に使える漢字とその音訓が常用漢字表にある場合には、その漢字を用いて書くのが原則であるが、常用漢字表に使える漢字があっても仮名で書く場合がある。仮名で書くとされているものは次のとおり。

ア　仮名で書くもの

　以下の表に示したように、助詞、助動詞、形式名詞などは、仮名で書くものとされている。

仮名で書くもの	例	備　考
助詞	位→くらい（程度） 等△→など（例示） 程→ほど（程度）　だけ	「等」は「とう」と読むときに用いる。
助動詞	〜の様だ→〜のようだ （やむを得）無い→ない	
動詞・形容詞などの補助的な用法	〜（し）て行く→ていく 〜（し）て頂く→ていただく 〜（し）て下さる→てくださる 〜（し）て来る→てくる 〜（し）て見る→てみる 〜（し）て欲しい→てほしい 〜（し）て良い→てよい	実際の動作・状態等を表す場合は「…街へ行く」「…賞状を頂く」「…贈物を下さる」「…東から来る」「しっかり見る」「資格が欲しい」「声が良い」のように漢字を用いる。
形式名詞	事→こと　時→とき 所・処→ところ 物・者→もの 中△・内△→うち（「…のうち」等） 為△→ため 通り→とおり（「通知のとおり…」「思ったとおり」等） 故→ゆえ（「それゆえ…」等） 様→よう（「このような…」等）	ただし、「事は重大である」「法律の定める年齢に達した時」「家を建てる所」「所持する物」「裁判所の指名した者」のように、具体的に特定できる対象がある場合には漢字で書く。 「内に秘める」「大通り」「故あって」「訳あって」などは漢字で書く。

第Ⅰ編　公用文の書き表し方　　　　　47

	訳→わけ（「そうするわけにはいかない」等）	
指示代名詞	これ　それ　どれ　ここ　そこ　どこ	
漢字の持つ実質的な意味が薄くなっているもの	有難う→ありがとう お早う→おはよう 今日は→こんにちは 逆様→逆さま	ただし、「有り難い」は漢字で書く。
いわゆる当て字や熟字訓（常用漢字表の付表にある語を除く。）	何時→いつ 如何→いかん 思惑→思わく 流石→さすが 素晴らしい→すばらしい 煙草→たばこ 一寸→ちょっと 普段→ふだん 滅多→めった	「明後日（あさって）」「十八番（おはこ）」など、熟字訓が付表に採られていないものは、音読み（「みょうごにち」「じゅうはちばん」）でのみ用いる。訓読みする場合には仮名で書くか振り仮名等を付ける。
その他	共→とも（「…するとともに」等） 拘わらず→かかわらず	ただし、「彼と共に…」などは漢字で書く。

　イ　仮名書きを基本とするが一部のものは漢字で書くもの

　接続詞、連体詞、接頭辞・接尾辞は仮名書きを基本とするが、次の表に示したように、一部は漢字を使って書くものとされている。

仮名で書くもの	例	備　考
接続詞	さらに　しかし しかしながら	副詞の「更に」「更なる」は漢字で書く。動詞の「従う」

		は漢字で書く。副詞の「又」は漢字で書く。
	したがって そして　そうして そこで　それゆえ ゆえに　ただし ところが　ところで また　かつ　おって ついては	
＊漢字を使って 　書く接続詞	及び　又は　並びに 若しくは	
連体詞	あらゆる　ある（〜日） いかなる　いわゆる この　その　どの	
＊漢字を使って 　書く連体詞	来る（きたる）　去る 当の　我が　-等	
接頭辞・接尾辞	お…（お菓子、お願い） …げ（「惜しげもなく」等） …とも（「二人とも」等） …たち（「私たち」等） …ら（「僕ら」等） …ぶる（「もったいぶる」等） …ぶり（「説明ぶり」等） …み（「有り難み」等）	「おん（御）」「ご（御）」は漢字で書く（「御中」「御礼」「御挨拶」「御意見」等）。ただし、常用漢字表にない漢字を含む語は仮名書きし「御」も仮名で書く（「ごちそう（御馳走）」「ごもっとも（御尤も）」等）。

　ウ　漢字で書くことを基本とする動詞、副詞、形容詞のうち、一部は仮名で書くもの

　動詞、副詞、形容詞は、漢字で書くことを基本とするが、次の表に示したように、一部のものについては仮名で書くこととされている。

一部は仮名で書 くもの	例	備　考
動詞のうち仮名	居る→いる	ただし、「出来が良い」など

で書くもの	出来る→できる（「利用が できる」） 成る→なる（「1万円にな る」）	は漢字で書く。「歩が金に 成る」「本表と付表から成 る」などは漢字で書く。
副詞のうち仮名 で書くもの	～の様だ→～のようだ （やむを得）無い→ない 余程→よほど 矢張り→やはり かなり　ふと	
ある（動詞）・な い（形容詞）	有る・在る→ある 無い→ない（「問題があ る」「欠点がない」などは 仮名で書く。）	「有無」の対照、「所在・存 在」の意を強調するときは、 「財産が有る」「有り・無し」 「在り方」「在りし日」「日 本はアジアの東に在る」な ど、漢字で書く。

　エ　常用漢字表にあっても法令に倣い仮名で書くもの

　常用漢字表に使える漢字があっても、法令に倣い仮名で書くものとしては、次のものがある。

虞→おそれ　且つ→かつ　但し→ただし　但書→ただし書

外・他→ほか　因る→よる

　なお、「公用文作成の考え方」では、「読み手への配慮や社会の慣用に基づいて、仮名を使う場合もある」として、解説・広報等においては、分かりやすさや親しみやすい表現を優先する観点から、必要に応じて仮名で書くことがあるとするほか、次に例示するような語については、公用文で用いる際には、漢字を用いて書くことになっているが、一般の社会生活では仮名で表記する場合も多いとする。

【一般の社会生活では仮名で表記する例】

　接頭辞「御」（御指導→ご指導　御参加→ご参加　-等）

　接続詞（及び→および　又は→または　並びに→ならびに　若しくは

50　　　　　　　　第Ⅰ編　公用文の書き表し方

→もしくは）
　　副詞（飽くまで→あくまで　余り→あまり　幾ら→いくら　既に→す
でに　直ちに→ただちに　何分→なにぶん　正に→まさに　－等）

3　送り仮名の付け方

　送り仮名は、漢字に添えて読み誤りを防ぎ、意味を明確にする効果
がある。

　送り仮名については、原則として「送り仮名の付け方」の「本則」
と「例外」に従って送る。これは、義務教育で学ぶ送り仮名の付け方
と一致するものでもある。

　ただし、読み間違えるおそれのない複合の語の名詞（186語）は、送
り仮名を省くものとされているので、注意を要する。すなわち、公用
文では、活用のない複合の語186語に関しては、「許容」とされている
表記（誤読等のおそれがない場合は送り仮名を省く）をあえて用いる
こととなっている。特に、告示・通知等の文書では、法令と公用文に
おける表記を一致させる考え方に基づき、活用がない複合の語につい
て「送り仮名の付け方」通則6の「許容」（読み間違えるおそれがない
ものについては送り仮名を省くことができる）を適用する。該当する
のは、「公用文における漢字使用等について」に示された、以下の名詞
である。

【送り仮名を省く「読み間違えるおそれのない複合の語の名詞」】（186語）
明渡し　預り金　言渡し　入替え　植付け　魚釣用具　受入れ　受皿
受持ち　受渡し　渦巻　打合せ　打合せ会　打切り　内払　移替え
埋立て　売上げ　売惜しみ　売出し　売場　売払い　売渡し　売行き
縁組　追越し　置場　贈物　帯留　折詰　買上げ　買入れ　買受け
買換え　買占め　買取り　買戻し　買物　書換え　格付　掛金　貸切り
貸金　貸越し　貸倒れ　貸出し　貸付け　借入れ　借受け　借換え

第Ⅰ編　公用文の書き表し方　　51

刈取り　缶切　期限付　切上げ　切替え　切下げ　切捨て　切土
切取り　切離し　靴下留　組合せ　組入れ　組替え　組立て
くみ取便所　繰上げ　繰入れ　繰替え　繰越し　繰下げ　繰延べ
繰戻し　差押え　差止め　差引き　差戻し　砂糖漬　下請　締切り
条件付　仕分　据置き　据付け　捨場　座込み　栓抜　備置き　備付け
染物　田植　立会い　立入り　立替え　立札　月掛　付添い　月払
積卸し　積替え　積込み　積出し　積立て　積付け　釣合い　釣鐘
釣銭　釣針　手続　問合せ　届出　取上げ　取扱い　取卸し　取替え
取決め　取崩し　取消し　取壊し　取下げ　取締り　取調べ　取立て
取次ぎ　取付け　取戻し　投売り　抜取り　飲物　乗換え　乗組み
話合い　払込み　払下げ　払出し　払戻し　払渡し　払渡済み　貼付け
引上げ　引揚げ　引受け　引起し　引換え　引込み　引下げ　引締め
引継ぎ　引取り　引渡し　日雇　歩留り　船着場　不払　賦払　振出し
前払　巻付け　巻取り　見合せ　見積り　見習　未払　申合せ
申合せ事項　申入れ　申込み　申立て　申出　持家　持込み　持分
元請　戻入れ　催物　盛土　焼付け　雇入れ　雇主　譲受け　譲渡し
呼出し　読替え　割当て　割増し　割戻し

　なお、同様の漢字を使う複合の語でも、動詞については、送り仮名の付け方の「本則」に従って書くことになり、そのような例として、「入れ替える」「売り上げる」「仕分ける」「問い合わせる」「申し合わせる」「呼び出す」などが挙げられている。

　以上に対して、「公用文作成の考え方」では、「文書の性格や読み手に配慮し、送り仮名を省かずに書くこともできる」とする。社会では、学校教育で学んだ表記が広く用いられており、公用文で使われる送り仮名を省く表記を見慣れていない人も多いことも踏まえ、広く一般の人に向けた解説・広報等においては、読み手に配慮して、多くの人が理解している学校教育で学ぶ表記を用いた方が良い場合があるとするものである。

その例として挙げられているのは、次のものである。

例）公用文表記の原則：食品売場　期限付の職　解約の手続　雇主責任
　　学校教育で学ぶ表記：食品売り場　期限付きの職　解約の手続き
　　　　　　　　　　　　雇い主責任

　　また、「送り仮名の付け方」の通則7に従い、特定の領域の語で慣用
が固定している名詞（「取締役」「書留」等）、一般に慣用が固定してい
る名詞（「子守」「献立」「日付」等）については、送り仮名を省いて書
くこととなっている。これに当たる語であるかどうかは、通則7や「法
令における漢字使用等について」の「2　送り仮名について」の(2)
のイに挙げられた例によって確認できる。これらの例になく、慣用が
固定しているかどうか判断できないときや、読み手が読みにくいと考
えられるときには、送り仮名を省かずに書くこともできるとされてい
る。

【「送り仮名の付け方」通則7により、複合の語のうち慣用に従って送り
　仮名を付けない名詞とされている例】
（1）　特定の領域の語で、慣用が固定していると認められるもの
　ア　地位・身分・役職等の名
　　　関取　頭取　取締役　事務取扱
　イ　工芸品の名に用いられた「織」、「染」、「塗」等
　　　《博多》織　《型絵》染　《春慶》塗　《鎌倉》彫　《備前》焼
　ウ　その他
　　　書留　気付　切手　消印　小包　振替　切符　踏切
　　　請負　売値　買値　仲買　歩合　両替　割引　組合　手当
　　　倉敷料　作付面積
　　　売上《高》　貸付《金》　借入《金》　繰越《金》　小売《商》
　　　積立《金》　取扱《所》　取扱《注意》　取次《店》　取引《所》
　　　乗換《駅》　乗組《員》　引受《人》　引受《時刻》　引換《券》
　　　《代金》引換　振出《人》　待合《室》　見積《書》　申込《書》

第Ⅰ編　公用文の書き表し方　　53

（2）　一般に、慣用が固定していると認められるもの。

　　奥書　木立　子守　献立　座敷　試合　字引　場合　羽織　葉巻
　　番組　番付　日付　水引　物置　物語　役割　屋敷　夕立　割合
　　合図　合間　植木　置物　織物　貸家　敷石　敷地　敷物　立場
　　建物　並木　巻紙
　　受付　受取
　　浮世絵　絵巻物　仕立屋

（注意）

（1）　「《博多》織」、「売上《高》」などのようにして掲げたものは、《　》
　　　の中を他の漢字で置き換えた場合にも、この通則が適用される。

（2）　通則7を適用する語は、例として挙げたものだけで尽くしてはい
　　　ない。したがって、慣用が固定していると認められる限り、類推し
　　　て同類の語にも及ぼすものである。なお、そのほかの例については、
　　　「法令における漢字使用等について」の「2　送り仮名について」
　　　の（2）のイも参照。通則7を適用してよいかどうか判断し難い場合
　　　には、通則6「複合の語の送り仮名は、その複合の語を書き表す漢
　　　字の、それぞれの音訓を用いた単独の語の送り仮名の付け方によ
　　　る。」を適用するものとされている。

4　外来語の表記

　外来語の表記については、「外来語の表記」に基づくものとされてい
る。外来語を片仮名によって表記する場合、日本語の音韻の範囲内で
無理なく発音できる表記と、原語に近く発音するための手掛かりとな
る表記の2通りがあり、「外来語の表記」にある二つの表のうち、主に
前者には第1表が、後者には第2表が対応するものとなっている。

　「外来語の表記」の第1表によって日本語として広く使われている
表記を用いることを基本とし、必要に応じて第2表を用いるようにす
る。第1表及び第2表にない表記は、原則として使用しない。

例えば、国語として定着した外来語は、セロハン、プラスチック、デジタルなどのように第1表にある表記で書き表す。

　他方、比較的近年になって取り入れられた外来語については、原語（主に英語）の発音を耳にする機会が多くなったことなどから、第2表で書き表す方が主となっている場合がある。元の外国語の発音やつづりと関連付けることが慣用になっている場合は、ウェイト、ウェブ、クォーク、フュージョンなどのように第2表を活用する。

　特に、人名・地名など固有名詞は原音に近く書き表す慣用があり、第2表のウィ、ウェ、ウォを用いた表記では、ウィリアム、ウェールズ、ウォール街などが広く用いられている。

　なお、一般の用語は、第1表に従って書くことが基本となるが、必要があって第2表に基づく場合には、一つの文書内で異同が生じないようにすべきである。

【第1表による表記と第2表による表記の比較】
　第1表によるもの→ウイルス　　ウエディング　　ウオーター　　－等
　第2表によるもの→ウィルス　　ウェディング　　ウォーター　　－等

　このほか、長音は、原則として長音符号を使って書くこととされている。エネルギー、オーバーコート、グループ、ゲーム、ショー、メールなどがその例である。ただし、バレエ（舞踊）、ミイラ、エイト、ペイント、レイアウト、サラダボウルなどは、慣用に従い、長音符号を用いずに書くものとされている。

　英語の語末の－er、－or、－arなどに当たるものは、コンピューター（computer）、エレベーター（elevator）、カレンダー（calendar）などのように、ア列の長音とし、長音符号を用いて書くのが原則であるほか、－ty、－ryなど、yで終わる語も、コミュニティー（community）、カテゴリー（category）などのように、長音符号を用いて書くものとされている。

5　数字の使い方

　数字の表記については、横書きと縦書きでの使い分けに留意が必要である。

　すなわち、横書きでは、算用数字を使う。数字の表記には、その場合、大きな数は、三桁ごとにコンマで区切るが（例：5,000　62,250円　1,254,372人）、兆・億・万の単位については、「5兆」「100億」「30万円」のように、漢字を使うものとされているのに対し、千・百は、例えば「5千」「3百」とはしないで「5,000」「300」と書く。

　なお、単位の漢字と算用数字を合わせて使うときには、数字だけの場合とコンマの位置がずれることによる混乱を避けるため、次の例のようにコンマを省いてもよいとされている。

例）　1億2,644万3,000人／1億2644万3000人（126,443,000人）

　また、全角・半角については、文書内で使い分けを統一する必要があるが、データや金額等の数値を示す場合には、半角数字を用いるものとされている。

　このほか、概数は、漢数字を使い（例：二十余人　数十人　四、五十人）、また、語を構成する数や常用漢字表の訓による数え方など次の場合にも、漢数字を使うものとされている。

【漢数字を使う例】
ア　熟語、成語、ことわざを構成する数
　　例）二者択一　千里の道も一歩から　三日坊主　再三再四　幾百　幾
　　　　千　-等
イ　常用漢字表の訓、付表の語を用いた数え方（（　　）内は読み方）

例）一つ、二つ、三つ…　一人（ひとり）、二人（ふたり）…　一日（ついたち）、二日（ふつか）、三日（みっか）…　一間（ひとま）、二間（ふたま）、三間（みま）…
ウ　他の数字と置き換えられない数
　　例）三権分立　六法全書　七福神　二十四節気
エ　歴史、伝統文化、宗教等の用語
　　例）前九年の役　三国干渉　三代目坂田藤十郎　お七夜　七五三　四十九日

　ただし、上記の例イについては、一般の社会生活において、横書きでは算用数字を使った「1つ、2つ、3つ…」という表記が広く使われている。このようなことから、「公用文作成の考え方」では、広報等で明確に数を数えているような場合などに限って、算用数字を用いて表記することがあるとし、このことは「一人、二人、三人…」「一日、二日、三日…」などでも同様とされている。

　他方、縦書きする場合には、漢数字を使う。この場合、原則として漢数字を省略せずに用いることとされている（例1）。ただし、広報等の縦書きでは、例2のような書き方をすることがあるとして、億万千百十等を表記しない例も示されている。

例1）令和三年十一月二十六日　千九百八十三年　二時三十七分　七十二・三パーセント

例2）一九八三年　五三人　二時三十七分　2時37分　72・3パーセント（又は％）
　　　電話：〇三－五二五三－＊＊＊＊

　なお、縦書きされた漢数字を横書きで引用する場合には、原則として算用数字にするが、元の表記を示すために、漢数字を用いる場合もある。

第Ⅰ編　公用文の書き表し方　　57

　このほか、数詞に続けて物を数えるのに添える「箇」「か」について、常用漢字表には「箇」が採られているが、横書きで算用数字を用いる場合には「○か所」「○か月」と平仮名を用いて書く（例：3か所、7か月）。一般の社会生活でよく使われる「3ヶ所」「7カ月」といった表記は、公用文ではしないこととされているので注意を要する。

　ただし、概数を示すために漢数字を用いる場合には、「数箇所」「数十箇所」のように「箇」を使って書き、また、「何箇所」「何箇月」なども「箇」を用いるものとされている。

　同様に、縦書きで漢数字を用いる場合にも、「○箇所」「○箇月」のように書くものとされている（例：三箇所　七箇月）。そして、これを横書きで引用するときには、「3か所」「7か月」のように直すものとされている。

6　符号の使い方

（1）　句点・読点・中点

　まず、句点には「。」（マル）、読点には「、」（テン）を用いることが原則とされている。かつての「公用文の作成の要領」においては、横書きでは読点に「，」（コンマ）を用いるとされていたが、これが変更されて、「、」が原則とされ、「，」については用いてもよいと変更されたので、注意が必要である。最低限、「、」と「，」の混用は避け、一つの文書内では、どちらかに統一するようにすべきである。

　また、学術的・専門的に必要な場合等を除いて、句点に「．」（ピリオド）は用いないものとされている。ちなみに、欧文では「，」と「．」を用いることになる。

　次に、「・」（ナカテン）は、「光の三原色は、赤・緑・青である。」、「ケース・バイ・ケース」、「マルコ・ポーロ」などのように並列する語、外来語や人名などの区切りや、箇条書の冒頭など（例：・項目1

七二・三パーセント）に用いるものとされている。

（2） 括　弧

次に、括弧は、（　）（丸括弧）と「　」（かぎ括弧）を用いることが基本である。

その際に、（　）や「　」の中に、更に（　）や「　」を用いる場合にも、「「異字同訓」の漢字の使い分け例」（平成26年2月21日文化審議会国語分科会報告）などのように、そのまま重ねて用いることとされている。ただし、解説・広報等では、「　」の中で『　』（二重かぎ括弧）を使うこともあり、また、閉じの丸括弧　）（片括弧）のみで用いることもあるともされている。

このほか、括弧の中で文が終わる場合には、「（以下「基本計画」という。）」、「「決める。」と発言した。」などのように、句点（。）を打つこととされている。もっとも、次の例のように、引用部分や文以外（名詞、単語としての使用、強調表現、日付等）に用いる場合には打たないほか、文が名詞で終わる場合にも打たないものとされている。

例）議事録に「決める」との発言があった。　　「決める」という動詞を使う。

国立科学博物館（上野）　　「わざ」を高度に体現する。

ただし、文末にある括弧と句点の関係を使い分けることが必要とされており、文末に括弧がある場合、それが部分的な注釈であれば閉じた括弧の後に句点を打ち（例1）、また、二つ以上の文、又は、文章全体の注釈であれば、最後の文と括弧の間に句点を打つものとされている（例2）。

例1）当事業は一時休止を決定した。ただし、年内にも再開を予定している（日程は未定である。）。

例2）当事業は一時休止を決定した。ただし、年内にも再開を予定している。（別紙として、決定に至った経緯に関する資料を付した。）

第Ⅰ編　公用文の書き表し方　　　59

　なお、一般の社会生活においては、括弧内の句点を省略することが
多い。解説・広報等では、そこで文が終わっていることがはっきりし
ている場合に限って、次の例のように、括弧内の句点を省略すること
がある。

> 例）内にも再開を予定しています（日程は未定です）。

　他方、【　】（隅付き括弧）は、次の例のように、項目を示したり、
強調すべき点を目立たせたりする場合に用いるが、そのほかの括弧等
はむやみに用いず、必要な場合は用法を統一して使用するものとされ
ている。

> 例）【会場】文部科学省講堂　【取扱注意】

（3）　繰り返し符号

　繰り返し符号は、同じ漢字の繰り返しを示す「々」（同の字点（どう
のじてん））のみを用い、「並々ならぬ」、「東南アジアの国々」、「年々
高まっている」、「正々堂々」などのように書く。

　ただし、複合語の切れ目に当たる次のような場合には、漢字1字の
繰り返しであっても、「々」は使わずそのまま書き（例1）、また、2
字以上の繰り返しも、そのまま書く（例2）。

> 例1）民主主義　表外漢字字体表　○○党党首
> 例2）ますます　一つ一つ　一人一人　一歩一歩　知らず知らず
> 　　　繰り返し繰り返し

（4）　その他の符号の使い方

　このほか、符号の使い方に関し、①解説・広報等においては、必要
に応じて「？」「！」を用いてよいこと、②他の符号を用いる場合には、
文書内で用法を統一し、濫用を避けること、③矢印の類（→、⇒、⇔
　等）、また、箇条書や見出しの冒頭に置く様々な符号（・、○、●、
◎、◇、◆、□、■　等）は、文書内で用法を統一して使い、読み手

に意図が伝わるようにすること、④℃、%、¥、$など、単位を表す符号を用いる場合は、慣用に従うとともに文書内で用法を統一して使うことなども留意点として示されている。

その他の各種符号の使用法と使用例は、次の表のとおり。

符　号	使用法	使用例
「？」（疑問符）	疑問や質問、反問を示す。無言で疑問の意を表す様子を示す　等	○○法が改正されたのを知っていますか？　もう発表されているのですか？
「！」（感嘆符）	感動や強調、驚きなどを示す　等	みんなで遊びに来てください！　来月20日、開催！すばらしいお天気！
「：」（コロン）	項目とその内容・説明等を区切る。文中の語とその説明とを区切る　等	住所：東京都千代田区…注：31条のなお書きを指す。
「－」（ダッシュ）	文の流れを切り、間を置く。発言の中断や言いよどみを表す　等	昭和56年の次官通知－（又は二つ重ねる「――」）　これは既に無効であるが――
「－」（ハイフン）	数字やローマ字（A, a, B, b, C, c…）による表記の区切りやつなぎに使う　等	〒100－8959　03－5253－＊＊＊＊
「～」（波形）	時間や距離などの起点と終点を表す。「から」「まで」を表す　等	10時～12時　東京～京都価格：3,000円～　～10月4日
「…」（3点リーダー）	続くものの存在を示す。重ねて項目とページ数や内容をつなぐ　等	牛、馬、豚、鶏…（又は二つ重ねる「……」）　第5章………2　材料………鉄

「＊」（アステリスク）	文中の語句に付けて、注や補足に導く。補足的事項の頭に付ける　等	国際的な基準であるCEFR＊を参考にして
「※」（米印又は星）	見出し、補足的事項の頭に付けて、目立たせる　等	※データは令和元年9月現在
「／・／」（スラッシュ）	引用文の改行位置を示す。文節など文の区切りを示す。対比する　等	…であった。／なお、…痛む／傷む／悼む　直流／交流　−等

7　その他の表記の原則・留意点

　以上のほかにも、表記の仕方として、次のようなことを留意点として挙げることができる。

　一つ目は、文の書き出しや改行したときには、原則として1字下げすることである。ただし、電子メールやSNSにおいては、この限りではないともされる。

　二つ目は、項目の細別と階層については、例えば次のような順序を用い、適切に示すことである。ただし、数字や記号等は、必ずしもこれに従う必要はなく、ローマ数字（Ⅰ，Ⅱ，Ⅲ…）やローマ字（A，a，B，b，C，c…）等を用いることもできる。

（横書きの場合の例）

$$\begin{cases} 第1 \\ 第2 \\ 第3 \end{cases} \begin{cases} 1 \\ 2 \\ 3 \end{cases} \begin{cases} (1) \\ (2) \\ (3) \end{cases} \begin{cases} ア \\ イ \\ ウ \end{cases} \begin{cases} (ア) \\ (イ) \\ (ウ) \end{cases}$$

（縦書きの場合の例）

$$\begin{cases} 第一 \\ 第二 \\ 第三 \end{cases} \begin{cases} 一 \\ 二 \\ 三 \end{cases} \begin{cases} 1 \\ 2 \\ 3 \end{cases} \begin{cases} (1) \\ (2) \\ (3) \end{cases} \begin{cases} ア \\ イ \\ ウ \end{cases}$$

62　　第Ⅰ編　公用文の書き表し方

　三つ目は、ローマ字（ラテン文字。いわゆるアルファベット（A, a, B, b, C, c…）を指す。）を用いるときには、全角・半角を適切に使い分け、文書内で用法を統一することである。なお、頭文字だけで示すような略語には全角を使用することが考えられ、また、欧文を書き表す場合には、半角を用いる。全角のローマ字を用いると、情報処理において欧文・単語として認識されない場合があることに留意が必要である。

　四つ目は、略語（例1）は、元になった用語を示してから用い、必要に応じて説明を添えることである。特に専門的な知識を持たない人に向けて書く文書においては、略語だけを用いることのないようにする必要がある。文書中に繰り返し出てくる場合は、初出箇所で、「知的財産（以下「知財」という。）」などと示し、以降は省略した語をそのまま用いることができる。また、外国語に基づく場合にも、文書中に繰り返し出てくる場合は、初出箇所で正式名称を示した上で括弧内に略語を示し、2回目以降は略語を用いるようにしてもよい。例えば「クオリティー・オブ・ライフ（以下「QOL」という。）」と片仮名表記で示した上でローマ字による略語を示し、必要と判断される場合には、例2のように原語を添えてもよい。

> 例1）知的財産→知財　　大学設置・学校法人審議会→設置審
> 　　　　Social Networking Service→SNS
> 例2）クオリティー・オブ・ライフ（Quality of Life。以下「QOL」という。）

　そのほかにも、「公用文作成の考え方」では、やや丁寧すぎ細かい感じはするものの、電子的な情報交換では内容が意図するとおりに伝わるよう留意する、読みやすい印刷文字を選ぶ、図表を効果的に用いるようにし、図表には分かりやすい位置に標題を付けることなども、原則として挙げられている。

第Ⅰ編　公用文の書き表し方　　63

第5　公用文における用語の使い方

　公用文においては、よく使われる用語や使い方に注意を要する用語がある。「用語」とは、広くは使用する言語や字句を指すが、特に、特定の分野で使う言葉や術語を指すものである。一定の意思や考え方を表現するためにある語を用いることを表すこともある。

　これと類似するものに、「語句」「言葉」などがある。「語句」は、語や句のことで、一まとまりの言葉を表すものである。これに対し、「言葉」は、多義的であり、広くは感情や思想が音声又は文によって表現されたもの、言語なども指すが、ものの言い方など、用語や語句の意味を含んだものとして用いられる。

　なお、「用字用語」という場合には、用いる字（漢字、平仮名、片仮名、英数字）と語（単語、熟語）のことを指し、文書の種類・性格・目的等に応じて、統一的な基準を定めて用いられることになるものである。本書においては、公用文における用字については、**第4**の「公用文の表し方について」で、用語については、この**第5**で、その考え方や基準・指針などを説明しているところである。

1　使い方に注意を要する用語

　「公用文作成の考え方」では、公用文において使い方に注意を要する用語として、法令・公用文に特有の用語、専門用語、外来語を挙げ、その扱いや対応について指針を示している。

（1）　法令・公用文に特有の用語

　法令・公用文には、「及び・並びに」「又は・若しくは」などのように一般的な書き言葉とは異なる用法を持つ用語があるが、法令・公用文に特有の用語は、適切に使用し、必要に応じて言い換えるようにす

べきである。例えば、法令やこれに準ずる告示・通知等においては、それらを正確に使用しなくてはならない一方、専門的な知識を持たない人に向けた解説・広報等の文書においては、より分かりやすく言い換える工夫が必要となる。

例えば、法令・公用文で、複数の物事を結び付けたり、同時に取り上げたりすることを表す場合に、「と」という意味で用いる「及び」「並びに」については、広報等では、特に「並びに」は使わないようにし、次の例1に示すような言い換えをするなどの工夫をすることが考えられる。

また、法令・公用文で、複数の物事のうち、いずれか一つを選ぶことを表す場合に、「か」という意味で用いる「又は」「若しくは」については、広報等では、特に「若しくは」は使わないようにし、例2に示すような言い換えをするなどの工夫をする。

例1）「委員及び臨時委員」→委員と臨時委員の両者
　　　「執筆し、編集し、印刷し、及び保存する。」→執筆、編集、印刷、保存を全て行う。
　　　「鉄道の整備及び安全の確保並びに鉄道事業の発達及び改善に配慮する。」
　　　　　→次に挙げること全てに配慮する。
　　　　　　・鉄道の整備と安全の確保
　　　　　　・鉄道事業の発達と改善
例2）「英語又は中国語」→英語か中国語のどちらか一方
　　　「物理、生物、化学又は地学を選択する。」
　　　　　→物理、生物、化学、地学の4科目のうち、いずれか一つを選択する。
　　　「英語若しくは中国語又は数学若しくは理科を選択し受験する。」
　　　　　→次のアとイのどちらか一方の方法を選択し、さらにそのう

第Ⅰ編　公用文の書き表し方　　65

> ちで選んだ1科目を受験する。
> ア　英語か中国語のどちらかを受験する。
> イ　数学か理科のどちらかを受験する。

（2）　専門用語

　広く一般に知られていない専門用語は、語の性質や使う場面に応じて分かりやすくする工夫が必要である。その場合、①言い換える、②説明を付けて使う、③普及を図るべき用語は、工夫してそのまま用いることなどにより、対応することが考えられる。

　これらのうち、①については、専門的に定義されている用語であっても、その用語が難解なものについては、その厳密な概念が問題にされない場合は、日常語に言い換えるのが望ましい（例：「文化財が埋まっている状態の土地」を表す文化財保護法に基づく専門用語である「埋蔵文化財包蔵地」→「遺跡」）。また、専門家同士で使っている用語で、その用語でなくても意味が表せるものは、一般的な言葉に言い換えることが必要とされる（例：医療分野で「頻回に水分を取る」などと用いられる「頻回」→「頻繁に」「何回も」）。

　一方、②については、日常語では言い換えることができない専門用語も多く、その中には専門的な知識を持たない人々にとって重要な意味を持つものもあることから、そうした場合は、専門用語を使った上で、分かりやすい説明を添える工夫が望ましいとするものである（例：「罹災証明書」→「罹災証明書（支援を受けるために被災の程度を証明する書類）」）。

　また、③については、専門用語の中には、最近登場したばかりで知られていないが、今後、普及が望まれるものもあり、その場合には、説明を添えて、その用語を積極的に使うことによって、普及を図ることが考えられる。そのような例として、大雨の被害から身を守るため

に普及が望まれる気象専門用語「線状降水帯」、より良い社会にするために普及が望まれる新しい概念を表す「SDGs（エスディージーズ）」などがあり、「線状降水帯」については、例えば「発達した積乱雲が、次々に襲ってくる地帯のこと。そこでは、集中豪雨が起きます。」などと、「SDGs」については、よく使われている「持続可能な開発目標」だけでは分かりにくく、例えば「地球上の全ての人が幸せになるように誰もが協力して実現していく目標」などと丁寧に説明し、必要に応じて、Sustainable Development Goalsという元になった正式の言葉を紹介することも効果があると考えられる。

（3）　外来語

　外来語は、語の性質や使う場面に応じて、例えば「ストレス」「ボランティア」「リサイクル」など、日本語に十分定着しているものは、そのまま使う。また、そうでないものについては、日常使う漢語や和語に言い換えることも必要である。例えば、「アジェンダ」は「議題」、「インキュベーション」は「起業支援」、「インタラクティブ」は「双方向的」、「サプライヤー」は「仕入先」「供給業者」に言い換えることが考えられる。

　他方、分かりやすく言い換えることが困難なものについては、説明を付けるなどの工夫も求められる。例えば、インクルージョンについては、「インクルージョン（多様性を受容し互いに作用し合う共生社会を目指す考え）」「多様な人々を受け入れ共に関わって生きる社会を目指す「インクルージョン」は…」といった用い方をすることが考えられる。

　このほか、日本語として定着する途上のものは、簡単に言い換えることができる意味で使われることもあれば、簡単な言い換えでは表せない意味で使われていることもあり、使い方を工夫するとされている。

第Ⅰ編　公用文の書き表し方　　67

例えば、「リスク」という語は、広く使われるようになりつつあるがその定着は必ずしも十分でなく、「リスクを減らす」という言い方は「危険性を減らす」と言い換えることができるが、「リスクを取る」の場合の「リスク」は「危険性」や「危険」では言い換えられない。後者の意味で使われる「リスク」を言い換える場合は、この語を含む句全体を対象とし「あえて困難な道を行く」「覚悟を決めて進む」「賭ける」など、文脈に応じて表現を工夫することが考えられる。

　なお、専門用語や外来語の説明に当たっては、①ただ詳細に説明すれば分かりやすくなるのではなく、段階を踏んで説明するよう工夫する、②言葉自体はよく知られていても、意味がよく知られていない語は、内容を明確にする、③日常では別の意味で使われる語（例：善意（法律）ある事実について知らないこと／（日常）親切心、優しさ）は、混同を避けるようにし、誤解の危険性のある言葉の場合はその混同を避けるために必ず専門用語としての意味を添えるようにする、といったことがその留意点として挙げられている。

2　紛らわしい言葉

　紛らわしい言葉については、できる限りこれを用いないようにするため、次の点に留意することが必要である。

　第1は、誤解や混同を避けるようにすることであり、そのためにも、例えば、①同音の言葉による混同を避けること、②異字同訓の漢字を使い分けることなどが必要となる。

　例えば、同音の言葉である同音異義語（干渉／勧奨、信条／身上、服する／復する／伏する　－等）については、誤りなく仮名漢字変換する必要がある。また、これらは正確に書かれていたとしても、文脈によっては、耳で聞いた場合に区別が付かないことがある。口頭で伝え

たり、音声サービスに用いたりする場面も想定し、意味の分かる言葉で言い換えるなどの工夫も必要となる。さらに、音が同じであるだけでなく、字形も似ている漢字（偏在／遍在、補足／捕捉　-等）は、文章を目で追う際にも、取り違えやすいので、同音の語の存在を常に意識し、それと混同されないように言葉を選ぶようにしたい。

　他方、常用漢字表の漢字のうち、異なる漢字でありながら同じ訓をもつ異字同訓（答える／応える、作る／造る／創る　-等）の使い分けに迷うときは、「「異字同訓」の漢字の使い分け例」を参考にして、書き分けるのが妥当である。ただし、同訓の漢字については、明確に使い分けを示すことが難しい場合があり、年代差や個人差、各分野における表記習慣の違いなどもあり、判断が難しい場合などには、必要に応じて仮名で表記してもよい。

　第2は、曖昧さを避けることである。

　その点から、例えば、「から」と「より」を使い分けることが必要であり、その場合、時や場所の起点は「から」、比較は「より」を用いるものとされている。

> 例）東京から京都まで　午後1時から始める　恐怖から解放する　長官から説明がある
> 　　東京より京都の方が寒い　会議の開始時間は午前10時より午後1時が望ましい

　また、程度や時期、期間を表す言葉に注意することも必要である。例えば、程度を表す「幾つか」「多少」「多め」「少なめ」、時期に関わる「早めに」「急いで」「しばしば」「しばらく」などは、意味が曖昧になりがちである。例1のように、数や量に関わるものは、できる限り具体的な数字を示し、明確な日付や時間を示すことで、他方、時期についても、明確な日付や時間を示すことで、誤解が起こらないように

することも必要となる。「…から…まで」のように期間や区間を表す際にも、例2のように、起点と終点を示すようにすることが望ましいが、一定の期間を見通すことができないような場合には、「当分の間」「当面」などを用いることになる。

例1）幾つか指摘する→3点指摘する　少人数でよい→三人以上でよい
　　　早めに→1週間以内（5月14日正午まで）に
例2）本日から春休みまで→本日から春休み開始まで／本日から春休みが終了するまで

　さらに、文中に示したものだけに限定されないことを表すために用いられる「等」「など」「ほか」「その他」といった語は、読み手にとっては、その意味するところや内容が伝わりにくいことや、批判をかわすためと見える場合もあることから、慎重に使う必要がある。その場合、伝える必要がある事柄は、全て示すか、本当に必要なものだけを取り上げ、できるだけこれらの語を使わずに書くようにすることが考えられる。

　なお、正確さを確保する観点からこれらの語を用いるときには、具体的に挙げるべき内容を想定しておき、「等」「など」の前には、代表的・典型的なものを挙げるようにすべきである。このほか、例えば「遺跡の保存・活用等の実施」を「遺跡の保存・活用に関わる取組の実施」と書き変えることで、言葉を包括的に言い換えるという方法もある。

　第3は、冗長さを避けることである。

　この点からは、表現の重複に留意することが必要であり、意味が重複する表現（「重言」「重ね言葉」などとも呼ばれる。）はむやみに用いないようにすることが求められる。例えば、「諸先生方」は「諸先生」や「先生方」、「各都道府県ごとに」は「各都道府県で」や「都道府県ごとに」として用いないようにする必要がある。「第1日目」を「第1日」や「1日目」、「約20名くらい」を「約20名」や「20名くらい」、「違

和感を感じる」を「違和感を覚える」や「違和感がある」とするのも
同様である。

　ただし、「従来から」（→従来）、「まず最初に」（→最初に）、「返事を
返す」（→返事をする）、「排気ガス」（→排ガス）、「被害を被る」（→被
害を受ける）などのように慣用になっていたり強調などのために用い
たりする場合もあるため、一概に誤りとは言えないものもあるので注
意を要する。

　また、回りくどい言い方や不要な繰り返しはしないようにすること
も大事となる。特に、慎重になったり、念を入れたりしようとする場
合には回りくどい言葉遣いになりがちであるが、必要のない言葉は削
り、すっきりとした表現にしたり、強調したい言葉であってもむやみ
に繰り返さないようにしたりする必要がある。例えば、「利用するこ
とができる」は「利用できる」、「調査を実施した」は「調査した」、「問
題があるということになる」は「問題がある」とすることで足りる。

　このほか、物事を並べて書くような場合には、意味を明確にする必
要があるときを除いて、省略できる部分を削ることなども必要となる。

例）教育費の増加と医療費の増加により→教育費と医療費の増加により
　　話し言葉によるコミュニケーション及び書き言葉によるコミュニケ
　　ーション→話し言葉と書き言葉それぞれによるコミュニケーション

3　文書の目的、媒体に応じた言葉の使い方

　公文書には必ず目的があり、目的が違えばその書き方も異なってく
る。法令に準ずるような文書や関係機関同士でやり取りする文書と、
広く一般向けに書かれる文書とでは、読み手が異なることを意識する
必要があり、用語についても、誰に向けた文書であるかに留意して選
択をすることが求められる。

第Ⅰ編　公用文の書き表し方　　71

　例えば、「喫緊の課題」「可及的速やかに」などといった用語は、広く一般の人々に向けた解説・広報等では「すぐに対応すべき重要な課題」「できる限り早く」などと言い換える必要がある。

　特に、日本に住む外国人は、年々増加し、その国籍も多様化しており、日本語を母語としない人たちが日本で安全に安心して生活するためには、国や地方公共団体からの広報等を正しく理解することが大事となる。日本語を母語としない人々に対する情報発信においては、平易で親しみやすい日本語（やさしい日本語）を用いるようにする必要がある。また、日本人に向けた文書であっても、外国人向けに平易で親しみやすい日本語に書き直されることもあることから、そのことを意識し、あらかじめ簡潔に理解しやすく作成するよう心掛けることも必要である。

　他方、広く一般の人に向けた解説・広報等の場合、適切な敬語などの待遇表現（相手や場面に応じた気遣いの表現）も必要になってくる。その場合、程度の高い敬語を使えばよいというものではなく、公用文である以上、分かりやすく正確に情報を伝えるという観点から、過剰な表現は避けるべきであり、相手や場面に応じた気遣いの表現を適切に使うことが重要である。

　例えば、「御利用たまわる際には」などとはせず「利用される際には」とするなど、助動詞「（ら）れる」を用いる程度の言い方を標準とし、丁寧さを出したいときにも、文末は「です・ます」を基調とし、「ございます」は用いないようにする。「申します」「参ります」も読み手に配慮する特別な場合を除いては使わないようにし、また、「おります」「いたします」などは必要に応じて使い、多用しないようにする必要がある。

なお、SNSなどの媒体を通した情報発信は、国や地方公共団体においても行われるようになっており、そのうちには、符号や絵文字・顔文字等を積極的に用いたものも見受けられる。読み手の関心を踏まえ、使用する媒体に応じた表現を用いることも必要となっており、その場合、それぞれの媒体に合った書き方を工夫することなども求められる。ただ、広報等においても、広い意味での公用文であることを意識して一定の品位を保つとともに、文法の枠組みから過度に外れたり、誤りとされる慣用表現・語句を用いたりしないよう十分に留意すべきだろう。

4　読み手に違和感や不快感を与えない言葉の使い方

公用文において、偏見や差別につながる表現を避けることは当然であり、特に、基本的人権に配慮するため、性別、職業、地位、信条、宗教、地域、人種、民族、心身の状態、身体的な特徴などに関して、誤解を与えるような表現を慎むようにすべきである。

ただし、気付かないうちに、型にはまった考え方を表す言葉を用いてしまうことがある。この点、「公用文作成の考え方」では、「女医」「女流」「女史」といった言葉を挙げ、男性側に対応する語がなく、情報を伝える上で性別を示すことが必要であるかどうか、慎重に判断するほか、性に対する意識が多様化している状況を踏まえた配慮も必要となるとしている。また、様々な努力をしてきたことを評価する意味での「～までして、地域に貢献した。」などの言い方についても、「～」の部分に特定の仕事や業種が入ると、現在、それに携わっている人の気分を害することにつながりかねず、このほかにも、物事の中心地やそれが多く発生する場所を「～のメッカ」と表すことについて、メッカは宗教上の聖地であり、「交通事故のメッカ」などと用いるのは例え

第Ⅰ編　公用文の書き表し方　　73

として適切ではないとしている。

　これに対し、違和感や不快感を与えない文書を作成するために、特定の用語や言い回しをリストアップしておくことなども考えられるが、そこにある言葉だけを避けていればよいというものではない。言葉や表現自体には問題がなくても、使用する場面や状況によって、また組合せ方によって、読み手や当事者に対して不快な思いをさせたり、違和感を抱かせたりする場合もあり得る。特定の用語を避けるだけでなく、読み手がどう感じるかを考えることが必要であり、そこでは、自分がそのような言葉で表されたら、どう感じるかということを想像し、文書作成に当たることが大事である。

　この点、「公用文作成の考え方」は、例えば「〜くらいであれば」「〜にも可能である」といった言い回しは、それが容易であることを強調するものではあるものの、「〜」の部分に、特定の動作、人物、組織を当てると、その行為や能力を軽んじる意味合いを読み取られかねないことを指摘している。

　もっとも、その一方で、その言葉・表現が偏見や差別につながると即断することには慎重さも必要となる。字面の印象にとらわれたり、意味が誤解されるかもしれないと過剰に気にしたりして、やみくもに言葉の使用を規制・禁止することは、かえって問題の実態を見にくくしてしまうことにもつながり、ひいては表現の幅を狭め、日本語の豊かさを損なってしまうことにもなりかねない。過度に規制を加えたり禁止したりすることは慎むようにすべきである。

　取りあえず使わないでおけばよいと済ますのではなく、実態を的確に捉えるよう努め、読み手・当事者の気持ちに寄り添ったふさわしい言葉・表現を考え、選ぶようにしたい。

5 その他の言葉の工夫

そのほかにも、「公用文作成の考え方」では、次のように、漢語（音読みの言葉）や和語（訓読みの言葉）の用い方やその工夫についても示している。

　　ア　聞き取りにくく難しい漢語を言い換える。

漢語は、耳で聞いたときに分かりにくいものが多い。このため、「橋梁」「塵埃」「眼瞼」など、常用漢字表にない漢字を含む熟語は、「橋」「ほこり」「まぶた」といったように、和語に言い換えることが必要である。これによって、より円滑に理解できるようになるほか、常用漢字が使える言葉にすれば、表記も分かりやすくなると言える。

　　イ　「漢字1字＋する」型の動詞を多用しない。

「模する」「擬する」「賭する」「滅する」といった漢字1字の漢語による動詞のうちには、文語に基づくものが多く、聞き取りにくく堅苦しい語感を持つものがある。このため、法令によく用いられる表現であっても、解説・広報等でむやみに多用することは避けるべきである。それらについては、例えば「似せる」「なぞらえる」「賭ける」「滅ぼす」など、和語の動詞に言い換えると、分かりやすくなることが少なくない。

　　ウ　重厚さや正確さを高めるには、述部に漢語を用いる。

文書の重厚感を増し、改まった雰囲気にするには、訓読みの動詞（和語の動詞）を漢語にすると、効果が得られることがある。「決める」を「決定（する）」、「消える」を「消失（する）」とした場合がその例である。

同様に、語の意味をより正確に表現したいときに、漢語を用いることが有効である場合がある。そのような例として、「性質が変わる」を「性質が変化する」、「プログラムが変わる」を「プログラムが変更される」、「街並みが変わる」を「街並みが変容する」とする場合を挙げることができる。特に、スペースの限られた見出しなどでは、意味を

端的に伝えるために、漢語を活用することが有効な場合がある。

　ただし、それらの場合、逆に分かりやすさ、親しみやすさを妨げる
おそれがあることにも留意が必要となる。

　　エ　分かりやすさや親しみやすさを高めるには、述部に訓読みの
　　　動詞を用いる。

　事務的、専門的な文書では、漢語を用いた方が正確で改まったもの
になるが、広報などでは、堅苦しい上に、読み手にとって意味がすぐ
には浮かばない場合もある。分かりやすく、親しみやすい文書にする
には、述部に訓読みの動詞（和語の動詞）を活用するとよい。例えば、
「作業が進捗する」については、「作業がはかどる」「作業が順調に進
む」「作業が予定どおりに運ぶ」などとすることが考えられる。

　ただし、訓読みの動詞は意味の範囲が広いため、厳密に意味を特定
しなければならないときには不向きなこともあるので、注意を要する。

　　オ　紋切り型の表現は、効果が期待されるときにのみ用いる。

　挨拶などの決まりきった言い回しが長くなると、文書の本質がぼや
けることがある。また、公用文の構成においては、冒頭で根拠となる
法令を引用する型がよく用いられる。

　「公用文作成の考え方」は、それらを「紋切り型」の表現、あるい
は「型どおり」の表現として、そのような表現や構成は、読み手にと
って本当に必要なものであるかを考えて使うように心掛けたいとす
る。

　確かに、紋切り型の表現が本当に必要なものかどうか、読み手に伝
わりにくくしていることはないかを考えながら、それを用いることが
必要だろう。ただ、型どおりの表現の中には、積み重ねを通じ合理的
なものとしてパターン化しているものもあるのであり、そのようなも
のも含め「紋切り型」や「型どおり」といった一言で否定的に捉える
ことには問題がある。

「公用文作成の考え方」も、公用文においては、紋切り型が読み手を安心させる効果を生む場合もあり、決まった型に従った方がより的確に伝えることができるようなときには、問題なく用いて構わないと考えるべきであるとする。

問題は、どのような表現が「紋切り型」や「型どおり」として避けなければならないものなのか、ということだろう。

第6 より確かに伝わる公用文のために

　これまで、「公用文と法令における表記の一体化」がうたわれ、法令以外の公用文でも、法令と同様の表記を用いることが原則とされてきた。今後においても、法令に準ずるような告示や訓令、法令に基づいて示される通知等については、正確さを確保するためにも、法令と一致した表記を用いる必要があると言える。

　この点、法令の書き表し方については、分かりやすさなどの点から批判があり、法令用語の使用などをはじめそれによらない書き表し方を求める動きもある。確かに、法令や法令に準ずる公用文の書き表し方についても、より社会に開かれたものとするための取組が進められていく必要がある。ただ、その一方で、それらにおいて重要となる正確性を犠牲にしてまで、分かりやすさや親しみやすさを追求することには問題があり、それらの調和をどのように図っていくのか慎重な検討・対応が必要である。それらの公用文においては、これまで確立してきた書き表し方に基づいて表記を行っていくことが基本とされるべきであり、その場合には一定の型に当てはめるということなども必要となる。

　そもそも、公用文においては、それぞれの文章・文書の種類に応じて、一定の型や書き方などが長年の積み重ねや改良により合理的なものとして定着してきている。さらに改良されていくべき余地があるとはいえ、まずはそれに倣うことが無難であり、その上で、目的、伝える内容、読み手を踏まえて、工夫をしていくことが必要ではないだろうか。これに対し、広報のように、読み手や分かりやすさを重視し、あまり型にこだわる必要がないものもあり、その場合にも何らかの型はあるとしても、あまりとらわれる必要はない。

　その点では、書式が定まっている定型的な文書とそうではない非定

型的な文書とを区別して考える必要がある。

　他方、表記については、国や地方公共団体の機関による広報等の文書類では、国民や住民により分かりやすく伝えるという観点から、既に法令とは異なる表記が行われていることが少なくない。これらについては、それぞれの機関・部署において一定の考え方を定め、共有化することを前提に、弾力的な運用を行うようにすることで、より伝わりやすく親しみやすい文書の作成を進めていく必要がある。

　「公用文作成の考え方」では、多様な公用文それぞれの目的や種類に対応するよう、表記、用語、文章の在り方等に関して、解説・広報等を中心に、新しい柔軟な考え方が示されていることについては、これまでにもしばしば触れてきた。

　もっとも、いずれの場合においても、公用文表記の原則をよく理解した上で対応することが必要である。そのような理解を欠いたまま分かりやすさや親しみやすさの点から書き表すことは、逆に様々な問題を惹起し、その信頼を失うことにもなりかねない。公用文である以上、基本を無視して自由に書き連ねてよいというものではない。

　公用文を、これからの時代の変化や要請に対応するものとしていくには、より具体的な用語用例集などを整理したり、書き表し方の基準についても定期的に見直したりすることなども求められることになってくる。それらの動向に留意するとともに、何よりも、各自において言葉にこだわる姿勢や言葉に対する感覚を培い、書く技術・文章力を磨いていくことが必要である。

第Ⅱ編

用字用語の使い分け

80

第1 用字用語を使い分けることの意味とこの編の構成・解説等について

　公用文においては、その内容が相手に正確に伝わるようにするためにも、用字用語の使い分けを踏まえることが重要となる。それらの中には、社会一般における用法とは異なり、一般の人々にはなじみのないものや分かりにくいものもあり、公用文の目的や種類によっては、その使い分けにこだわることが妥当ではない場合もあり得る。しかしながら、そのような場合はあるとしても、それらは、公用文で幅広く用いられてきているものであり、公用文を書き表す際の基本的な知識・前提となるものとして、それなりに理解をし、正しく使用できることが必要となる。「公用文作成の考え方」でしばしば言及される、読み手の多様化を念頭に置いた広く一般に向けた解説や広報などでの柔軟な対応や工夫というのも、公用文の書き表し方の基準や用字用語の使い分けを理解した上でのものであることに留意する必要がある。知っておくべきこと・理解しておくべきことと、どのような場面でどのように使うのかということは異なると言える。

　この編で用字用語の使い分けとして取り上げるのは、公用文で使用することが多く、また、公用文を書く上で基本的に理解しておくことが必要となる同音異義語、同音類義語、異字同訓漢字、類義語、品詞・用法等による漢字と仮名の表記の使い分け、送り仮名、法令用語、法律類語、数字の表記の使い分け、符号の使い分けなどである。

　これらのうち、同音異義語、同音類義語、異字同訓漢字、類義語については、漢字の字義や用語の意義に基づき、きちんと使い分け、適切に使用することが当然に求められるものである。その誤記や誤用は、伝えるべき内容が正確に伝わらないおそれがあるほか、公用文や作成する機関の信用性にも関わりかねないことになる。

また、公用文の書き表し方の基準では、品詞・用法等により漢字表記と仮名表記を使い分けるとされているが、これも分かりやすさなどの面から、できるだけ準拠するように心掛けたいものである。

　他方、法令用語については、広狭様々な意味で用いられているが、ここでは、法令において日常用語とは異なる使い分けや特別の意味があるものとして使用される用語で、特に表記の正確性・厳密性を確保するために用いられているものを指す。法令用語は、法令の立案や読解に不可欠なものとなっており、法令や条例のほか、告示・通達、要綱等、あるいは正確性が求められる公用文においてもそれを用いることが必要となる。その一方で、それ以外の公用文においては、その目的・種類・対象などに応じてこれによらないことが許容される場合もあり、特に、解説や広報など分かりやすさや親しみやすさを重視する場合にはこれを用いないことも考えられる。その点では、ここで挙げる法令用語については、これをきちんと理解しつつ、場面に応じた適切な使用と柔軟な対応が求められていると言える。

　さらに、ここでは、それ以外の法律上の用語や概念などで、その意味の違いや使い分けの必要があり、公用文を書き表す場合にそれを理解しておくべきものについて、法律類語として取り上げ解説している。公用文においてそれを用いる場合には、法律上と同じ用法による必要がある。ただし、読み手によっては、その意味を十分に理解できない場合もあり得るところであり、その場合には、その用語の説明を付記することなども考えられるほか、想定される読み手にその違いが分かりにくい場合には、分かりやすい別の用語を用い、あるいは使い分けにこだわることなく一般的な用例によることなども必要となるのではないかと思われる。その点では、法令用語と同様に、場面に応じた適切な使用と柔軟な対応が求められる。

第Ⅱ編　用字用語の使い分け　　　　83

　さて、この編では、217の用字用語の公用文における使い分けについて解説しており、これらをそれぞれの項目の最初の見出し語の五十音順で配列している。また、見出し語の並び順については関係性の近い順に並ぶようにしており、見出し語で漢字と仮名の両方がある場合には原則として漢字を先としている。

　そして、それぞれの項目においては、読者が理解しやすいように、まず見出し語の使い分けのポイントを端的に示すようにした上で、それに続いて、それぞれの項目がいずれの観点からの使い分けなのかを分類として示すとともに、見出し語の使い分けや解説の根拠となっている公用文の書き表し方の基準を略称により列挙している。さらに、可能な限りではあるものの、使い分けや意義の違いなどのイメージを図表により示している。

　なお、その場合に、見出し語が複数の分類に関係する場合があるほか、使い分けの根拠となる書き表し方の基準が複数ある場合もあり、その場合の基準の並び方については、分類との関係や、当該使い分けに直接に関係する基準から関係する度合いなどに従って、列挙している。分類と書き表し方の基準の略語については、この末尾に表で示している。

　これらによりその項目に関する基本的な情報を分かりやすく示すのに続き、改めて見出し語ごとにそれぞれの意味と用例を列挙するとともに、説明として、それらの使い分けについて、その用例を適宜挙げつつ、具体的に説明を行うほか、それに関わる応用や発展的な事項についても解説している。

　さらに、別にMEMOのコーナーを設けて、読み手や媒体の多様化に配慮した用字用語の使用や表現の言い換え、関連用語や関連して知っておきたい知識などについても言及している。

84　　　第Ⅱ編　用字用語の使い分け

【分類の略称とその意義等】

略　　称	意義等
同音異義語	音が同じ用語で意味の異なるもの
同音類義語	音が同じ用語で意味も類似するもの
異字同訓	異なる漢字ではあるが、訓が同じで意味が似ているもの
類義語	同音・同訓以外の意味が類似している用語。場合により、紛らわしい用語も含む
漢字・仮名（　）	品詞、用法等により漢字と平仮名を使い分けるものを指し、（　）には品詞、用法など何によるものかを示しているもの
送り仮名	仮名の送り方
法令用語	法令において日常用語とは異なる使い分けや特別の意味があるものとして使用されている用語
法律類語	語形は異なるものの意味が類似し、あるいは同じ種類やカテゴリーに属する法律上の用語・概念であり、同音異義語、対義語等も含む
数字	数字の使い方
符号	符号の使い方

※なお、その持つ意味が反対の関係にあり、対比してその使い分けを理解することが必要な用語については、「／」ではなく「、」でその関係を示し、分類において、使い分けの分類の後に「対義語」と記載している。

【公用文の書き表し方の基準とその略語】

書き表し方の基準	略　　語
常用漢字表（平成22年11月30日内閣告示第2号）	平22常用漢字

送り仮名の付け方（昭和48年6月18日内閣告示第2号）	昭48送り仮名付け方
現代仮名遣い（昭和61年7月1日内閣告示第1号）	昭61現代仮名遣い
公用文作成の考え方（令和4年1月11日通知（内閣文第1号）、令和4年1月7日文化審議会建議）・解説	令4公用文作成考え方
公用文における漢字使用等について（平成22年11月30日内閣訓令第1号）	平22公用文漢字使用等
法令における漢字使用等について（平成22年11月30日内閣法制局総総第208号）	平22法令漢字使用等
文部科学省用字用語例（平成23年3月）	平23用字用語例
文部科学省公用文送り仮名用例集（平成23年3月）	平23送り仮名用例
同音の漢字による書きかえ（昭和31年7月5日国語審議会報告）	昭31同音漢字書換え
「異字同訓」の漢字の使い分け例（平成26年2月21日文化審議会国語分科会報告）	平26異字同訓使い分け

第2 「用字用語の使い分け」解説

〔1〕 会う／合う／遭う

> **ポイント**
> ・「会う」は、主に人と人が顔を合わせる場合に用いる。
> ・「合う」は、一致する、調和する、互いにする場合に用いる。
> ・「遭う」は、思わぬことや好ましくない出来事に出くわす場合に用いる。

異字同訓 平26異字同訓使い分け

会う

「会う」は、主に人と人が顔を合わせることを意味し、次のように用いられる。

例

客と会う時刻　人に会いに行く　駅でばったり友人と会った　投票に立ち会う　二人が出会った場所

合う

「合う」は、一致する、調和する、互いにすることを意味し、次のように用いられる。

例

意見が合う　答えが合う　計算が合う　目が合う　好みに合う　部屋に合った家具　割に合わない仕事　会議で話し合う　幸運に巡り合う

第Ⅱ編　用字用語の使い分け　　　87

遭う

　「遭う」は、思わぬことや好ましくない出来事に出くわすことを意味し、次のように用いられる。

例

　思い掛けない反対に遭う　災難に遭う　にわか雨に遭う

説　明

　「会う」は、主に人と人が顔を合わせる場合に用いられ、「合う」は、一致する（意見が合う）、調和する（部屋に合った家具）、互いにする（会議で話し合う）場合に用いられ、「遭う」は、思わぬことや好ましくない出来事に出くわす場合に用いられる。

　「駅でばったり友人とあった」の「あう」については、「思わぬことに出くわす」という意で「遭」を当てることもあるが、「友人と顔を合わせる」という視点から捉えて、「会」を当てるのが一般的である。

　「出会う」は、「人と人が顔を合わせる」意だけでなく、「生涯忘れられない作品と出会う」のように、「その人にとって強い印象を受けたもの、価値あるものなどに触れる」意でもよく使われる。また、「事故の現場に出合う」や「二つの道路が出合う地点」のように、「思わぬことや好ましくない出来事に出くわす。合流する」意では「出合う」と表記することが多い。

　「巡りあう」の「あう」についても、「互いに出くわす」意で「合」を当てるが、「出くわす」ものが人同士の場合には「人と人が顔を合わせる」という視点から捉えて、「会」を当てることもできる。

　なお、「逢う」及び「遇う」は、常用漢字表外の訓であるから、これらは公用文では用いない。

〔2〕 空く／明く／開く

ポイント

・「空く・空ける」は、からになる場合に用いる。
・「明く・明ける」は、目が見えるようになる、期間が終わる、遮っていたものがなくなる場合に用いる。
・「開く・開ける」は、ひらく場合に用いる。

異字同訓 平26異字同訓使い分け

空く（空ける）

「空く・空ける」は、からになることを意味し、次のように用いられる。

例

席が空く　空き箱　家を空ける　時間を空ける

明く（明ける）

「明く・明ける」は、目が見えるようになる、期間が終わる、遮っていたものがなくなることを意味し、次のように用いられる。

例

子犬の目が明く　夜が明ける　年が明ける　喪が明ける　らちが明かない

開く（開ける）

「開く・開ける」は、ひらくことを意味し、次のように用いられる。

例

幕が開く　ドアが開かない　店を開ける　窓を開ける　そっと目を開ける

第Ⅱ編　用字用語の使い分け　　89

| 説　　明 |

　「空く・空ける」は、からになる場合に用いられ、「明く・明ける」は、目が見えるようになる（子犬の目が明く）、期間が終わる（夜が明ける）、遮っていたものがなくなる（らちが明かない）場合に用いられ、「開く・開ける」は、ひらく場合に用いられる。

90　　第Ⅱ編　用字用語の使い分け

〔3〕　上げる／挙げる／揚げる／あげる

ポイント

・「上げる・上がる」は、位置・程度などを高い方に動かす、
　与える、声や音を出す、終わる場合に用いる。
・「挙げる・挙がる」は、はっきりと示す、結果を残す、執
　り行う、こぞってする、捕らえる場合に用いる。
・「揚げる・揚がる」は、空中に浮かべる、場所を移す、油
　で調理する場合に用いる。
・「あげる」は、「……てあげる」とする場合に用いる。

異字同訓　漢字・仮名（用法）　平26異字同訓使い分け、平22公用文漢字使用
等

上げる（上がる）

　「上げる・上がる」は、位置・程度などを高い方に動かす、与える、
声や音を出す、終わることを意味し、次のように用いられる。

例

・腕前を上げる　お祝いの品物を上げる　歓声が上がる　雨が上がる
・二階に上がる　地位が上がる　料金を引き上げる　成果が上がる

挙げる（挙がる）

　「挙げる・挙がる」は、はっきりと示す、結果を残す、執り行う、
こぞってする、捕らえることを意味し、次のように用いられる。

例

・例を挙げる　勝ち星を挙げる　式を挙げる　国を挙げて取り組む　全
　力を挙げる　犯人を挙げる
・手が挙がる

第Ⅱ編　用字用語の使い分け　　91

揚げる（揚がる）

　「揚げる・揚がる」は、空中に浮かべる、場所を移す、油で調理することを意味し、次のように用いられる。

例

・たこ揚げをして遊ぶ　船荷を揚げる　海外から引き揚げる　天ぷらを揚げる
・国旗が揚がる　花火が揚がる

あげる

　「あげる」は、「……てあげる」とする場合に、次のように用いられる。

例

図書を貸してあげる

説　明

　「上げる・上がる」は、位置・程度などを高い方に動かす（二階に上がる）、与える（お祝いの品物を上げる）、声や音を出す（歓声が上がる）、終わる（雨が上がる）場合に用いられ、「挙げる・挙がる」は、はっきりと示す（例を挙げる）、結果を残す（勝ち星を挙げる）、執り行う（式を挙げる）、こぞってする（国を挙げて取り組む）、捕らえる（犯人を挙げる）場合に用いられ、「揚げる・揚がる」は、空中に浮かべる（国旗が揚がる）、場所を移す（船荷を揚げる）、油で調理する（天ぷらを揚げる）場合に用いられる。

　「花火があがる」は、「空中に浮かぶ」花火の様子に視点を置いて「揚」を当てるが、「空高く上がっていく（高い方に動く）」花火の様子に視点を置いた場合には「上」を当てることが多い。

　「……てあげる」というような動詞の補助的な用法の場合は、仮名で書く。

〔4〕 明渡し／引渡し／受渡し

ポイント

・「明渡し」は、不動産等の占有を移転することを指す。

・「引渡し」は、物又は人についての支配を移転することを指す。

・「受渡し」は、売主が目的物を、買主が代金を、それぞれ提供することを指す。

類義語

明渡し

「明渡し」は、不動産等を占有していた者が、その権原を失った場合等に、その不動産等の占有を権利者等に移転することをいう。

例

借地権の目的である土地の上の建物につき賃貸借がされている場合において、借地権の存続期間の満了によって建物の賃借人が土地を明け渡すべきときは、……裁判所は、建物の賃借人の請求により、……土地の明渡しにつき相当の期限を許与することができる。(借地借家法35条1項)

引渡し

「引渡し」は、物又は人についての支配を移転することをいい、現実の支配を移転することのみを意味する場合と、広く占有を移転すること、すなわち占有権の譲渡を意味する場合とがある。

例

・犯罪人の引渡し　　　　　　　　　　　　　　　(逃亡犯罪人引渡法1条1項)

第Ⅱ編　用字用語の使い分け　　　93

・動産に関する物権の譲渡は、その動産の引渡しがなければ、第三者に
　対抗することができない。　　　　　　　　　　　　　（民法178条）
・占有権の譲渡は、占有物の引渡しによってする。　（民法182条１項）

受渡し

　「受渡し」は、売買取引において、売主が売買の目的物を、買主が
代金を、それぞれ提供して、その決済を行うことをいう。

例

有価証券の売買又は市場デリバティブ取引の受渡し
　　　　　　　　　　　　　　　　　　（金融商品取引法117条１項８号）

説　　明

　「明渡し」と「引渡し」は、いずれも物についての占有の移転とい
う意味を含んでいるが、「引渡し」は、人についての支配を移転する場
合にも用いられる。「明渡し」は、土地や建物等の不動産についての占
有を移転する場合に主に用いられ、特に、建物等の中の動産も含めて
全て撤去し、完全に占有を移転するような場面で用いられている。
　「引渡し」が現実の支配を移転することのみの意味で用いられてい
るのは、「占有権の譲渡は、占有物の引渡しによってする」と規定する
民法182条１項である。これに対し、「動産に関する物権の譲渡は、そ
の動産の引渡しがなければ、第三者に対抗することができない」と規
定する民法178条の「引渡し」には、民法182条１項による現実の引渡
しのほか、「譲受人又はその代理人が現に占有物を所持する場合には、
占有権の譲渡は、当事者の意思表示のみによってすることができる」
と規定する民法182条２項による簡易の引渡し、「代理人が自己の占有
物を以後本人のために占有する意思を表示したときは、本人は、これ

によって占有権を取得する」と規定する民法183条による占有改定及び「代理人によって占有をする場合において、本人がその代理人に対して以後第三者のためにその物を占有することを命じ、その第三者がこれを承諾したときは、その第三者は、占有権を取得する」と規定する民法184条による指図による占有移転も含まれる。

「受渡し」は、売買取引における当事者の双方が目的物及び代金の提供を行う場合に用いられ、特に、取引所における売買取引について用いられている。

>
>
> ◁MEMO▷
>
> 　公用文では、複合語の送り仮名については、その複合の語を書き表す漢字の、それぞれの音訓を用いた単独の語の送り仮名の付け方によるとされ、「明け渡す」「引き渡す」「受け渡す」というように動詞で用いる場合には、それぞれの活用語尾を送るが、「明渡し」「引渡し」「受渡し」というように名詞で用いる場合には、活用がなく、読み間違えるおそれのない複合語として、送り仮名を省くこととされている（平22公用文漢字使用等、昭48送り仮名付け方）。第Ⅰ編の50頁参照。
>
> 　また、「引渡人」のように、活用がなく、慣用が固定していると認められる複合語は、送り仮名を付けないこととされている（「人」を他の漢字で置き換えた場合も同様）（平22法令漢字使用等）。

第Ⅱ編　用字用語の使い分け　　95

〔5〕　価／値

ポイント

・「価」は、値段、価格について用いる。
・「値」は、値打ち、文字や式が表す数値について用いる。

異字同訓　平26異字同訓使い分け

価

「価」は、値段、価格を意味し、次のように用いられる。

例

手間に見合った価を付ける

値

「値」は、値打ち、文字や式が表す数値を意味し、次のように用いられる。

例

千金の値がある　称賛に値する　未知数xの値を求める

説　　明

「価」は、値段、価格について用いられ、「値」は、値打ち（千金の値がある）、文字や式が表す数値（未知数xの値を求める）について用いられる。

なお、法令では、「値」については、「人たるに値する生活」（労働基準法1条1項）というように、「値する」という形で用いられることがある。

〔6〕 あっせん／仲介／仲裁／調停

ポイント

- 「あっせん」は、当事者間の交渉等において、第三者が間に入り、取り持つこと等を指す。
- 「仲介」は、紛争の当事者間に第三者が介在して紛争解決のために尽力することや、代理・媒介を行うことを指す。
- 「仲裁」は、当事者間の紛争を第三者の判断により解決することで、裁判以外のものを指し、第三者の判断に当事者は当然に拘束される。
- 「調停」は、紛争の当事者間に立って第三者が事件の解決に努力することを指し、第三者の判断は、当然には当事者を拘束しない。

法律類語

あっせん

「あっせん」は、当事者間の交渉や話合いが円滑にいくように、第三者が間に入って、取り持ち、又は世話をすることをいう。当事者間に法的な拘束力は生じない。

例

- 求人及び求職の申込みを受け、求人者と求職者との間における雇用関係の成立をあっせんする （職業安定法4条1項）
- 職員の派遣についてあっせんを求める （災害対策基本法30条1項）

仲介

「仲介」は、一般的には、紛争当事者の申立てにより第三者が当事

者間に介在してその紛争の解決のために尽力するあっせん行為をいう。この仲介自体は、単なる事実行為であって、当事者はそれに直ちに拘束されるわけではないが、協定案を双方が受諾したときは、当事者はそれに拘束される。

また、「仲介」は、紛争当事者間のあっせんという意味ではなく、代理・媒介というような意味で用いられることもある。

例

・商品取引所は、当該商品取引所の商品市場における取引に関して会員等の間、商品先物取引業者の間又は商品先物取引業者と委託者との間に生じた紛争について当事者である会員等、商品先物取引業者又は委託者から仲介の申出があったときは、紛争処理規程で定めるところにより、仲介を行う　　　　　　　　　　　（商品先物取引法120条１項）

・「金融商品仲介業」とは、金融商品取引業者……又は登録金融機関……の委託を受けて、次に掲げる行為〔注：有価証券の売買の媒介等〕のいずれかを当該金融商品取引業者又は登録金融機関のために行う業務をいう。　　　　　　　　　　　　　　　　（金融商品取引法２条11項）

仲裁

「仲裁」は、当事者間の紛争を第三者の判断により解決することであって、裁判以外のものをいう。第三者の判断に当事者は当然に拘束される。

例

「仲裁合意」とは、既に生じた民事上の紛争又は将来において生ずる一定の法律関係（契約に基づくものであるかどうかを問わない。）に関する民事上の紛争の全部又は一部の解決を一人又は二人以上の仲裁人にゆだね、かつ、その判断……に服する旨の合意をいう。　　（仲裁法２条１項）

調停

「調停」は、紛争の当事者間に立って第三者が事件の解決に努力することをいう。第三者の判断は、当然には当事者を拘束せず、当事者の受諾により初めて拘束力を生じる。

例

・民事に関して紛争を生じたときは、当事者は、裁判所に調停の申立てをすることができる。 　　　　　　　　　　　　　　　　　（民事調停法２条）
・調停委員会は、調停案を作成して、これを関係当事者に示し、その受諾を勧告する 　　　　　　　　　　　　　　（労働関係調整法26条１項）

説　明

「あっせん」「仲介」「仲裁」「調停」は、いずれも当事者間に第三者が介在する場合に用いられるが、「あっせん」は、必ずしも当事者間に紛争があることを前提としない。「仲介」は、当事者間に紛争がある場合に用いられることがあるが、代理・媒介という意味で用いられることもある。

「仲裁」と「調停」は、いずれも当事者間に紛争がある場合に用いられるが、第三者の判断が当事者を当然に拘束するかどうかが異なる。もっとも、「仲裁」によることについては、当事者間に事前にこれによる旨の合意等があることが通例である。一方、「調停」については、例外的に、裁判所は、調停が成立する見込みがない場合において相当であると認めるときは、事件の解決のために必要な決定をすることができるとするものもある（民事調停法17条）。

なお、当事者間の紛争の解決に関する用語として「和解」があり、これは、当事者双方が互いに譲歩してその間に存する争いをやめることを約する契約をいう。

第Ⅱ編　用字用語の使い分け　　　99

> **◁ MEMO ▷**
>
> 　「あっせん」は、漢字で表記するならば「斡旋」となるが、「斡」は、常用漢字表にない漢字であるため、公用文では用いない。
>
> 　法令では、一時期「あっ旋」と表記されることもあったが、現在では、単語の一部を仮名書きすることはできるだけ避け、「あっせん」と表記することとされている（平22法令漢字使用等）。

〔7〕 当てる／充てる／宛てる

> **ポイント**
> ・「当てる」は、触れる、的中する、対応させる場合に用いる。
> ・「充てる」は、ある目的や用途に振り向ける場合に用いる。
> ・「宛てる」は、手紙などの届け先とする場合に用いる。

|異字同訓| 平26異字同訓使い分け

当てる

「当てる」は、触れる、的中する、対応させることを意味し、次のように用いられる。

例

胸に手を当てる　ボールを当てる　くじを当てる　仮名に漢字を当てる

充てる

「充てる」は、ある目的や用途に振り向けることを意味し、次のように用いられる。

例

建築費に充てる　後任に充てる　地下室を倉庫に充てる

宛てる

「宛てる」は、手紙などの届け先とすることを意味し、次のように用いられる。

例

本社に宛てて送られた書類　手紙の宛先

第Ⅱ編　用字用語の使い分け　　　101

```
説　　明
```

「当てる」は、触れる（胸に手を当てる）、的中する（ボールを当てる）、対応させる（仮名に漢字を当てる）場合に用いられ、「充てる」は、ある目的や用途に振り向ける場合に用いられ、「宛てる」は、手紙などの届け先とする場合に用いられる。

「充てる」は、法令では、特定の職や地位に人を当てはめる場合（「内閣官房長官は、国務大臣をもつて充てる」（内閣法13条2項））や、一定の使途、用途、目的等のために金銭、資産等を用いる場合（「予見し難い予算の不足に充てるため、国会の議決に基いて予備費を設け、内閣の責任でこれを支出することができる」（日本国憲法87条1項））に用いられる。

〔8〕 表す／現す／著す

ポイント

・「表す・表れる」は、思いが外に出る、表現する、表に出る場合に用いる。
・「現す・現れる」は、隠れていたものが見えるようになる場合に用いる。
・「著す」は、本などを書いて世に出す場合に用いる。

異字同訓 平26異字同訓使い分け

表す（表れる）

「表す・表れる」は、思いが外に出る、表現する、表に出ることを意味し、次のように用いられる。

例

・喜びを顔に表す　言葉に表す
・甘えが態度に表れる　不景気の影響が表れる

現す（現れる）

「現す・現れる」は、隠れていたものが見えるようになることを意味し、次のように用いられる。

例

・姿を現す　本性を現す　馬脚を現す
・太陽が現れる　救世主が現れる

第Ⅱ編　用字用語の使い分け　　　103

著す

　「著す」は、本などを書いて世に出すことを意味し、次のように用いられる。

例

書物を著す

説　明

　「表す・表れる」は、思いが外に出る（喜びを顔に表す）、表現する（言葉に表す）、表に出る（不景気の影響が表れる）場合に用いられ、「現す・現れる」は、隠れていたものが見えるようになる場合に用いられ、「著す」は、本などを書いて世に出す場合に用いられる。

〔9〕 ある／有る／在る

> ### ポイント
> ・動詞としては、原則として「ある」を用いる。
> ・「有無」の対照を強調するときは、「有る」を用い、「存在」
> 　の意を強調するときは、「在る」を用いる。

漢字・仮名（用法）　異字同訓　平４公用文作成考え方、平22公用文漢字使用
等、平26異字同訓使い分け

ある

動詞としては、原則として「ある」が次のように用いられる。

例
問題がある

有る

「有る」は、備わる、所有する、ありのままであることを意味し、
これらの意味を強調する場合に次のように用いられる。

例
有り余る才能　有り合わせの材料で作った料理　有り金　財産が有る
有り・無し　有り体に言えば

在る

「在る」は、存在することを意味し、この意味を強調する場合に次
のように用いられる。

例
財宝の在りかを探る　教育の在り方を論じる　在りし日の面影　日本は
アジアの東に在る

第Ⅱ編　用字用語の使い分け　　　105

> ## 説　　明

　公用文では、動詞は、漢字で書くことが基本とされているが、「ある」については仮名で書くこととされており、現在の表記実態としても、仮名書きの「ある」が一般的である。

　「有る」は、備わる（有り余る才能）、所有する（財産が有る）、ありのまま（有り体に言えば）であることを意味するものであり、「有無」の対照を強調する場合には、この表記が用いられる。

　「在る」は、存在することを意味するものであり、この意味を強調する場合には、この表記が用いられる。なお、法令では、「あり方」よりも「在り方」の方が多く用いられている。

〔10〕 合わせて／併せて／あわせて

ポイント

・「合わせて・合わせる」は、一つにする、一致させる、合算する場合に用いる。
・「併せて・併せる」は、別のものを並べて一緒に行う場合に用いる。
・副詞の場合は、漢字を用いて「併せて」と書き、接続詞の場合は、「あわせて」と平仮名で書く。

漢字・仮名（品詞） 異字同訓 平26異字同訓使い分け、平23用字用語例

合わせて

「合わせて・合わせる」は、一つにする、一致させる、合算することを意味し、次のように用いられる。

例

手を合わせて拝む　力を合わせる　合わせみそ　時計を合わせる
調子を合わせる　二人の所持金を合わせる

併せて

「併せて・併せる」は、別のものを並べて一緒に行うことを意味し、次のように用いられる。副詞の場合は、「併せて」を用いる。

例

両者を併せ考える　交通費を併せて支給する　併せて健康を祈る
清濁併せのむ　併せてお願いする　二つの町を併せる

第Ⅱ編　用字用語の使い分け　　107

あわせて

別のものを一緒に並べる場合の接続詞として用いる。

例

就職を促進し、あわせて、労働者の職業の安定に資する

（雇用保険法１条）

説　明

「合わせて・合わせる」は、一つにする（手を合わせて拝む）、一致させる（時計を合わせる）、合算する（二人の所持金を合わせる）場合に用いられ、「併せて・併せる」は、別のものを並べて一緒に行う場合に用いられる。

公用文では、副詞は漢字で書くことが基本とされ、接続詞は仮名書きが基本とされており、副詞としては「併せて」が用いられ、接続詞としては「あわせて」が用いられる。

108　　第Ⅱ編　用字用語の使い分け

〔11〕　言う／いう

ポイント

・「言う」は、言葉を口に出して実質的に話す場合等に用いる。
・「いう」は、言葉を口に出すといった実質的な意味が失われている場合等に用いる。

漢字・仮名（用法）　平23用字用語例

言う

　「言う」は、言葉を口に出して実質的に話す、述べる、しゃべる、告げる場合に次のように用いられる。

例

彼の言うこと　……と言えよう

いう

　「いう」は、言葉を口に出す実質的な「言う」の意味が失われている場合、あるいは「言う」という意味をとどめながらも動詞としての機能を半ば失っている場合に次のように用いられる。

例

……という場合　そういうこと

説　明

　「言う」は、言葉を口に出して実質的に話す、述べる、しゃべる、告げる場合に用いられるが、法令で用いられる場面は少ない。

第Ⅱ編　用字用語の使い分け　　109

　「いう」は、法令では、定義規定等で多く用いられており（「この法律において「公務員」とは、国又は地方公共団体の職員その他法令により公務に従事する議員、委員その他の職員をいう。」(刑法7条1項))、言葉を口に出す実質的な「言う」の意味が失われている例と言える。

　なお、「云う」は、常用漢字表にない漢字であるから、公用文では用いない。

〔12〕 以下同じ／以下「○○」という

> ### ポイント
> ・「以下同じ」は、ある言葉の下に括弧書でその言葉の説明
> があり、その言葉をその法令中のそれ以降の規定でも同じ
> 意味で用いる場合に用いる。
> ・「以下「○○」という」は、まず説明する文を挙げ、その
> 下に括弧書でその説明を受けた言葉を定義したり、略称を
> 定めたりし、その言葉や略称をその法令中のそれ以降の規
> 定でも用いる場合に用いる。

法令用語

以下同じ

　「以下同じ」は、法令において、ある言葉の下に括弧書でその言葉
の説明があり、その言葉をその法令中のそれ以降の規定でも同じ意味
で用いる場合に用いられる。

例

　行政庁の不作為（法令に基づく申請に対して何らの処分をもしないこと
をいう。以下同じ。）　　　　　　　　　　　　　　　（行政不服審査法３条）

以下「○○」という

　「以下「○○」という」は、法令において、まず説明する文を挙げ、
その下に括弧書でその説明を受けた言葉を定義したり、略称を定めた
りし、その言葉や略称をその法令中のそれ以降の規定でも用いる場合
に用いられる。

第Ⅱ編　用字用語の使い分け　　　111

例

・行政庁の処分その他公権力の行使に当たる行為（以下単に「処分」と
　いう。）　　　　　　　　　　　　　　　　　（行政不服審査法１条２項）
・処分をした行政庁（以下「処分庁」という。）又は不作為に係る行政庁
　（以下「不作為庁」という。）　　　　　　　（行政不服審査法４条１号）

説　　明

　「以下同じ」と「以下「○○」という」の使い分けについて明確な
基準があるわけではなく、使用される言葉に応じてどちらによるのが
より適切であるかを考慮して使い分けることになるが、「以下「○○」
という」は、その前に出てくる語を要約する形になることが多いため、
その法令で使用する言葉の意義、用法を確定するために設けられるも
のである定義として用いられるだけなく、その法令で長い表現が繰り
返し用いられるのを避けて法令文を簡潔にするために設けられるもの
である略称としても用いられる。

　なお、その法令でそれ以降の当該言葉を使う規定が限定されている
ときは、「第○条において同じ」「第○条において「○○」という」と
することもある。もっとも、「この条」等が含まれているときは、「以
下この条及び第○条において同じ」「以下この条及び第○条において
「○○」という」というように「以下」が用いられる。

〔13〕 行く／いく

ポイント
- 「行く」は、移動する等の実際の動作を表す場合に用いる。
- 「いく」は、「……ていく」とする場合に用いる。

漢字・仮名（用法） 平22公用文漢字使用等、平23用字用語例、令4公用文作成考え方

行く

「行く」は、移動する、進む、過ぎ去るという実際の動作を表す場合に次のように用いられる。

例

電車で行く　早く行こう　仕事帰りに図書館に行った　学校へ行く
……街へ行く　仕事がうまく行かない　行く秋を惜しむ

いく

「いく」は、「……ていく」という動詞の補助的な方法の場合に次のように用いられる。

例

負担が増えていく　実施していく

説　明

「行く」は、移動する（電車で行く）、進む（仕事がうまく行かない）、過ぎ去る（行く秋を惜しむ）という実際の動作を表す場合に用いられる。

「……ていく」というような動詞の補助的な用法の場合は、仮名で書く。

第Ⅱ編　用字用語の使い分け　　113

〔14〕　意志／意思

ポイント
- 「意志」は、物事を行おうとする又は行うまいとする積極的な心の働きについて用いる。
- 「意思」は、何かをしようといった考えについて主に法令で用いる。

同音類義語

意志

　「意志」は、物事を行おうとする又は行うまいとする積極的な心の働きについて、次のように用いられる。

例

意志が強い　意志薄弱

意思

　「意思」は、何かをしようといった考えについて、主に法令で次のように用いられる。

例

- ・意思表示に対応する意思を欠く錯誤　　　　　　（民法95条1項1号）
- ・罪を犯す意思がない行為は、罰しない。　　　　　（刑法38条1項）

説　明

　「意志」は、物事を行おうとする又は行うまいとする積極的な心の働きについて、主に哲学、倫理学、心理学で用いられる。

「意思」は、何かをしようといった考えについて、主に法令で用いられ、民法上は、表示行為の直接の原因となる心理作用を意味し、刑法上は、自分が行おうとする行為についての認識を意味する。もっとも、法令でも、「暴力団から離脱する意志を有する者」（暴力団員による不当な行為の防止等に関する法律28条1項）というように、文脈に応じて「意志」が用いられることもある。

第Ⅱ編　用字用語の使い分け　　　115

〔15〕　以上／超える、以下／未満

ポイント

・「以上」は、起算点となる数量などを含んでそれより多い
　場合に用い、「超える」は、起算点となる数量などを含まず
　にそれより多い場合に用いる。
・「以下」は、起算点となる数量などを含んでそれより少な
　い場合に用い、「未満」は、起算点となる数量などを含まず
　にそれより少ない場合に用いる。

類義語　対義語　令4公用文作成考え方

以上／超える

　「以上」は、起算点となる数量などを含んでそれより多い場合に用い、例えば、「100人以上」は、「100人を含んで、100人より多い人数」の意味である。

　「超える」は、起算点となる数量などを含まずにそれより多い場合に用い、例えば、「100人を超える」は、「100人を含まずに、100人より多い人数」の意味である。

以下／未満

　「以下」は、起算点となる数量などを含んでそれより少ない場合に用い、例えば、「100人以下」は、「100人を含んで、100人より少ない人数」の意味である。

　「未満」は、起算点となる数量などを含まずにそれより少ない場合に用い、例えば、「100人未満」は、「100人を含まずに、100人より少ない人数」の意味である。

116 　　第Ⅱ編　用字用語の使い分け

説　明

　「以」が付く「以上」「以下」については、起算点となる数量などが含まれ、「以」が付かない「超える」「未満」については、起算点となる数量などが含まれないことになる。なお、「未満」と同じ意味で「満たない」が用いられることもある。

第Ⅱ編　用字用語の使い分け　　117

〔16〕　異常／異状

ポイント

・「異常」は、普通とは違う場合に用い、「異状」は、正常な
状態とは違っている状態の場合に用いる。

同音異義語

異常

　「異常」は、普通とは違うことを意味し、次のように用いられる。

例

異常な挙動　異常な自然現象

異状

　「異状」は、正常な状態とは違っている状態のことを意味し、次の
ように用いられる。

例

・健康状態に異状を生じた者　体に異状を来たす
・医師は、死体又は妊娠四月以上の死産児を検案して異状があると認め
　たときは、二十四時間以内に所轄警察署に届け出なければならない。

（医師法21条）

説　　明

　「異常」は、普通とは違う場合に広く用いられるのに対し、「異状」
は、特に状態に着目する場合に用いられる。法令では、「異状」は、人
の健康状態や死体について用いられるほか、船舶のびょう泊について
の「異状が生ずるおそれ」（海上交通安全法33条１項）、標識についての「滅
失、破損その他異状」（測量法21条３項）等が用いられている。

〔17〕 移譲／委譲

ポイント

・いずれも権利、権限等を他に譲ることをいい、譲る者と譲られる者が対等な関係にあることを示そうとする場合には、「移譲」が用いられる。

同音異義語

移譲

「移譲」は、権利、権限等を他に譲る場合に、譲る者と譲られる者が対等な関係にあることを示そうとするときに、次のように用いられる。

例

国の事務及び事業の見直しを行い、国の事務及び事業とする必要性が失われ、又は減少しているものについては、民間事業への転換、民間若しくは地方公共団体への移譲又は廃止を進める

（中央省庁等改革基本法32条 1 号）

委譲

「委譲」は、権利、権限等を他に譲る場合に、譲る者と譲られる者が必ずしも対等な関係にあることを前提としないときに、次のように用いられる。

例

国は、行政機能の各地域への分散を図ることにより多極分散型国土の形成に資するため、法律又はこれに基づく命令の規定により国の行政機関の長に属させられた権限を地方公共団体に委譲し、又は関係地方支分部局の長に委任すること等に努めるものとする。

（多極分散型国土形成促進法31条）

第Ⅱ編　用字用語の使い分け　　　　119

説　　明

　「移譲」は、「移す」が用いられており、譲る者から譲られる者に完全に移転する意味合いがあるのに対し、「委譲」は、「委ねる」が用いられており、譲る者から譲られる者に完全に移転するとまではいい切れず、大本の部分は譲る者に残っているような意味合いがある。このことから、譲る者と譲られる者が対等な関係にあることを示そうとする場合には、「移譲」が用いられるといえる。

　平成7年に成立した地方分権推進法（平成13年に失効）5条では、「国は、……地方公共団体への権限の委譲を推進する」としていたが、平成18年に成立した地方分権改革推進法（平成22年に失効）5条では、「国は、……地方公共団体への権限の移譲を推進する」としていた。これについて、平成18年の法案審議の際、法案を国会に提出した政府から、平成7年当時は、「委譲」が広く使われ、一般的な用語法となっていたが、近年、「移譲」を用いる例が法令を含めて多くなり、また、国と地方の役割分担を踏まえて、権限を地方公共団体に移すとの語感があることから、より分かりやすく地方分権に一歩踏み込んでいるという理解を得られるようにするとの説明がされた。

120　　　　第Ⅱ編　用字用語の使い分け

〔18〕　以前／前、以後／後／以降

ポイント

・「以前」は、起算点となる日時などを含んでそれより前の
　場合に用い、「前」は、起算点となる日時などを含まずにそ
　れより前の場合に用いる。
・「以後」は、起算点となる日時などを含んでそれより後の
　場合に用い、「後」は、起算点となる日時などを含まずにそ
　れより後の場合に用いる。「以降」は、「以後」と同じ意味
　であるが、制度として継続して行われる事項との関係で用
　いることが多い。

類義語 対義語 令4公用文作成考え方

以前／前

　「以前」は、起算点となる日時などを含んでそれより前への時間的
広がりを意味し、例えば、「5月1日以前」は、「5月1日を含んで、
それより前への時間的広がり」の意味である。

　「前」は、起算点となる日時などを含まずにそれより前への時間的
広がりを意味し、例えば、「5月1日前」は、「5月1日を含まずに、
それより前への時間的広がり」の意味である。

以後／後／以降

　「以後」は、起算点となる日時などを含んでそれより後への時間的
広がりを意味し、例えば、「5月1日以後」は、「5月1日を含んで、
それより後への時間的広がり」の意味である。

　「後」は、起算点となる日時などを含まずにそれより後への時間的
広がりを意味し、例えば、「5月1日後」は、「5月1日を含まずに、
それより後への時間的広がり」の意味である。

第Ⅱ編　用字用語の使い分け　　121

　「以降」は、「以後」と同じ意味であるが、ある時点以後制度として毎年又は定期的に継続して行われる事項との関係で用いられることが多く、法令では、次のようなものがある。

> **例**
>
> 国が債務を負担する行為に因り支出すべき年限は、当該会計年度以降五箇年度以内とする。　　　　　　　　　　　　　　　（財政法15条３項）

> **説　　明**

　「以」が付く「以前」「以後」「以降」については、起算点となる日時などが含まれ、「以」が付かない「後」「前」については、起算点となる日時などが含まれないことになる。

　ただし、一般的な用法では、「昭和期以前」「第一次世界大戦以前」のように、時間に幅があるものについては、「昭和期」「第一次世界大戦」を含めず、その始まりの時点よりも前をいうことが多い。一方、「昭和期以後」「第一次世界大戦以後」は、「昭和期」「第一次世界大戦」を含んで使われることが多い。このようなものは「大正時代が終わるまで」「第一次世界大戦の始まる1914年より前」「昭和に入って以降」「第一次世界大戦が始まった1914年以降」のように、分かりやすく表現することも考えられる。

　また、法令では、「この法律の施行後」という用法がある。例えば、名称の使用の制限に関する規定が新たに設けられた際に、経過措置として、「この法律の施行の際現に○○という名称を使用している者については、…の規定は、この法律の施行後六月間は、適用しない。」という規定が設けられることがある（国立健康危機管理研究機構法附則21条等）。法律の施行は、通常、施行の日の午前０時と解されているので、「法律の施行後」とした場合は、施行の時点である施行の日の午前０時が含まれないとしても、それより後の施行の日は含まれることになり、「この法律の施行の日以後」と同じ意味となる。

〔19〕 委託／委任／委嘱／嘱託

ポイント

・私法では、「委託」は、委託者と被委託者との間の信任関係に立つ依頼を広く表し、「委任」は、法律行為の委託とその承諾により成立する契約を指す。

・公法では、「委託」は、ある機関の事務又は業務を対等の機関等に依頼して行わせる場合に用いられ、「委任」は、ある機関の事務又は業務について、代理権の授与をする場合や下級行政庁等の他の機関に権限を委任する場合に用いられ、「委嘱」は、ある機関が個々の人に対し事務を依頼する場合に用いられ、「嘱託」は、ある機関が事務の便宜から他の機関等に登記等の一定の行為を依頼する場合に用いられる。

法律類語

委託

「委託」は、一般的に、法律行為又は事実行為を他人又は他の機関に依頼することを指す。

私法では、委託者と被委託者との信任関係に立つ依頼を広く表す。

公法では、ある機関が、本来その権限に属する事務又は業務を、対等な関係に立つ他の機関又はその機関に対し特別の権力関係に服さない機関若しくは一般人等に依頼して行わせる場合に用いる。

例

普通地方公共団体は、協議により規約を定め、普通地方公共団体の事務の一部を、他の普通地方公共団体に委託して、当該他の普通地方公共団

体の長又は同種の委員会若しくは委員をして管理し及び執行させること
ができる。 （地方自治法252条の14第1項）

委任

「委任」は、私法では、当事者の一方（委任者）が法律行為をする
ことを相手方（受任者）に委託し、相手方がこれを承諾することによ
り成立する契約をいう（民法643条）。

公法では、ある機関の事務又は業務を他の機関等に委託する場合の
ように代理権の授与をする場合に用いることがある。例えば、公租公
課の徴収が地方公共団体又は一般人に委任されるような場合があり、
この場合には、受任者がその委任の限度において委任者を代理する。

また、公法では、ある機関が、その事務に関する権限を下級行政庁
等の他の機関に委任する場合に用いることもある。この場合には、委
任を受けた機関は、その事務を自己の職権として行うこととなり、法
令の定める職権を変更するものであるから、法令に特別の定めが設け
られる。

例

内閣総理大臣は、この法律による権限（政令で定めるものを除く。）を金
融庁長官に委任する。 （金融商品取引法194条の7第1項）

委嘱

「委嘱」は、一般的に、一定の事実行為又は事務をすべきことを他
人に依頼することを指す。

公法では、ある機関が個々の人に対し事務を依頼する場合に用いる。
特に、審議会等の委員、幹事等を任命する場合において、その者が他
の機関の職員、民間の学識経験者であるときに、協力を請うという性

格が強いことを考慮して、多少敬意を表する意味で、「任命する」又は「命ずる」と同じ意味で用いる。

例

・都道府県又は市町村の選挙管理委員会が、都道府県知事又は市町村長の承認を得て、当該都道府県又は市町村の補助機関たる職員に国民投票に関する事務を委嘱したときは、これらの職員は、忠実にその事務を執行しなければならない。

（日本国憲法の改正手続に関する法律148条）

・警察署協議会の委員は、都道府県公安委員会が委嘱する。

（警察法53条の２第３項）

嘱託

「嘱託」は、一般的には、一定の行為をすることを他の者に委託することを指す。

公法では、ある機関が、事務の便宜から他の機関又はその他の者に登記等を依頼する場合に用いられることが多い。

また、公の機関がある人に一定の事務を依頼した場合に、その人を「嘱託」又は「嘱託員」と称することがある。

例

登記は、法令に別段の定めがある場合を除き、当事者の申請又は官庁若しくは公署の嘱託がなければ、することができない。

（不動産登記法16条１項）

説　明

私法では、「委託」が広い意味で用いられ、「委任」は、法律行為の委託とその承諾により成立する契約について用いられる。委任においては、受任者は、委任の本旨に従い、善良な管理者の注意をもって、

第Ⅱ編　用字用語の使い分け　　125

委任事務を処理する義務を負い（民法644条）、特約がなければ、委任者
に対して報酬を請求することができない（民法648条１項）。なお、民法
の委任に関する規定は、法律行為でない事務の委託について準用する
こととされており、この法律行為でない事務の委託に関する契約を「準
委任」という（民法656条）。

　公法では、「委任」は、代理権の授与や下級行政庁等の他の機関への
権限の委任といった場合に用いられ、「委託」は、対等な機関等に事務
又は業務を依頼する場合に用いられる。「委嘱」「嘱託」も「委託」に
意味が近いといえるが、「委嘱」は、特に個々の人に依頼する場合に、
「嘱託」は、事務の便宜から登記等の一定の行為を依頼する場合に用
いられる。

〔20〕 致す／いたす

> ### ポイント
> ・「致す」は、至らせる等の実際の動作を表す場合に用いる。
> ・「いたす」は、「御紹介をいたします」「御案内いたします」
> 　といった場合に用いる。

漢字・仮名（用法）　平23用字用語例

致す

　「致す」は、至らせる、結果をもたらす、ささげるという実際の動作を表す場合に次のように用いられる。

> #### 例
> 思いを致す　致し方ない　不徳の致すところ　繁栄を致した原因
> 力を致す

いたす

　「いたす」は、「御紹介をいたします」「御案内いたします」といった動詞の補助的な方法の場合に用いられる。

説　明

　「致す」は、至らせる（思いを致す）、結果をもたらす（不徳の致すところ）、ささげる（力を致す）という実際の動作を表す場合に用いられ、「いたす」は、「御紹介をいたします」「御案内いたします」といった動詞の補助的な方法の場合に、主に「する」の謙譲語として用いられる。

第Ⅱ編　用字用語の使い分け　127

〔21〕　頂く／いただく

> **ポイント**
> ・「頂く」は、もらう等の実際の動作を表す場合に用いる。
> ・「いただく」は、「……ていただく」とする場合に用いる。

漢字・仮名（用法）　平22公用文漢字使用等、平23用字用語例、令４公用文作成
考え方

頂く

「頂く」は、もらう、食う、飲む、頭上に載せるという実際の動作
を表す場合に次のように用いられる。

例

御返事を頂きたい　賞状を頂く　食事を頂く　雪を頂く山

いただく

「いただく」は、「……ていただく」という動詞の補助的な方法の場
合に次のように用いられる。

例

報告していただく　説明していただく

説　明

「頂く」は、もらうの謙譲語（御返事を頂きたい）、食う、飲むの謙
譲語・丁寧語（食事を頂く）、頭上に載せる（雪を頂く山）という実際
の動作を表す場合に用いられる。

「……ていただく」という動詞の補助的な用法の場合は、仮名で書
き、恩恵となるような動作を受ける意味で用いられる。

128　　　第Ⅱ編　用字用語の使い分け

〔22〕　悼む／痛む／傷む

ポイント

・「悼む」は、人の死を嘆き悲しむ場合に用いる。
・「痛む・痛める」は、肉体や精神に苦痛を感じる場合に用いる。
・「傷む・傷める」は、傷が付く、壊れる、質が劣化する場合に用いる。

異字同訓　平26異字同訓使い分け

悼む

「悼む」は、人の死を嘆き悲しむことを意味し、次のように用いられる。

例

故人を悼む　親友の死を悼む

痛む（痛める）

「痛む・痛める」は、肉体や精神に苦痛を感じることを意味し、次のように用いられる。

例

・足が痛む　今でも胸が痛む
・腰を痛める　借金の返済に頭を痛める

傷む（傷める）

「傷む・傷める」は、傷が付く、壊れる、質が劣化することを意味し、次のように用いられる。

第Ⅱ編　用字用語の使い分け　129

例

引っ越しで家具を傷める　家の傷みがひどい　髪が傷む　傷んだ果物

説　明

「悼む」は、人の死を嘆き悲しむ場合に用いられ、「痛む・痛める」は、肉体や精神に苦痛を感じる場合に用いられ、「傷む・傷める」は、傷が付く（引っ越しで家具を傷める）、壊れる（家の傷みがひどい）、質が劣化する（傷んだ果物）場合に用いられる。

〔23〕 違法／不法／不適法／脱法

ポイント

・「違法」「不法」「不適法」は、法令に違反することをいい、「不法」は、実質的な違法に着目して用いられることが多く、「不適法」は、主として形式的に法令に違反することを表す場合に用いられる。

・「脱法」は、外形的には法令に違反するとはいい難いが、禁止を免れることを目的とし、行為の実質的な内容が法令に違反することをいう。

法律類語

違法

「違法」は、法令に違反することをいい、行為あるいは状態が法令に違反するという形式的な違法と、公の秩序又は善良の風俗にも反するという実質的な違法がある。

例

・取消訴訟においては、自己の法律上の利益に関係のない違法を理由として取消しを求めることができない。　　（行政事件訴訟法10条1項）
・国又は公共団体の公権力の行使に当る公務員が、その職務を行うについて、故意又は過失によつて違法に他人に損害を加えたときは、国又は公共団体が、これを賠償する責に任ずる。　　（国家賠償法1条1項）

不法

「不法」は、法令に違反することをいい、実質的な違法に着目して用いられることが多い。

第Ⅱ編　用字用語の使い分け　　131

例

> ・不法な条件を付した法律行為は、無効とする。　　　　　　（民法132条）
> ・不法な原因のために給付をした者は、その給付したものの返還を請求
> 　することができない。　　　　　　　　　　　　　　　　（民法708条）

不適法

　「不適法」は、法令に違反することをいい、主として形式的に法令
に違反することを表す場合に用いられることがある。

例

> 訴えが不適法でその不備を補正することができないときは、裁判所は、
> 口頭弁論を経ないで、判決で、訴えを却下することができる。
> 　　　　　　　　　　　　　　　　　　　　　　　　　（民事訴訟法140条）

脱法

　「脱法」は、外形的には法令に違反するとはいい難いが、禁止を免
れることを目的とし、行為の実質的な内容が法令に違反することをい
う。

例

> 脱法行為の禁止　　　　　　　　　　　　　　　　　　　（競馬法27条）

説　　明

　「違法」「不法」「不適法」は、いずれも法令に違反することをいう
が、「違法」には、行為あるいは状態が法令に違反するという形式的な
違法と、公の秩序又は善良の風俗にも反するという実質的な違法があ
るところ、「不法」は、どちらかといえば、実質的な違法に着目して用
いられることが多く、「不適法」は、主として形式的に法令に違反する

ことを表す場合に用いられる。なお、「違法」は、「行政庁の違法又は不当な処分その他公権力の行使に当たる行為に関し、国民が簡易迅速かつ公正な手続の下で広く行政庁に対する不服申立てをする」（行政不服審査法1条1項）というように、「不当」と一緒に用いられることもあるが、この「不当」には、違法である場合以外の場合も含まれる。

　「脱法」は、外形的には法令に違反するとはいい難いが、禁止を免れることを目的とし、行為の実質的な内容が法令に違反することをいい、上記の例で挙げた競馬法は、「日本中央競馬会、都道府県又は指定市町村以外の者は、勝馬投票券その他これに類似するものを発売して、競馬を行つてはならない。」（同法1条の2第6項）と規定した上で、「何人も、いかなる名義をもつてするを問わず、第一条の二第六項の規定を免れる行為をすることができない。」（同法27条）と規定し、この規定について、「脱法行為の禁止」という見出しを付している。

第Ⅱ編　用字用語の使い分け　　133

〔24〕　いる／居る

ポイント

・動詞としては、「いる」を用いるが、「居所」（いどころ）、「居場所」と漢字で書くこともある。

漢字・仮名（用法）　令4公用文作成考え方、平23用字用語例

いる

動詞としては、「いる」が次のように用いられる。

例

ここに関係者がいる　……している

居る

次のように用いられる場合は、漢字で書く。

例

居所（いどころ）　居場所

説　　明

公用文では、動詞は、漢字で書くことが基本とされているが、「いる」については仮名で書くこととされている。もっとも、「居所」（いどころ）「居場所」のように用いられる場合には、漢字で書く。

134   第Ⅱ編　用字用語の使い分け

〔25〕　受け入れる／受入れ／受入先

> ### ポイント
> ・「受け入れる」は、送り仮名として「け」と「れる」を送るが、「受入れ」は送り仮名の「け」を省略し、「受入先」などの複合語では「れ」も省略する。

送り仮名 昭48送り仮名付け方、令4公用文作成考え方、平22公用文漢字使用等、平22法令漢字使用等、平23送り仮名用例

受け入れる

　動詞「うけいる」の口語形で、受け取って収めること、人の言うことや要求を聞き入れること、そのまま取り入れること。

受入れ

　受け入れること、承諾、承認。活用がなく、読み間違えるおそれのない複合語は、送り仮名を省くとされているもの。これに該当する活用のない複合の語186語については、第Ⅰ編の50頁を参照。

受入先

　受け入れる相手、場所など。活用がなく、慣用が固定していると認められる複合語は、送り仮名を付けないとされているもの。「受入れ」を用いた複合語の例として、受入額、受入年月日、受入態勢など。

説　　明

　複合語の送り仮名については、その複合の語を書き表す漢字の、それぞれの音訓を用いた単独の語の送り仮名の付け方によるが、上記のように省略されることがあり、公用文においては、複合語の送り仮名の付け方について注意が必要である。なお、「容れる」は常用漢字表外の訓であることから、「受け容れる」は用いない。

第Ⅱ編　用字用語の使い分け　　135

〔26〕　内／うち

ポイント

・「内」は、「内に秘める」といった場合に用いる。

・「うち」は、「……のうち」といった場合に用いる。

漢字・仮名（用法）　令4公用文作成考え方、平23用字用語例

内

「内」は、内部の意味を表す場合に次のように用いられる。

例

内に秘める　部屋の内

うち

「うち」は、「……のうち」といった形式名詞の場合に次のように用いられる。

例

そのうち　知らないうちに

説　明

「内」は、内部の意味を表す場合に用いられる。なお、法令では、「以内」は、期間、広さその他の数量的限定をする場合に、基準値である期間の最終時点、広さその他の数量の最大限を含むときに用いられるのに対し、「内」は、期間、広さその他の数量的限定をする場合に基準値を含まないときに用いられる。

公用文では、形式名詞は仮名で書くこととされており、形式名詞と

しての「うち」は、仮名で書く。法令では、例えば、「識見を有する者のうちから選任する監査委員」（地方自治法196条）という用法がある。この「うち」は、意味としては「中」に近いが、「中」については、「うち」が常用漢字表外の訓であることから、公用文ではこの訓は用いない。

第Ⅱ編　用字用語の使い分け　　　137

〔27〕　写す／映す

ポイント

- 「写す・写る」は、そのとおりに書く、画像として残す、透ける場合に用いる。
- 「映す・映る」は、画像を再生する、投影する、反映する、印象を与える場合に用いる。

異字同訓 平26異字同訓使い分け

写す（写る）

「写す・写る」は、そのとおりに書く、画像として残す、透けることを意味し、次のように用いられる。

例

書類を写す　写真を写す　ビデオに写る　裏のページが写って読みにくい

映す（映る）

「映す・映る」は、画像を再生する、投影する、反映する、印象を与えることを意味し、次のように用いられる。

例

ビデオを映す　スクリーンに映す　壁に影が映る　時代を映す流行語
鏡に姿が映る　彼の態度は生意気に映った

説　明

「写す・写る」は、そのとおりに書く（書類を写す）、画像として残

す（写真を写す）、透ける（裏のページが写って読みにくい）場合に用いられ、「映す・映る」は、画像を再生する（ビデオを映す）、投影する（スクリーンに映す）、反映する（時代を映す流行語）、印象を与える（彼の態度は生意気に映った）場合に用いられる。

　「ビデオに写る」は、被写体として撮影され、画像として残ることであるが、その画像を再生して映写する場合は「ビデオを映す」と「映」を当てる。「ビデオに映る姿」のように、再生中の画像を指す場合は「映」を当てることもある。また、防犯ビデオや胃カメラなど、撮影と同時に画像を再生する場合も、再生する方に視点を置いて「ビデオに映る」と書くこともできる。

第Ⅱ編　用字用語の使い分け　　　139

〔28〕　生まれる／産まれる

ポイント

・「産まれる」は、出産の場合に用い、その他の場合は「生まれる」を用いる。

異字同訓　平26異字同訓使い分け、昭48送り仮名付け方

生まれる（生む）

誕生する。新しく作り出す。今までになかった物事や状態が新しく作り出されること。

例

・京都に生まれる　子供が生まれる　下町の生まれ
・新記録を生む　傑作を生む

産まれる（産む）

人間をはじめ、動物や魚、虫などの生き物が母の体外に出ること。出産の意味に限定され、このほかには余り用いられない。

例

・予定日が来てもなかなか産まれない
・卵を産み付ける　来月が産み月になる　産みの苦しみ

説　　明

「生まれる」が、命を持ってこの世に出てくるという意味で用いられる場合の「産まれる」との違いは、「産まれる」は母親の立場から、「生まれる」は子の立場から用いられることにある。

派生・対応の関係にある語は、その関係を考慮して、活用語尾の前の部分から送る。ただし、読み間違えるおそれのない場合は、「生れる」のように、活用語尾以外の部分について、送り仮名を省くことができる。

〔29〕 閲覧／縦覧

ポイント

・「閲覧」は、備えてある文書を見ることを広く意味し、「縦覧」は、行政上の書類や計画等について公衆が見る場合に用いる。

法律類語

閲覧

備えてある文書を見ること。通常、関係者の申出をまって書類等をその申出者に見せる場合に多く用いられる。法文上は、閲覧謄写請求権の形で規定されることが多い。

例

何人も、裁判所書記官に対し、訴訟記録の閲覧を請求することができる。

（民事訴訟法91条1項）

縦覧

ある物を誰にでも自由に見せる規定がある場合にこれを見ること。行政上の書類、計画等を公衆に見せる場合に、公衆が当該書類、計画等を見ること。法文上は、「縦覧に供する」と規定される。

例

市町村の選挙管理委員会は、前項の規定による署名簿の署名の証明が終了したときは、その日から七日間、その指定した場所において署名簿を関係人の縦覧に供さなければならない。　（地方自治法74条の2第2項）

第Ⅱ編　用字用語の使い分け　　　141

説　　明

「閲覧」は、利害関係者が何らかの権利を行使したり調査を行う目的で、利害関係者による請求を待って見せる場合に用いられることが多い。法令上は、株主による会計帳簿の閲覧謄写請求権（会社法433条1項）、株主名簿閲覧謄写請求権（会社法125条2項）などがある。

「縦覧」は、不服申立ての機会を提供し、内容の公正さを担保したり情報収集や手続参加の機能を果たすことを目的としていることが多い。法令上は、選挙人名簿の縦覧（公職選挙法23条）、都市計画案の縦覧（都市計画法17条）、固定資産課税台帳の縦覧（地方税法416条）などがある。

〔30〕 お／御（おん）／御（ご）／ご

ポイント

・「お……」の接頭辞は、仮名書きし、「おん……」「ご……」
の接頭辞は、「御……」と漢字を用いる。

漢字・仮名（接頭辞） 令4公用文作成考え方

お

仮名で書く接頭辞。敬意、丁寧の意などを表す。

例

お菓子　お礼　お願い　お願いします

御（おん）

和語（訓読み）の前に付けるときに用いることが多い。

公用文作成に当たっては、漢字で書く。

例

御年（おんとし）　御中（おんちゅう）　御礼（おんれい）

御（ご）

漢語（音読み）の前に付けるときに用いることが多い。

公用文作成に当たっては、漢字で書く。

例

御挨拶　御意見　御案内　御足労　御年齢　御飯　御協力

第Ⅱ編　用字用語の使い分け　　　143

ご

　常用漢字表にない漢字を含む語は仮名書きし、「御」も仮名で書く(例1)。

　また、読み手への配慮や社会の慣用に基づいて、仮名の「ご」を用いることもある（例2）。

例

例1）ごちそう（×御馳走）　ごもっとも（×御尤も）
例2）ご挨拶　ご意見　ご案内　ご指導　ご参加　ご協力

説　　明

　いずれも、名詞に付く接頭辞で、相手や第三者に対する敬意、丁寧の意などを表す意味で用いられる。

　なお、「ご……」は、公用文では「御……」と漢字で書くが、社会生活では仮名で表記する場合も多いことから、解説・広報等においては、分かりやすさや親しみやすさの観点から必要に応じて仮名で書くこともある。

〔31〕 犯す／侵す／冒す

> **ポイント**
> ・「犯す」は法律や倫理に反する場合、「侵す」は領土や人の権利・自由を侵害する場合、「冒す」はあえて行う場合に用いる。

異字同訓 平26異字同訓使い分け

犯す

法律や倫理などに反する。

例

・法を犯す　過ちを犯す　罪を犯す　ミスを犯す
・一人が数罪を犯したとき　　　　　　　　（刑事訴訟法9条1項1号）

侵す

領土や権利などを侵害する。

例

・国境を侵す　権利を侵す　学問の自由を侵す
・思想及び良心の自由は、これを侵してはならない。（日本国憲法19条）

冒す

あえて行う。神聖なものを汚す。

例

危険を冒す　激しい雨を冒して行く　尊厳を冒す

第Ⅱ編　用字用語の使い分け　　145

説　明

いずれも禁止されていることを行うことである。

「犯す」は刑罰法規に規定されている犯罪を行う場合、「侵す」は人の権利や自由を侵害する場合、「冒す」は権限のない者が他人の権限を偽るような場合に用いられることが多い。

> ### ＜ＭＥＭＯ＞
> 「病魔におかされる」については、「侵される」と「冒される」の双方の表記が見受けられるが、病魔に侵入されたり侵害されることから、「侵される」と表記することが一般的である。

〔32〕 置く／おく

> **ポイント**
> ・動詞として用いる場合は漢字で、補助動詞として用いる場合は仮名で書く。

漢字・仮名〔品詞〕

置く〔動詞〕

ある場所に物を据える、設けるなど動詞として用いる場合。

例

差し置く　据え置く　物を置く　役員を置く

…… （て）おく

「据える」や「設ける」という意味を伴わない「おく」は、補助動詞として用いる。ある事柄をそのままにする、ある事柄を予期して準備する場合に用いられる。

例

通知しておく　物を置いておく　窓を開けておく　調べておく　よく聞いておく

説　明

動詞として用いる場合は漢字を用いて「置く」と書く。補助動詞として用いる場合は「……ておく」と仮名で書く。

なお、時間や距離に関係のある語を伴って間を隔てる場合に用いる場合は（「3か月おき」「10メートルおき」「二人おき」など）、「置き」と「おき」の両方の用例があるが、公用文では平仮名で書くことが多い。

第Ⅱ編　用字用語の使い分け　　147

〔33〕　後れる／遅れる

ポイント

・　「後れる」は、他のものより後ろになることを意味する。

・　「遅れる」は、一定の時刻や時期に間に合わないこと、物事の進み方が基準より遅いことを意味する。

異字同訓　平26異字同訓使い分け

後れる

後ろになる。取り残される。

例

先頭から後（遅）れる　人に後（遅）れをとる　気後れする　後れ毛
死に後れる

遅れる

時刻や日時に間に合わない。進み方が遅い。

例

完成が遅れる　会合に遅れる　手遅れになる　開発の遅れた地域
出世が遅れる　遅れ

説　明

　「後れる」は、他のものより後ろになること、他のものから取り残されることであり、「先・後」の関係がある場合に用いられる。

　「遅れる」は、一定の時刻や時期に間に合わないこと、物事の進み方が基準より遅いことである。

いずれも、ほかのものと比べて後になる、標準に及ばないなど、同じような意味を表すことから、使い分けが難しく、はっきりしない場合が多い。実際に表記するときは、先に進んでいるものを意識したり順序や序列が後ろになる場合なのか、あるいは進み方が遅くて一定の時期に間に合わないのか、検討の上で使い分けることになる。例えば、「先頭からおくれる」や「人におくれをとる」は、「先頭よりも後ろの位置になる」という意味で「後」を用いるが、「先頭より進み方が遅い」という意味で「遅」を用いることもできる。

第Ⅱ編　用字用語の使い分け　149

〔34〕　収める／納める／治める／修める

ポイント

・「収」「納」は、物事が落ち着くべきところに落ち着き安定
した状態になる、「治」は、平静を欠いていた物事が安定し
た状態になる、「修」は、言動がととのい正しくなる、身に
付けるという意味で用いる。

異字同訓　平26異字同訓使い分け

収める（収まる）

中に入る。収束する。手に入れる。良い結果を得る。

例

・目録に収める　手中に収める　効果を収める　成功を収める
・博物館に収まる　争いが収まる　丸く収まる

納める（納まる）

あるべきところに落ち着く。とどめる。引き渡す。終わりにする。

例

・税を納める　胸に納める　注文の品を納める　歌い納める　見納め
　御用納め
・国庫に納まる　社長の椅子に納まる　納まり

治める（治まる）

問題のない状態になる。統治する。

例

・領地を治める
・痛みが治まる　せきが治まる　国内がよく治まる

修める（修まる）

身に付ける。人格や行いを立派にする。

例

・身を修める　学を修める　ラテン語を修める
・素行が修まる

説　明

　「収納」という言葉もあるとおり、「収まる」「納まる」は、いずれも物事が落ち着くべきところに落ち着き安定した状態になる意味を表す。ただし、使い分けは明確でない場合も多く、各種の辞典において表記が分かれるものもある（例：箱におさまる、腹の虫がおさまらない）。

　「治まる」は、平静を欠いていた物事が安定した状態になる、平和になるという意味で用いられる。「修める・修まる」は、身に付ける、言動がととのい正しくなるという意味で用いられる。

第Ⅱ編　用字用語の使い分け　151

〔35〕　恐れ／畏れ／おそれ（虞）

ポイント

- ・「恐れ」は、おそろしいという気持ち、「畏れ」は、かしこまることなどを意味する。
- ・「虞」は常用漢字表にあるが、公用文においては、法令に倣い仮名で書く。

異字同訓 令4公用文作成考え方、平26異字同訓使い分け

恐れ

おそろしいと感じること。恐怖。

例

死への恐れが強い　報復を恐れる　失敗を恐れる

畏れ

かしこまること。おそれ敬うこと。かたじけなく思うこと。

例

神仏に対する畏れ　畏（恐）れ多いお言葉

おそれ（虞）

心配・懸念。

「公の秩序又は善良の風俗を害する虞がある……（日本国憲法82条）」というように、「心配・懸念」の意で用いる「おそれ」に対して「虞」を当てるが、現在の表記実態としては、「恐れ」又は「おそれ」を用いることが一般的である。

例

生活の維持を困難にするおそれがあるとき　　（国税徴収法151条1項）

第Ⅱ編　用字用語の使い分け

説　　明

　法令における「おそれがあるとき」とは、望ましくない事実や関係が生ずる可能性があるときという意味で用いる。

　「おそれ」については、「かたじけなく思う」という意で「畏」を当てるが、「恐れ入る」「恐縮する」などの語との関連から、「恐」を当てることも多い。

第Ⅱ編　用字用語の使い分け　153

〔36〕　追って／おって

ポイント

・副詞として用いる場合は漢字で、接続詞として用いる場合
　は平仮名で表記する。

漢字・仮名（品詞）　平22公用文漢字使用等、平23用字用語例

追って

「いずれすぐに」「後ほど」という意味で副詞として用いる場合は、
漢字を用いる。

例

日時については追って知らせる。

おって

「付け加えて」という意味で接続詞として用いる場合は、平仮名を
用いる。

例

おって、日時は知らせる。

説　　明

接続詞としての「おって」は、前の文を受けて、後ろの文の冒頭で
接続詞として用いられる。同類のものとして「なお」がある。「なお」
と「おって」の両方を用いる場合は、「なお」を先に用いて、「おって」
は最後にもってくるのが一般的である。

154　　第Ⅱ編　用字用語の使い分け

〔37〕　及び／並びに／かつ

ポイント

・「及び」と「並びに」は、並列の意味を表す併合的接続詞であり、二つの物事を結び付けたり、同時に取り上げたりする場合には「及び」を用いる。

・三つ以上の物事を結び付ける場合などにおいて、その結び付きの強さに段階があるときには、一番小さな結び付きのみ「及び」を用い、それ以外の大きな結び付きには「並びに」を用いる。「及び」を用いていないときは「並びに」は現れない。

・「かつ」は、併合的連結を表す接続詞であり、「及び」「並びに」よりも、より一体的なニュアンスを表す場合に用いられる。公用文においては、「且つ」は使わずに「かつ」と書く。

法令用語　令4公用文作成考え方、昭48送り仮名付け方

及び

AとBを連結する場合は、「A及びB」とする。

AとBとCとDを連結する場合は、最後の語であるDの前に「及び」を用いて、他は「、」を用いて「A、B、C及びD」とする。

例

・委員及び臨時委員
・執筆し、編集し、印刷し、及び保存する

第Ⅱ編　用字用語の使い分け　　155

並びに

接続の段階が一段階のときは「及び」を用いる。

接続が二段階以上になる場合は、（A及びB）並びに（C及びD）のように、一番小さい意味の接続にのみ「及び」を用い、その上の段階の接続には全て「並びに」を用いる。

「副詞・接続詞は最後の音節を送る。」の原則の例外である。

例

鉄道の整備及び安全の確保 並びに 鉄道事業の発達及び改善 に配慮する。

かつ

「同時に」（複数の物事が並行して行われる様子を表す場合）や、「加えて」（一つの物事の上に他の物事が重なる様子を表す場合）などの、併合的連結を表す接続詞。「且つ」は常用漢字表にあるが、公用文においては、法令に倣い仮名で書くこととされている。

例

・必要かつ十分な条件　　歌いかつ踊る
・交通安全対策の総合的かつ計画的な推進　　（交通安全対策基本法１条）

説　明

「及び」と「並びに」は、「と」の意味で用いる並列の意味を表す接続語である。複数の物事を結び付けたり、同時に採り上げたりするときに用いる。「及び」を用いていない場合は、「並びに」は現れない。すなわち、一つの文に「並びに」という語がある場合には、前後のどちらかに必ず「及び」がなければならない。いずれも、原則として漢字で書く。

156　　　第Ⅱ編　用字用語の使い分け

　他方、「かつ」は、併合的連結を表す接続詞である。「及び」「並びに」と同じ意味の場合もあるが、より密接に複数の語が結び付いている場合にそれらの語を一体として表現するニュアンスで用いられる場合が多い。「かつ」については、その前後に読点を打つ場合と打たない場合がある。「語」と「語」をつなぐ場合は打たず、「句」と「句」をつなぐ場合は打つことが多い。

◁ＭＥＭＯ ▷

　法令・公用文では「及び」「並びに」の使い分けは正確にされなければならないが、専門的な知識を持たない人に向けた解説や広報などでは、分かりやすさや親しみやすさの観点から、必要に応じて仮名で書いたり、以下のように言い換える工夫が必要となる。特に「並びに」は使わないようにする。

・執筆し、編集し、印刷し、及び保存する

　→執筆、編集、印刷、保存を全て行う

・鉄道の整備及び安全の確保並びに鉄道事業の発達及び改善に配慮する。

　→次に挙げること全てに配慮する。・鉄道の整備と安全の確保　・鉄道事業の発達と改善

---

〔38〕 下りる／降りる

ポイント
・いずれも、上から下へ移る意味があり、「下」は「上」に対する語で、「降」は「乗」「登」に対する語である。

異字同訓 平26異字同訓使い分け

下りる（下ろす）

上から下へ動く。切り落とす。引き出す。新しくする。

例
・幕が下りる　錠が下りる　許可が下りる
・肩の荷を下ろす　腰を下ろす　枝を下ろす　貯金を下ろす　下ろしたての背広　書き下ろしの短編小説

降りる（降ろす）

乗り物から出る。高い所から低い所へ移る。辞めさせる。

例
・電車を降りる　高所から飛び降りる　霜が降りる　月面に降り立つ
・乗り降り
・病院の前で車から降ろす　主役から降ろされる

説　明

「下」は「上」に対する語であり、「降」は「乗」「登」に対する語である。使い分けは難しく、はっきりしない場合が多いが、どちらを用いたらよいか迷う場合は、漢語が参考となる。例えば、「山をおりる」は「下山」という漢語があることから「下りる」であると考えられる。また、「役をおりる」は「降板」という漢語があることから「降りる」であると考えられる。

158　　　　第Ⅱ編　用字用語の使い分け

〔39〕　箇／か

ポイント

- ・「箇」は、複合の語として漢字や漢数字に続く場合又は単独で「かしょ」という場合に用いる。
- ・「か」は、算用数字に続く場合に用いる。

漢字・仮名（用法）　平22常用漢字、令４公用文作成考え方、平23用字用語例

箇

（1）　縦書きで漢数字に続いて用いる場合には、「箇」を使い、「〇箇所」「〇箇月」と書く。

例

三箇所　十箇月（廿）　五箇年

（2）　概数は、漢数字を使う。

　概数を示すために漢数字を用いる場合には、例のように「箇」を使って書く。また、「何箇所」「何箇月」なども「箇」を用いる。

例

数箇所　数十箇所　二、三箇所

（3）　単独で「箇所」として用いる場合

例

見やすい箇所　適当な箇所　該当箇所

か

　算用数字を使う横書きでは、「〇か所」「〇か月」と平仮名を用いて

第Ⅱ編　用字用語の使い分け　159

書く。常用漢字表には「箇」が採られているが、算用数字に続いて用いる場合には例のように平仮名を用いて書く。

例

3か所　7か月（年）　5か条

説　　明

公用文においては、数詞に続けて物を数えるのに添える語として、「箇」及び「か」を用いる。

その場合、「箇」については、常用漢字表に採られてはいるが、算用数字に続けて用いるときには、「か」を使う。他方、漢数字に続けて用いるとき、概数を示すために漢数字を用いるときには、上記の例のように、「箇」を用いる。

横書きの場合には、算用数字を使うのが原則であり、これに続くときには「か」が用いられるが、漢数字に続くとき、概数を示すときには、横書きであっても「箇」が用いられるものである。縦書きの場合には、漢数字が使われるため、これに続くときには「箇」が用いられる。

なお、一般の社会生活でよく使われる「ヶ」「ヵ」は公用文では用いず「3ヶ所」「7ヵ月」といった表記はしないものとされているので、注意が必要である。

〔40〕 会社／企業／法人

ポイント

・「会社」と「企業」は「法人」の一類型である。
・法令上、「会社」は会社法に定める4種類の会社のみを指すが、「企業」はそれらに限られない。

法律類語

会社

営利社団法人。会社法に定める株式会社、合名会社、合資会社及び合同会社がある。

例

会社の設立、組織、運営及び管理については、他の法律に特別の定めがある場合を除くほか、この法律の定めるところによる。　（会社法1条）

企業

一定の経済的事業を遂行する目的をもって人的物的要素を有機的に組み合わせたもの。法令上運営主体が公的な者であるか私的な者であるかを問わず、また、その事業が営利を目的とするかどうかを問わない。

例

・企業連合　企業年金　企業統治
・企業合理化促進法　企業担保法

法人

自然人以外のもので法律上の権利義務の主体とされているもの。

民法は、法人は民法その他の法律の規定によらなければ成立しないという原則を規定している。

国や地方公共団体のような公法人、株式会社のような営利法人、剰余金や残余財産の分配を目的としない一般社団法人・一般財団法人、これらのうち公益目的事業を行うものとして行政庁の認定を受けた公益社団法人・公益財団法人、その他、学校法人、宗教法人、医療法人、特定非営利活動法人、協同組合、労働組合などがある。

例

・法人は、この法律その他の法律の規定によらなければ、成立しない。

（民法33条1項）

・学術、技芸、慈善、祭祀、宗教その他の公益を目的とする法人、営利事業を営むことを目的とする法人その他の法人の設立、組織、運営及び管理については、この法律その他の法律の定めるところによる。

（民法33条2項）

説　明

会社と企業は法人の一類型である。

会社と企業は、一般的にはほぼ同義として用いられるが、法令上は会社法に定める4種類の意味である。

＜MEMO＞

会社法で規定されている四つの会社のうち、合同会社、合資会社、合名会社の三つを持分会社という。株式会社の出資者は「株主」といい、持分会社の出資者は「社員」という。

162　　第Ⅱ編　用字用語の使い分け

〔41〕　解除／解約

ポイント

・解除・解約ともに、契約の効力を消滅させるが、解除は当初に遡って効力を消滅させ、解約は将来に向かって効力を消滅させる。
・隣接する概念として、撤回・取消しがある。

法律類語

解除

① 契約当事者の一方の意思表示により契約の効力を当初に遡り消滅させ、契約が初めから存在しなかったと同様の法的効果を生じさせること。
② 「解約」と同義。
③ 契約関係に限らず、行政処分等により、継続的な法律関係の効力を将来に向かって消滅させること。

例

契約又は法律の規定により当事者の一方が解除権を有するときは、その解除は、相手方に対する意思表示によってする。　　（民法540条１項）

解約

契約当事者の一方の意思表示により継続的な契約関係を将来に向かって消滅させること。既往に遡らない点が解除と異なる。法令上「解除」の語を用いている場合にこの解約の意味であることもある。

例

当事者が賃貸借の期間を定めなかったときは、各当事者は、いつでも解

第Ⅱ編　用字用語の使い分け　　163

約の申入れをすることができる。この場合においては、次の各号に掲げる賃貸借は、解約の申入れの日からそれぞれ当該各号に定める期間を経過することによって終了する。　　　　　　　　　　　　（民法617条1項）

説　　明

　解除も解約も、契約関係を消滅させることであるが、解除は契約の効力を当初に遡り消滅させ（遡及効）、解約は将来に向かって消滅させる（将来効）点で異なる。

　隣接する概念として単独行為である「撤回」「取消し」がある。

　撤回は、①民法の法律行為において、意思表示をした者が、その意思表示の効果を将来に向かって消滅させること、②行政法上、瑕疵なく成立した行政行為を、新たに生じた事由により将来に向かいその効力を消滅させること、③国会法において、提出した議案を取り戻し、提出しなかったことにすること（地方公共団体の議会においても同様の意味で用いられる）をいう。

　取消しは、①民法上、法律行為の成立に瑕疵があった場合に、そのことを理由として法律行為の成立の時に遡ってその効力を消滅させること、②行政法上、成立に瑕疵のある行政行為の効力を成立時に遡り消滅させることをいう（法令の規定上は、成立に瑕疵のない行政行為の効力を将来に向かい失わせる場合にも用いられている）。

〔民法上の主な用いられ方〕

		法律行為の種類	
		契約	単独行為
効　力	遡及効	解除	取消し
	将来効	解約	撤回

〔42〕 解職／解任／辞任

ポイント

・解職・解任は、自らの意思によらずにその地位を退かされ
ることをいい、辞任は、自らの意思によってその地位を退
くことをいう。

法律類語

解職

　一定の地位・任務・職等にある者に対し、その地位を退かせ、任務
を解き、職を失わせること。地方自治法に基づく長の解職請求などの
ように、国民又は住民の意思により公職にある者等を失職させる場合
に使われることが多い。

例

選挙権を有する者は、政令の定めるところにより、所属の選挙区におけ
るその総数の三分の一（……）以上の者の連署をもつて、その代表者か
ら、普通地方公共団体の選挙管理委員会に対し、当該選挙区に属する普
通地方公共団体の議会の議員の解職の請求をすることができる。

（地方自治法80条１項前段）

解任

　解職と同じ意味であるが、民法の代理人の規定、私法法規における
代理権・代表権を有する者の任務を解くことに用いられることが多い。

例

後見人に不正な行為、著しい不行跡その他後見の任務に適しない事由が
あるときは、家庭裁判所は、後見監督人、被後見人若しくはその親族若

しくは検察官の請求により又は職権で、これを解任することができる。

（民法846条）

辞任

一定の地位・任務・職等にある者が、自らの意思によってその地位を退くこと。辞職も同じ意味である。

例

所有者不明土地管理人は、正当な事由があるときは、裁判所の許可を得て、辞任することができる。

（民法264条の６第２項）

説　明

解職と解任は、同じ意味であり、自らの意思によらずにその地位を退かせられることをいう。立法例としては、株主総会により取締役の地位から外すことを「解任」、代表取締役としての地位から外すことを「解職」として、両者を使い分けているものがある（旅客鉄道会社及び日本貨物鉄道株式会社に関する法律６条）。

辞任は、自らの意思によってその地位を退くことをいう。

◁ＭＥＭＯ ▷

関連用語として、「罷免」「免官」「免職」がある。これらは、公務員について、その意思に反して官職を免ずることをいう。

ただし、「免官」と「免職」については、本人の意思による場合も含まれることがある。

〔43〕 改正／修正／訂正／更正／補正

ポイント

- 「改正」は法令に対して用いられ、「修正」は法令を含めて広く用いられる。
- 「訂正」と「更正」は誤りがあることが前提となる。「訂正」は「更正」よりも軽微な誤りに対して用いられることが多い。
- 「補正」は、不足があることが前提となる。

法律類語

改正

改めて正しくすること。ある法令を改める法令において改められる法令の全体をとらえ、その全部又は一部を改める場合には「改正する」と表現する。一方、法令の個々の規定をとらえ、その全部又は一部を改める場合には「改める」と表現する。

例

- 「〇〇法の一部を改正する法律」
- 「第〇条第△項中「Ａ」を「Ｂ」に改める。」

修正

直して正しくすること。法令の内容の変更に限らず、広く物事に対しても用いられる。

例

- 修正点　修正箇所　修正事項

第Ⅱ編　用字用語の使い分け　　167

・○○法の一部を改正する法律に対する修正案
・議案につき議院の会議で修正の動議を議題とするには、衆議院においては議員二十人以上、参議院においては議員十人以上の賛成を要する。

（国会法57条）

訂正

誤りを改め直すこと。軽微な字句、数量等の誤りを直す場合に用いられることが多い。

例

上告裁判所は、その判決の内容に誤のあることを発見したときは、検察官、被告人又は弁護人の申立により、判決でこれを訂正することができる。

（刑事訴訟法415条１項）

更正

①　間違いを改め直すこと、また、そのような処分の名称。
②　税法上の処分の名称。納税義務者等から申告書の提出があった場合に、その計算が法律の規定に従っていなかった場合や、調査したところと異なるとき、課税権者が課税標準、税額等を決定する処分。

例

・判決の更正
・税務署長は、納税申告書の提出があつた場合において、その納税申告書に記載された課税標準等又は税額等の計算が国税に関する法律の規定に従つていなかつたとき、その他当該課税標準等又は税額等がその調査したところと異なるときは、その調査により、当該申告書に係る課税標準等又は税額等を更正する。

（国税通則法24条）

補正

手続や内容に足りないところがあり、これを補って直すこと。

168　　第Ⅱ編　用字用語の使い分け

例

・補正予算
・訴えが不適法でその不備を補正することができないときは、裁判所は、口頭弁論を経ないで、判決で、訴えを却下することができる。

（民事訴訟法140条）

説　明

「改正」は主に法令に対して用いられる。法令以外のもの（予算、各種計画、議案など）を改める場合には、「修正」、「更正」、「訂正」という用語が用いられる。「修正」は、法令以外のものを改める場合に限らず、広く物事に対して用いられる。「更正」、「訂正」は何らかの誤りがあることが前提となるが、「訂正」はより軽微なものに対して用いられることが多い。「補正」は、何らかの不足があることが前提となる。

第Ⅱ編 用字用語の使い分け 169

〔44〕 改定／改訂

> **ポイント**
> ・法令上、「改訂」を用いるのは、書物などの内容に手を加えて正すという意味で用いる場合のみであり、それ以外の場合は「改定」を用いる。

|同音異義語| 平22法令漢字使用等

改定

改めて定め直すこと。

法令上は、金額や率などの数額を新しいものに定め直すことを指す場合に用いられることが多い。

例

年金の額の改定　再評価率の改定　給付の額を改定する　基本方針を改定する

改訂

改定と同じ意味である。

法令上は、書物などの内容に手を加えて正すことという意味についてのみ用い、それ以外の場合は「改定」を用いることとされている。

例

・書籍の改訂　教科書の改訂版
・文部科学省は、第三条第一項の任務を達成するため、第四条第一項各号に掲げる事務のほか、当分の間、高等学校（中等教育学校の後期課程を含む。）の職業に関する教科の教科用図書及び特別支援学校の教科用図書の編修及び改訂に関する事務をつかさどる。

（文部科学省設置法附則２項）

説　明

　一般的には同じ意味であるが、法令上は、使い分けがされていることに注意する必要がある。

　古い法律においては、現在「改定」を用いるとされているものについて「改訂」を用いているものがある（在外公館の名称及び位置並びに在外公館に勤務する外務公務員の給与に関する法律（昭和27年法律第93号）9条など）。

〔45〕 価額／価格

ポイント

・「価格」は一般的・抽象的な意味で用いられることが多く、「価額」は具体的に特定された物に対して用いられることが多い。

法律類語

価額

　物の交換価値を金銭で表した数値。具体的に特定した物の金銭的価値、特に多数の物を一団としてみた場合の金銭的価値を表す場合に多く用いられる。

例

債権者が、損害賠償として、その債権の目的である物又は権利の価額の全部の支払を受けたときは、債務者は、その物又は権利について当然に債権者に代位する。　　　　　　　　　　　　　　　　　　（民法422条）

価格

　価額と同じ意味であるが、一般的・抽象的に物をとらえてその金銭的価値を表すニュアンスが強い。

例

この法律は、物価の高騰その他の我が国経済の異常な事態に対処するため、国民生活との関連性が高い物資及び国民経済上重要な物資の価格及び需給の調整等に関する緊急措置を定め、もつて国民生活の安定と国民経済の円滑な運営を確保することを目的とする。

（国民生活安定緊急措置法１条）

172 第Ⅱ編 用字用語の使い分け

> ## 説　明

　いずれも「物」の交換価値を金銭で表した数値である。価格が、「公定価格」など一般的・抽象的な意味で用いられることが多いのに対して、価額は、「この物」「あの債権」など具体的に特定された物に対して用いられることが多い。「役務」の提供の対価は、一般的には「料金」といい、「価格」とは言わない。

> **＜ＭＥＭＯ＞**
>
> 　「価額」とほぼ同じ意味の概念として、「金額」がある。法令上は、「払込金額」（会社法58条1項2号）などで用いられている。契約書では、「金〇円」と表示されることが多い。

第Ⅱ編　用字用語の使い分け　　　173

〔46〕　係る／関する／関わる

ポイント

- 「係る」は「関する」よりも、相互の関連性がより直接的・具体的な場合に用いる。
- 「かかわる」は「関わる」と表記し、「係」や「拘」は用いない。

法令用語　昭48送り仮名付け方

係る

①　「……に関する」という意味

②　「関する」よりもより強く直接的に語を結びつける場合

③　「……についての」あるいは「……の」という漠然とした意味

例

①　公害に係る紛争　②　処分に係る者　③　借入金に係る債務

関する

　「係る」よりも、弱いつながり、漠然とした関係で、「……についての」という意味で用いられることが多い。

　「係る」と「関する」を使い分けている立法例としては、以下のものがある。

例

取締役が事業譲渡等に係る契約の承認に関する議案を提出する場合には、株主総会参考書類には、次に掲げる事項を記載しなければならない。

　一　当該事業譲渡等を行う理由

二　当該事業譲渡等に係る契約の内容の概要

三　当該契約に基づき当該株式会社が受け取る対価又は契約の相手方
に交付する対価の算定の相当性に関する事項の概要

（会社法施行規則92条）

関わる

関わり。……に関わること。

「活用のある語は、活用語尾を送る。」の例外である。

例

国土交通大臣は、毎年度、前二条の規定による届出に係る事項、第二十
三条第一項の規定による命令に係る事項、踏切道改良促進法（昭和三十
六年法律第百九十五号）第十七条第一項から第四項までの規定による勧
告に係る事項その他の国土交通省令で定める輸送の安全に関わる情報を
整理し、これを公表するものとする。　　　　　（鉄道事業法19条の３）

説　　明

　いずれも「関係する」、「つながりがある」ことを意味する用語である。

　「係る」は「関する」よりも、前後の言葉がより直接的関係にある
場合に用いられることが多いが、常にそのような使い分けがされてい
るとは限らず、漠然とした関係にある場合に用いられることもある。

第Ⅱ編　用字用語の使い分け　　175

〔47〕　科す／課す

ポイント

・「科す」は、罰を負わせること、「課す」は、義務として割り当てることをいう。

法律類語　平23用字用語例、平23送り仮名用例

科す

刑罰や行政罰を負わせること。

例

・刑を科する　罰金を科する　制裁を科する
・従犯を教唆した者には、従犯の刑を科する。　　　　　（刑法62条2項）

課す

義務として割り当てること。一方的に責任を負わせること。

例

・税を課する　義務を課する　業務を課する
・酒類には、この法律により、酒税を課する。　　　　　（酒税法1条）

説　　明

　「科す」は、刑罰、過料又は団体がその構成員に対し規律維持のための罰をかけることを抽象的に表現する用語である。具体的に法定刑を定める場合には「処する」を用いる。

　「課す」は、国、地方公共団体等が、国民又は住民に対し、公権力をもって租税その他の金銭、賦役等をかける場合に用いられる用語である。

> ┌─ MEMO ─┐
>
> 「科する」には、「課する」と異なり「とがめる」というニュアンスがある。
>
> 罰には、刑事罰、民事罰、行政罰がある。我が国で認められている刑事罰は、死刑、拘禁刑、罰金、拘留、科料、没収（附加刑）がある。拘禁刑は、従来の懲役刑と禁錮刑が一本化されたものである（令和7年6月1日施行後の刑法9条を参照）。

第Ⅱ編　用字用語の使い分け　　177

〔48〕　形／型（形式／型式）

ポイント

・「形」は、外形的な形状（フォーム）、「型」は、ある物や
状態を作り上げるときのもと（タイプ）をいう。

異字同訓 平26異字同訓使い分け

形（形式）

目に見える形状。フォーム。

例

ピラミッド形の建物　扇形の土地　跡形もない　柔道の形を習う
水泳の自由形　書類の形式に不備がある　形式だけですます

型（型式）

決まった形式。タイプ。一定種類の機械・器具等について、その形
状、構造、性能等を総合してとらえられる特徴を表した形態。

例

型にはまる　型破りな青年　大型の台風　2014年型の自動車　血液型
鋳型　型式証明　型式番号

説　明

「形」は、ある物や状態の目に見える外形的な姿を指す。「型」は、
ある物や状態を作り上げるときのもとになるものを指す。

「大形」というときは、目に見える物の形が大きいことをいい（例：
大形の男性、大形の魚）、「大型」というときは、ある種類の中での大
きな型をいう（例：大型新人、大型のマグロ）。

第Ⅱ編　用字用語の使い分け

〔49〕　堅い／固い／硬い

ポイント

・「堅い」は内部の質の堅ろうさ、「固い」は外から侵入され
たり動かされない強固さ、「硬い」は力を加えられても容易
に形を変えない硬直さ、というニュアンスで用いられるこ
とが多い。

異字同訓　平26異字同訓使い分け

堅い

中身が詰まっていて強い。確かである。

例

堅い材木　堅い守り　手堅い商売　合格は堅い　口が堅い　堅苦しい

固い

結び付きが強い。揺らがない。

例

団結が固い　固い決意　固い友情　固く信じる　頭が固い

硬い

(⇔軟らかい)。外力に強い。こわばっている。

例

硬い石　硬い殻を破る　硬い表現　表情が硬い　選手が緊張で硬くなっ
ている

第Ⅱ編　用字用語の使い分け　　179

| 説　　明 |

　厳密な使い分けは難しく、特に「堅い」と「固い」は同じ意味で用いられることが多い。判断が難しい場合は、平仮名を使うこともあり得る。

〔50〕 過程／課程

> **ポイント**
> ・「過程」は物事のプロセス、「課程」は教育のコースのこと
> をいう。

同音異義語

過程

物事が変化発展して、結末に至るまでの道筋。進行のプロセス。

例

・進行の過程　思考過程　成長過程
・国及び地方公共団体は、犯罪被害者等の保護、その被害に係る刑事事
件の捜査又は公判等の過程において、……犯罪被害者等の人権に十分
な配慮がなされ、犯罪被害者等の負担が軽減されるよう、……必要な
施策を講ずるものとする。　　　　　　　　　（犯罪被害者基本法19条）

課程

学校や資格付与のための講習において、一定期間に割り当てる学業
や講習の範囲とその指導順序。大学などでの専門別コース。

例

・教育課程　修士課程　全課程を修了する
・小学校の課程　　　　　　　　　　　　　　　（学校教育法17条１項）

説　明

「過程」は、広く物事全般に対して用いられる。

「課程」は、主に教育関係の分野において用いられる。

第Ⅱ編　用字用語の使い分け　　181

〔51〕　から／より

ポイント

・「から」は、時や場所の起点を表す。
・「より」は、比較を示す場合にだけ用い、「から」と同じ意味では用いない。

類義語 令4公用文作成考え方

から

時を示す語に付いて、「以後」「以来」の意味を表す。

場所を示す語に付いて、出発点や通過する経路を表す。

例

東京から京都まで　午後1時から始める　恐怖から解放される　長官から説明がある

より

公用文においては、比較の意味を示す場合にだけ用いる。

例

東京より京都の方が寒い　会議の開始時間は午前10時より午後1時からが望ましい　富士山より高い山　思ったより難しい　夏より秋の方がいい

説　明

「より」にも、「から」のように時間的・空間的起点を表す意味があるため、一般的には「から」と同じ意味で用いられることがある（例：

「午後1時より始まった」）。しかし、「より」を起点の意味で用いると、例えば「有識者会議より評価を得た」は、「有識者会議（の決定）に比べて評価が高かった」とも読めるため、紛らわしい。

公用文においては、それぞれの役割を定めて表記の統一を図り、意味を明確にするため、起点は「から」、比較は「より」と使い分けがされている。

関連する語として「ないし（乃至）」がある。「何々から何々に至るまで」という意味を示す場合に、中間を省略したところに置く用語である。最近の法文では、三以上の連続するものを表示する場合、常用漢字の関係で「乃至」は用いず、「第○条から第○条まで」などと表記する。

第Ⅱ編　用字用語の使い分け　　183

〔52〕　から○日／から起算して○日

ポイント

・「から○日」は、その時点以後○日という意味で用いる。この場合の初日の取扱いについては民法の規定に従うことになる。

・「から起算して○日」は、初日を含んで一定の期間を表す場合に用いる。法令の施行期日は、「から起算して○日」と表記する。

法律類語

から○日

その時点以後○日という意味で用いる。

初日の取扱いについては、民法140条（同法138条によって公法上の期間計算にも適用される）に従う。民法140条は、「日、週、月又は年によって期間を定めたときは、期間の初日は、算入しない。ただし、その期間が午前零時から始まるときは、この限りでない。」と定めており、初日不算入の原則をとっている。

例

代金の支払は、4月1日から5日以内とする。
① 期間が4月1日の午前10時から始まる場合
→4月2日を起算日とするため、4月6日が満了日となる。
（民法140条本文）
② 期間が4月1日の午前0時から始まる場合
→4月1日を起算日とするため、4月5日が満了日となる。
（民法140条ただし書）

から起算して〇日

初日を含んで〇日という意味で用いる。

例

代金の支払は、４月１日から起算して５日以内とする。
　→４月１日を起算日とするため、４月５日が満了日となる。

説　明

「から〇日」は、その時点以後〇日という意味で用いる。

「から起算して〇日」は、起算日を明確にするため、初日を含んで〇日という意味で用いる。法令の施行期日は、「この法律は、公布の日から起算して１年を超えない範囲内において政令で定める日から施行する。」のように、通常は「起算して」の文字を入れる。仮に「公布の日から１年を超えない範囲内において」と記載した場合であっても、公布が午前０時に行われた場合には、公布日が起算日となる（民法140条ただし書・138条）ため、紛れをなくす必要があるためである。

第Ⅱ編　用字用語の使い分け　　185

〔53〕　科料／過料

ポイント

・科料は刑罰の一種であるが、過料は一種の行政処分であり刑罰ではない。
・過料は、それぞれの法令で額につき定める必要がある。

法律類語

科料

　刑罰の一種で、財産刑のうち、罰金より少額のもので、1,000円以上1万円未満とされている。「とがりょう」とも呼ばれる。

例

・死刑、拘禁刑、罰金、拘留及び科料を主刑とし、没収を付加刑とする。
　　　　　　　　　　　　　　　　　　（令和7年6月1日施行後の刑法9条）
・科料は、千円以上一万円未満とする。　　　　　　　　　　　（刑法17条）

過料

　法令違反に対し国・地方公共団体が科する金銭罰の一種。罰金及び科料と異なり刑罰ではない。秩序罰としての過料、執行罰としての過料、懲戒罰としての過料がある。「あやまちりょう」とも呼ばれる。

例

正当な理由がなくて期間内にすべき届出又は申請をしない者は、五万円以下の過料に処する。　　　　　　　　　　　　　　　　　　（戸籍法137条）

説　明

　科料は、主刑のうち最も軽い刑である。

過料は、刑法17条のような通則的な定めがないため、それぞれの法令（条例や規則で定めることもできる）で額について定めなければならない。秩序罰としての過料は、法令違反に対する一種のペナルティ、執行罰としての過料は、強制執行（間接強制）の方法の一種、懲戒罰としての過料は、一定の身分を有する者に対して懲戒として科すものである。

<MEMO>

過料は刑罰ではなく一種の行政処分であるため、刑法総則の適用はなく、過料の制裁を科す手続には刑事訴訟法は適用されない。法律で定める過料の場合には、他の法令に特別の定めがある場合を除き、非訟事件手続法の定めるところにより科される。これに対し、地方公共団体の条例や規則で定める場合には、地方自治法の定めるところにより、地方公共団体の長の行政処分として科される。

第Ⅱ編　用字用語の使い分け　　　187

〔54〕　代わる／替わる／換わる／変わる

> **ポイント**
> ・「代わる」は、ある役割を別のものにさせる場合に用いる。
> ・「替わる」は、新しく別のものにし、前と異なる状態になる場合に用いる。
> ・「換わる」は、物と物を交換する場合に用いる。
> ・「変わる」は、前と異なる状態になる場合に用いる。

異字同訓　平26異字同訓使い分け、平22常用漢字

代わる（代える）

　代理する、身代わりといった、ある役割を別のものにさせることを意味する場合に用いる。

例

父に代わって言う　身代わりになる　親代わり　書面をもって挨拶に代える　投手を代える　余人をもって代え難い

替わる（替える）

　新しくあるものに入れ替わって別のものにすることを意味する場合に用いる。

例

入れ替わる　日替わり定食　替え歌　抜け替わる　頭を切り替える
クラス替えをする　振り替え休日　図表を差し替える

換わる（換える）

物と物を取り換える、交換することを意味する場合に用いる。

188　　　第Ⅱ編　用字用語の使い分け

例

現金に換わる　物を金に換える　名義を書き換える　電車を乗り換える

変わる（変える）

　性質や内容が前のものと異なる状態になることを意味する場合に用いる。

例

生まれ変わる　移り変わる　位置が変わる　気が変わる　形を変える
心変わりする　声変わり　変わり種　観点を変える　顔色を変える

説　　明

　異字同訓の漢字として、対象、状態、行為の状況などに応じて、使い分けがされている用語である。

　「代わる」、「替わる」及び「換わる」は、いずれも入れかわることを意味するが、それぞれ、役割を別のものにさせる場合は「代わる」を、新しく別のものにする場合は「替わる」を、同じ価値の物と物を交換する場合は「換わる」を用いる。これに対して、「変わる」は状態の変化を表す場合に用いる。

　なお、「差しかえる」「入れかえる」「組みかえる」などの「かえる」については、「新しく別のものにする」意で「替」を当てるが、別のものと「交換する」という視点から捉えて、「換」を当てることもある。

第Ⅱ編　用字用語の使い分け　　189

〔55〕　慣習／慣行／慣例

ポイント

・「慣習」は、人の社会生活におけるしきたりを指す場合に用いる。
・「慣行」は、「慣習」とほぼ同義であるが、規範としての面から見た場合には「慣習」、行為の面に着目した場合には「慣行」を用いる。
・「慣例」は、繰り返し行われて習慣のようになった事柄を広く意味する場合に用いる。

法律類語

慣習

人の社会生活におけるしきたりを意味する。

例

・公の秩序又は善良の風俗に反しない慣習は、法令の規定により認められたもの又は法令に規定されていない事項に関するものに限り、法律と同一の効力を有する。　　　　　　　　（法の適用に関する通則法3条）
・法令中の公の秩序に関しない規定と異なる慣習がある場合において、法律行為の当事者がその慣習による意思を有しているものと認められるときは、その慣習に従う。　　　　　　　　　　　　　　　（民法92条）

慣行

従来からのならわしとして行われること、いつもすること、常に行うことを意味する。

例

会計の慣行（商法19条1項）　団体交渉の慣行（行政執行法人の労働関係に関する法律1条）　取引の慣行（金融商品取引法153条1項）　職場における慣行（育児休業、介護休業等育児又は家族介護を行う労働者の福祉に関す

190　　　　第Ⅱ編　用字用語の使い分け

る法律33条１項、女性の職業生活における活躍の推進に関する法律２条１項）
国際慣行（外務公務員法６条２項、出入国管理及び難民認定法別表第一）

慣例

　一般的に、繰り返し行われて習慣のようになった事柄を意味するが、国際上の法規と同等の規範的な性質を有するものを指す場合に用いられる場合もある。

例

・慣例として　慣例に従う　慣例行事
・前項の武力行使に際しては、国際の法規及び慣例によるべき場合にあつてはこれを遵守し、かつ、事態に応じ合理的に必要と判断される限度をこえてはならないものとする。　　　　　　　　（自衛隊法88条２項）

説　　明

　「慣習」は、社会生活の中で繰り返し行われ、ある程度まで人の行動を拘束するようになった規範となったものを指す場合に用いる。法令上は、公序良俗に反しない慣習は、原則として、法規範と同一の効力を有するとされている。また、民法では、法令中の任意規定と異なる慣習が存在し、法律行為の当事者がその慣習による意思を持っていたと認める場合は、法律行為はこの慣習に従って解釈されると定められている。

　「慣行」は、「慣習」とほぼ同義であるが、「会計の慣行」や「取引の慣行」といった用例に見られるように、「規範」の面ではなく、「行為」の面から捉える場合に用いられる。

　「慣例」は、一般的には、単に、繰り返し行われて習慣のようになった事柄を指す場合に用いるが、法令用語としては、自衛隊法の「国際の法規及び慣例」や条約の「戦争の法規及び慣例」などのように、国際上の法規と同等の規範的な性質を有するものを指す場合に用いられる例が多い。

第Ⅱ編　用字用語の使い分け　　191

〔56〕　監督／管理／監理

ポイント

- 「監督」は、ある者が他の者の行為について、適法であるかどうか等を監視し、必要に応じ指示命令等をすることを意味する。
- 「管理」は、財産の保存・利用・改良を目的とする行為、行政機関の事務の処理に関しその事務の目的に従って処理・執行すること、公物等の取得、維持、保存等を意味する。
- 「監理」は、人又は機関の行為が、その遵守すべき義務に違反していないかどうかを監視し、それが正しく行われるように必要な指示・命令等の措置をとることを意味する。

法律類語

監督

　人又は機関が、他の人又は他の機関の行為について、その行為が適法であるかどうか、又はその行為の目的を遂げるのに適当かどうかを監視し、必要に応じて指示や命令等をすることを意味する場合に用いる。「指揮監督」や「指導監督」の文言を用いる場合もある。

例

公益法人の監督（公益社団法人及び公益財団法人の認定等に関する法律27条）建設業者に対する監督（建設業法5章）　行政各部を指揮監督（日本国憲法72条）　所属の警察職員を指揮監督（警察法31条）　建築工事の指導監督（建築士法23条1項）

管理

　私法関係においては、①財産、物又は権利の性質を変えない範囲内において保存、利用又は改良を目的とする行為をすることや、②他人の事務について、法律上の義務がないのにその事務を処理することなどを意味する。

　行政法関係においては、①行政機関の事務の処理に関して目的に従って処理・執行することや、②公物や営造物の取得、維持、保存、運用などを行うことなどを意味する。

例

・私法関係における「管理」の例
　不在者の財産の<u>管理</u>（民法25条）　事務<u>管理</u>（民法697条）
・行政法関係における「管理」の例
　選挙事務の<u>管理</u>（公職選挙法５条）　道路の<u>管理</u>（道路法３章）
　国有財産の<u>管理</u>（国有財産法１条）

監理

　「監理」は、人又は機関の行為が、その遵守すべき義務に違反していないかどうかを監視し、それが正しく行われるように必要な指示・命令等の措置をとることを意味する。

例

・人事院は、職員に対する給与の支払を<u>監理</u>する。
　　　　　　　　　　　　　　　　　　　　　（国家公務員法18条１項）
・国の行政機関が行う情報システムの整備及び管理に関する行政各部の
　事業を統括し及び<u>監理</u>すること　（デジタル庁設置法４条２項17号）

説　明

　「監督」と「監理」とは、その意味内容はおおむね同じであるが、

第Ⅱ編 用字用語の使い分け

「監督」は、その行為の処理の当面の責任は監督される側にある場合に用いられることが多いのに対して、「監理」は、管理を行う人又は機関も処理について同等の責任を有する場合に用いられる場合が多い。

また、「管理」と「監理」は、双方ともよく用いられて紛れやすいため、法令用語として用いる場合には、そのうちの一方又は双方を一定の形に言い換えて用いることとされ、「監理」は「監督管理」と言い換えることとされている（「法令用語の改正の方針」（昭和29年11月25日法制局次長））。

〔57〕 起因／基因

ポイント

・「起因」は、物事の因果の関係を物事を起こさせた原因の
　方からみて表現する場合に用いる。
・「基因」は、物事の因果の関係を発生した物事の方からみ
　て表現する場合に用いる。

同音異義語

起因

　物事の起こる原因となることを意味するが、物事の因果の関係を物
事を起こさせた原因の方からみて表現する場合に用いる。

例

・道路の交通に起因して生ずる大気の汚染、騒音及び振動
　　　　　　　　　　　　　　　　　　　　（道路交通法２条１項23号）
・道路の交通に起因する障害　　　（道路交通法108条の28第４項２号）
・食品、添加物、器具又は容器包装に起因する中毒患者又はその疑いの
　ある者　　　　　　　　　　　　　　　　　　　　（食品衛生法21条の２）
・食品、添加物、器具又は容器包装に起因し、又は起因すると疑われる
　疾病　　　　　　　　　　　　　　　　　　　　　　（食品衛生法64条１項）

基因

　物事の起こる原因となることを意味するが、物事の因果の関係を発
生した物事の方からみて表現する場合に用いる。

例

第一項又は第二項の規定に違反したことに基因する債務（国家公務員宿

舎法16条４項）　所得の<u>基因</u>となつた資産（所得税法33条３項）　登録免許税の納付の<u>基因となる</u>登記等（登録免許税法31条８項５号）

説　　明

　いずれも、ある事項（A）と他の事項（B）との因果の関係を示す用語であるが、Bの事項を発生させた原因たるAの事項の方に観点をおいて表す場合は「起因」を用い、Aの事項を原因として発生したBの事項の方に観点を置いて表す場合は「基因」を用いる。

　なお、法令用語としては、「起因」と紛れやすいので、「基因」については、原則として、「もとづく」や「基づく」と言い換えて用いることとされている（「法令用語改正要領」（昭和29年11月内閣法制局））。

196　　第Ⅱ編　用字用語の使い分け

〔58〕　期間／期限／期日

ポイント

・「期間」は、ある時点から他の時点までの時間的な隔たりの区分を意味する。
・「期限」は、一定の日時の到達により法律行為の効力の発生若しくは消滅又は法律行為等に基づく一定の行為の履行がされるべきこととされている場合の当該一定の日時を意味する。
・「期日」は、特定の行為を行うように指定された日又は特定の法律効果が発生若しくは消滅する日を意味する。

法律類語

期間

　「期間」は、ある時点から他の時点までの時間的な隔たりの区分を意味する。○日間、○週間、○年間などは、全て「期間」である。

　期間の計算方法については、民法に規定があり、法令等に別段の定めがある場合のほか、これに従うことになっている（民法138条）。

・期間を定めるのに時間をもってしたときは、即時から起算する（民法139条）
・期間を定めるのに日、週、月又は年をもってしたときは、初日を算入しない。ただし、その期間が午前零時から始まるときは、その日を算入する（民法140条）
・期間を、日、週、月又は年をもって定めたときは、期間の末日の終了したときに期間が満了する（民法141条）
・期間の末日が日曜日、国民の祝日に関する法律に規定する休日そ

第Ⅱ編　用字用語の使い分け　　　　197

の他の休日に当たるときは、その日に取引しない慣習がある場合に限り、期間は翌日に満了する（民法142条）

・期間を定めるのに、週、月又は年をもってしたときは、暦に従って計算し、週、月又は年の始めから期間を計算しないときは、最後の週、月又は年における起算日に応答する日の前日をもって期間が満了する（民法143条）。すなわち、「３月20日から３か月」といえば途中の日数に関係なく６月19日に期間が満了する。また、３月31日から11か月というような場合、２月には応答する日がないが、この場合は、その月の末日が期間の満期日となる。

例

・有期労働契約の契約期間（労働契約法18条２項）　検査証の有効期間（労働安全衛生法41条）
・賃貸借の存続期間は、更新することができる。ただし、その期間は、更新の時から五十年を超えることができない。　　　　（民法604条２項）

期限

「期限」は、一定の日時の到達により法律行為の効力の発生若しくは消滅又は法律行為等に基づく一定の行為の履行がされるべきこととされている場合の当該一定の日時を意味する。

「期限」の法律上の効力については、民法に定めがある。（民法135条〜137条）。

例

・債務の履行について確定期限があるときは、債務者は、その期限の到来した時から遅滞の責任を負う。　　　　　　　　（民法412条１項）
・国税に関する法律の規定により納税申告書を提出すべき期限
　　　　　　　　　　　　　　　　　　　　　（国税通則法２条７号）

期日

「期日」は、特定の行為を行うように指定された日又は特定の法律効果が発生し、若しくは消滅する日を意味する。

なお、訴訟法における「期日」は、訴訟上の行為がされる日という意味を有している（民事訴訟法93条・94条）。

例

・元本確定期日（民法465条の３第３項）　意見聴取の期日（私的独占の禁止及び公正取引の確保に関する法律56条２項）
・期日は、申立てにより又は職権で、裁判長が指定する。

（民事訴訟法93条１項）

説　明

「期間」と「期限」とは、両方とも、ある時間的な長さを意味するが、「期間」は、その始期と終期との間の一定の時間的長さであるのに対し、「期限」は、始期以後又は終期以前における不定の時間的広がりを持つという違いがある。

「期限」と「期日」の差は、「期限」が「○月○日までに」というように不特定の時間的長さを含むのに対し、「期日」は「○月○日に」というように一定の行為がされるべき時期が１日の間に特定される観念にある点が異なる。

第Ⅱ編　用字用語の使い分け　　　199

〔59〕　棄却／却下

ポイント

・「棄却」は、裁判所などの裁決機関が、申立てについて審理の上、理由がないとして排斥する場合に用いる。
・「却下」は、裁判所などの裁決機関が、主として手続上の申立てについて、その内容について当否を判断することなく、申立てそのものを不適法として排斥する場合に用いる。
・ただし、訴訟に関する法令によって、その意味するところには相違がある。

法律類語

棄却

　司法上の申立てを排斥する処分を意味し、①民事訴訟法では、訴訟の本案について、訴訟要件は備えているが、実体的な理由がないとして排斥することを指し、②刑事訴訟法では、公訴、控訴、上訴及び抗告について、これを排斥する全ての場合を指し、③人身保護法では、救済の請求について理由がないとして排斥する場合を指す。

例

・上告裁判所である最高裁判所は、上告の理由が明らかに第三百十二条第一項及び第二項に規定する事由に該当しない場合には、決定で、上告を棄却することができる。　　　　　　　　　　（民事訴訟法317条2項）
・控訴の申立が法令上の方式に違反し、又は控訴権の消滅後にされたものであることが明らかなときは、控訴裁判所は、決定でこれを棄却しなければならない。　　　　　　　　　　　　　　（刑事訴訟法385条1項）

・準備調査の結果、請求の理由のないことが明白なときは、裁判所は審問手続を経ずに、決定をもつて請求を棄却する。

（人身保護法11条１項）

却下

司法上又は行政上の申立てを排斥する処分を意味し、①行政不服審査法や民事訴訟法では、訴訟要件を欠いているなど申立ての手続が法令に違反しているなどの理由で門前払いをすることを指し、②刑事訴訟法では、忌避の申立て、保釈の請求などの手続上の申立てを排斥することを指す。

なお、生活保護法24条７項のように、手続が不適法という理由だけでなく、実体的にみて理由がないという理由で排斥することを指す場合もある。

例

・処分についての審査請求が法定の期間経過後にされたものである場合その他不適法である場合には、審査庁は、裁決で、当該審査請求を却下する。　　　　　　　　　　　　　　（行政不服審査法45条１項）

・訴えが不適法でその不備を補正することができないときは、裁判所は、口頭弁論を経ないで、判決で、訴えを却下することができる。

（民事訴訟法140条）

・訴訟を遅延させる目的のみでされたことの明らかな忌避の申立は、決定でこれを却下しなければならない。　　（刑事訴訟法24条１項前段）

・裁判所は、請求がその要件又は必要な疎明を欠いているときは、決定をもつてこれを却下することができる。　　　　（人身保護法７条）

・保護の申請をしてから三十日以内に第三項の通知がないときは、申請者は、保護の実施機関が申請を却下したものとみなすことができる。

（生活保護法24条７項）

第Ⅱ編　用字用語の使い分け　　201

```
┌─────────┐
│ 説　　明 │
└─────────┘
```

　一般的には、手続が不適法であることを理由により、実体的な内容の適否の判断をせずに、申立て等を排斥する場合には「却下」を用い、実体的な内容の適否の判断をし、理由がないとして排斥する場合には「棄却」を用いる例が多い。

　例外的に、刑事訴訟法の場合は、公訴、控訴、上告及び抗告の申立てを排斥する場合は全て「棄却」を用い、それ以外の手続上の申立てを排斥する場合に「却下」が用いられる点が異なる。また、法令によっても、意味する内容が異なる場合がある。

　このように、訴訟手続の種類や法令の規定によって、その意味するところが異なるため、使用する場合には注意が必要である。

〔60〕 聞く／聴く

ポイント

・一般的には「聞く」を用い、注意深く耳を傾ける場合には「聴く」を用いる。

異字同訓 平26異字同訓使い分け、平23用字用語例

聞く

音が耳に入るという意味のほか、受け入れる、問う、嗅ぐということを意味する場合にも用いる。

例

話し声を聞く　物音を聞いた　うわさを聞く　人聞き　聞き流しにする
願いを聞く　親の言うことを聞く　転居した事情を聞く　駅までの道を
聞く　香を聞く

聴く

身を入れて耳を傾けて聞くことを意味する場合に用いる。

例

音楽を聴く　国民の声を聴く　恩師の最終講義を聴く　審議会の意見を
聴く

説　明

　一般的には広く「聞く」を用いるが、注意深く耳を傾けて聞く場合には「聴く」を用いる。公用文や法令では、例えば、政策決定等にあたって、住民や関係事業者、有識者等からヒアリングをする場合には、単に聞くだけでなく、その意見を参考にするという意味合いを持たせる観点から、「意見を聴く」を用いることが多い。

第Ⅱ編　用字用語の使い分け　　203

〔61〕　基準／規準

ポイント

・「基準」は、ある事柄を判断するための尺度となるものを
指す。
・「規準」は、規範となる標準を指す。意味としては基準と
大差がないが、規範性・準則性のニュアンスを強く出そう
とする場合に用いられる。

法律類語　同音異義語

基準

ある事柄を判断するための尺度となるものを意味する。

行政手続一般については、行政手続法上、許認可等の判断の基準（審
査基準）をあらかじめ定め、公にすることが義務付けられている。

また、法令において、行政機関が、許認可等の行政処分を行う場合
に、そのよるべき基準を定める例もある。

例

・行政庁は、審査基準を定めるものとする。行政庁は、審査基準を定め
るに当たっては、許認可等の性質に照らしてできる限り具体的なもの
としなければならない。　　　　　　　（行政手続法5条1項・2項）
・厚生労働大臣は、前条第一項の許可の申請が次に掲げる基準に適合し
ていると認めるときは、同項の許可をしなければならない。
　　　　　　　　　　　　　　　　　　　　　　　　（職業安定法31条）

規準

規範となる標準を意味する。なお、「規約」の意味で「規準」を用い

る例（土地区画整理法４条１項など）や、「基準」の意味で「規準」を用い
る例（水産業協同組合法16条２項）もある。

例

・不動産鑑定士は、公示区域内の土地について鑑定評価を行う場合にお
　いて、当該土地の正常な価格……を求めるときは、第六条の規定によ
　り公示された標準地の価格……を規準としなければならない。

(地価公示法８条)

・一人で施行しようとする者にあつては規準及び事業計画を定め、……
　なければならない。　　　　　　　　　　　(土地区画整理法４条１項前段)

・団体協約に定める規準　　　　　　　　　　　(水産業協同組合法16条２項)

説　　明

　「基準」と「規準」は、意味としては大差がないが、規範性・準則
性のニュアンスを強く出そうとする場合には「規準」を用いることが
多い。

　なお、法令においては、行政機関が、免許、許可、認可等の行政処
分を行う場合に、そのよるべき基準を法定したものが多い。これは、
これらの事項が一般の利益に重大な関係を有することから、これを行
う行政機関の独善と恣意を防止し、これらの行為が公正に行われるよ
うに配慮したものである。

　また、行政手続一般について、行政手続法により、具体的な審査基
準や標準的な処理期間を定め、公表することが原則とされている。

第Ⅱ編　用字用語の使い分け　　　205

〔62〕　規程／規定

ポイント

- 「規程」は、一つの目的のために定められた条項の総体と
  しての呼称又はその題名を意味する場合に用いる。
- 「規定」は、一つの法令における一つ一つの条項の定めを
  意味する場合に用いる。

[法律類語]　平22法令漢字使用等

規程

　一つの目的のために定められた条項の総体としての呼称又はその題
名を意味する場合に用いる。

例

地方自治法施行規程　国家公務員倫理規程　国家公務員等の旅費支給規
程　高等学校通信教育規程　公正取引委員会事務総局組織規程
保安規程（鉱山保安法19条）　貯蓄金の管理に関する規程（労働基準法18条
３項）　施行規程（土地区画整理法52条１項本文）

規定

　一つの法令における一つ一つの条項の定めを意味する場合に用い
る。

　また、動詞として「規定する」とは、定めようと意図する事項を条
項として定めることを意味する場合に用いる。

例

・第○項の規定は……　第○項に規定する……
・財産区の議会の議員の定数、任期、選挙権、被選挙権及び選挙人名簿

に関する事項は、前条の条例中にこれを<u>規定</u>しなければならない。

（地方自治法296条 1 項）

説　　明

「規程」は、一つの目的のために定められた条項の総体を指す場合に用いる。また、このような一団の定めに付された具体的な名称としてその題名に用いられるが、法令用語としては「規定」と紛れやすいため、法令の名称としては「規程」は原則として用いず、「規則」を用いることとされている。もっとも、「規程」が使用されている法令の題名は少なくない。

これに対して、「規定」は、一つの法令における個別の条項の定めを指す場合に用いる。古い用例として「規程」の意味に用いられたこともあるが、現在は見当たらない。

第Ⅱ編　用字用語の使い分け　　207

〔63〕　記名／署名

ポイント

・いずれも自己の氏名を記すことを意味するが、「記名」は自署を要せず、「署名」は自署を要する。

法律類語

記名

　書類等に作成者の責任を明らかにする等のために氏名を記すことを意味する場合に用いる。自署を要せず、他人が書いても、印刷、タイプ等でもよいとされている。

例

・……契約書を作成する場合においては、契約担当官等が契約の相手方とともに契約書に記名押印しなければ、当該契約は、確定しないものとする。　　　　　　　　　　　　　　　　（会計法29条の8第2項）
・召喚状には、被告人の氏名及び住居、罪名、……その他裁判所の規則で定める事項を記載し、裁判長又は受命裁判官が、これに記名押印しなければならない。　　　　　　　　　　　　　　　（刑事訴訟法63条）
・一級建築士、二級建築士又は木造建築士は、設計を行つた場合においては、その設計図書に一級建築士、二級建築士又は木造建築士である旨の表示をして記名しなければならない。　（建築士法20条1項前段）

署名

　自己が作成した書類等にその責任を明らかにするため自己の氏名を自ら書き記すことを意味する。

　電磁的記録に記録することができる情報については、一定の要件の

下で「電子署名」が認められている（電子署名及び認証業務に関する法律2
条1項）。

例

・鑑定評価書には、その不動産の鑑定評価に関与した不動産鑑定士がそ
の資格を表示して署名しなければならない。

（不動産の鑑定評価に関する法律39条2項）

・会議録が書面をもつて作成されているときは、議長及び議会において
定めた二人以上の議員がこれに署名しなければならない。

（地方自治法123条2項）

説　明

いずれも氏名を記すことを意味するが、「記名」は自署を必要とせず、
他人が書いても、印刷でもよい。法令上は、記名のみでなく、押印を
必要とする場合も多い。

なお、国債、地方債、社債、株式、小切手等について、その所有者
の氏名を記したものを「記名証券」、「記名の小切手」、「記名式の証券」
などという。これに対し、所有者の氏名を記さないものを「無記名証
券」又は「無記名式の証券」などという。

最近では、行政手続のデジタル化が推進されており、原則として書
面・押印・対面を不要とする法整備が進められており、電子署名を用
いた電磁的方法等による手続が幅広く可能となりつつある。

第Ⅱ編　用字用語の使い分け　　209

〔64〕　休日／休暇／休憩／休業

ポイント

- 「休日」は、一般に業務を行わない日を意味する場合に用いる。
- 「休暇」は、一般的に、継続的な労働関係において、労働の義務を一時的に免除されている期間を意味する場合に用いる。
- 「休憩（休憩時間）」は、労働法などでは、労働者が、労働時間内において一時的に労働の義務を免れ、自由に利用できる時間を意味する場合に用いる。
- 「休業」は、使用者の責めに帰すべき事由がある場合、労働者が業務上負傷し又は疾病にかかった場合その他の場合において、労働者が勤務しないことを意味する場合に用いる。

法律類語

休日

　「休日」は、一般に業務を行わない日を意味するが、法令等によって、その内容は異なっており、①一般的に業務を行わない日として、国民の祝日に関する法律により国が特に定めた日、②特定の社会において、一般的に業務を行わないものと慣習上定まっている日（日曜日、祝祭日等）、③公の機関が原則として職務の執行をしないものと定められた日、④労働者が労働を休む日となっている。

例

- 「国民の祝日」は、休日とする。　　　（国民の祝日に関する法律３条）

・銀行の<u>休日</u>は、日曜日その他政令で定める日に限る。

（銀行法15条1項）

・次の各号に掲げる日は、行政機関の<u>休日</u>とし、行政機関の執務は、原則として行わないものとする。

　一　日曜日及び土曜日

　二　国民の祝日に関する法律…に規定する<u>休日</u>

　三　十二月二十九日から翌年の一月三日までの日（前号に掲げる日を除く。）

（行政機関の休日に関する法律1条1項）

・使用者は、労働者に対して、毎週少くとも一回の<u>休日</u>を与えなければならない。

（労働基準法35条1項）

休暇

　「休暇」は、一般的に、継続的な労働関係において、労働の義務を一時的に免除されている期間を意味する。

　民間企業の労働者にあっては、労働者に一定の事由がある場合に、労働日において権利として労働から離れることを保障された日をいい、具体的には、労働基準法において、年次有給休暇と生理休暇とが定められている。また、就業規則において、これ以外の休暇が定められる場合もある。

　公務員にあっては、休日以外で、公務員が正規の勤務時間においても勤務することを要しないとされる期間をいい、国家公務員については、一般職の職員の勤務時間、休暇等に関する法律などで、年次休暇、病気休暇、特別休暇、介護休暇及び介護時間が定められている。また、地方公務員についても、条例で同様の休暇が定められている。

例

・使用者は、その雇入れの日から起算して六箇月間継続勤務し全労働日の八割以上出勤した労働者に対して、継続し、又は分割した十労働日

の有給休暇を与えなければならない。　　　　　　　（労働基準法39条1項）
・職員の休暇は、年次休暇、病気休暇、特別休暇、介護休暇及び介護時間とする。　　　　（一般職の職員の勤務時間、休暇等に関する法律16条）

休憩（休憩時間）

　「休憩」は、一般的には、仕事や運動を一時止めて休むことを広く意味するが、労働法などにおける「休憩（休憩時間）」は、労働者が、労働時間内において一時的に労働の義務を免れ、自由に利用できる時間のことを意味する。

例

・休憩所　休憩設備　休憩場所　休憩施設
・使用者は、労働時間が六時間を超える場合においては少くとも四十五分、八時間を超える場合においては少くとも一時間の休憩時間を労働時間の途中に与えなければならない。　　　　　（労働基準法34条1項）

休業

　「休業」は、使用者の責めに帰すべき事由がある場合、労働者が業務上負傷し又は疾病にかかった場合その他の場合において、労働者が勤務しないことを意味する。使用者側は、拒むことができない。

　民間の労働者にあっては、①業務上負傷し、又は疾病にかかったため療養を受けるためにする休業、②産前産後の女性の休業、③使用者の責めに帰すべき事由による休業（一時帰休など）、④育児休業（子を養育するためにする休業）、⑤介護休業（要介護状態にある家族を介護するためにする休業）などがある（労働基準法12条3項）。

　公務員にあっては、育児休業、自己啓発休業及び配偶者同行休業が法令上制度として定められている。

212　　　　第Ⅱ編　用字用語の使い分け

例

前二項に規定する期間中に、次の各号のいずれかに該当する期間がある場合においては、その日数及びその期間中の賃金は、前二項の期間及び賃金の総額から控除する。
一　業務上負傷し、又は疾病にかかり療養のために<u>休業</u>した期間
二　産前産後の女性が第六十五条の規定によつて<u>休業</u>した期間
三　使用者の責めに帰すべき事由によつて<u>休業</u>した期間
四　育児休業、介護休業等育児又は家族介護を行う労働者の福祉に関する法律……第二条第一号に規定する<u>育児休業</u>又は同条第二号に規定する<u>介護休業</u>……をした期間
五　（略）

（労働基準法12条３項）

説　明

　いずれも業務を行わない日や時間を意味し、「休日」は、一般に業務を行わない日を、「休暇」は労働の義務が免除されている期間を、「休憩（休憩時間）」は、労働時間内において一時的に労働の義務を免れ、自由に利用できる時間を、「休業」は使用者の責めに帰すべき事由や制度により勤務しないことをそれぞれ指しているが、個々の法令によって具体的な意味内容が異なっているため、注意が必要である。特に、「休暇」及び「休業」は、民間の労働者と公務員とで内容が異なるため、混同しないように使い分ける必要がある。

　また、公務員についても、「休業」は、制度上は、その期間中身分は保有するが職務に従事しないという点で「休職」に類似するものである一方、本人の請求を前提とするものであり、「休暇」「休職」「休業」の区別は、やや分かりにくいものとなっている。

〔65〕 給与／給料／賃金

ポイント

・「給与」は、賃金、俸給、給料、報酬、手当、賞与等、名称のいかんを問わず、労務に対する対価を意味するが、公務員の勤労の対価として支給されるものについては、「給与」の語が用いられることが多い。

・「給料」及び「賃金」は、「給与」と同義であるが、主として公務員以外の一般の雇用における労務に対する対価について用いられる。

法律類語

給与

「給与」は、賃金、俸給、給料、報酬、手当、賞与等、名称のいかんを問わず、労務に対する対価を意味する場合に用いる。

公務員の勤労の対価として支給されるものについては、「給与」の語が用いられることが多い。

また、災害救助法のように単に金銭や物品を支給するという意味で用いられる場合もある。

例

・給与所得とは、俸給、給料、賃金、歳費及び賞与並びにこれらの性質を有する給与（以下この条において「給与等」という。）に係る所得をいう。　　　　　　　　　　　　　　　　　　　　　　　（所得税法28条1項）

・職員の給与は、別に定める法律に基づいてなされ、これに基づかずには、いかなる金銭又は有価物も支給することはできない。

　　　　　　　　　　　　　　　　　　　　　　　　（国家公務員法63条）

・炊き出しその他による食品の給与及び飲料水の供給　被服、寝具その他生活必需品の給与又は貸与　生業に必要な資金、器具又は資料の給与又は貸与　学用品の給与　　　　　　　　　（災害救助法4条1項）

214　　　第Ⅱ編　用字用語の使い分け

・この法律において「保護金品」とは、保護として<u>給与</u>し、又は貸与される金銭及び物品をいう。　　　　　　　　　　（生活保護法6条3項）

給料

　「給料」は、労働の対償として使用者が労働者に支払う対価を意味する場合に用いられ、主として公務員以外の一般の雇用における労務に対する対価について用いられる。

　ただし、国会職員や地方公共団体の職員の給与については、一般職の国家公務員の俸給に相当する基本給を指すものとして「給料」が用いられている。また、船員法における「給料」も、船舶所有者が船員に対し一定の金額により定期に支払う報酬のうち基本となるべき固定給をいうと定めている。

例

・<u>給料</u>、賃金、俸給、歳費、退職年金及びこれらの性質を有する給与に係る債権（以下「給料等」という。）については、次に掲げる金額の合計額に達するまでの部分の金額は、差し押えることができない。
　　　　　　　　　　　　　　　　　　　　　　　（国税徴収法76条1項本文）
・国会職員は、<u>給料</u>の外、必要な手当その他の給与及び旅費を受けることができる。　　　　　　　　　　　　　　　　　　（国会職員法25条2項）
・<u>給料</u>、手当及び旅費の額並びにその支給方法は、条例でこれを定めなければならない。　　　　　　　　　　　　　　　　（地方自治法204条1項）
・この法律において「<u>給料</u>」とは、船舶所有者が船員に対し一定の金額により定期に支払う報酬のうち基本となるべき固定給をいう。
　　　　　　　　　　　　　　　　　　　　　　　　　　　（船員法4条1項）

賃金

　使用者が労働の対償として労働者に対して支払うものを意味する場合に用いる。労働基準法では、賃金、給料、手当、賞与その他名称のいかんを問わず、労働の対償として使用者が労働者に支払う全てのものと定めている。

第Ⅱ編　用字用語の使い分け　　　215

　労働基準法24条によれば、「賃金」は、通貨で、直接労働者に、その全額を毎月、一定期日に支払わなければならないのが原則とされている。

　また、賃金の低廉な労働者について賃金の最低額を保障するため、最低賃金法により、厚生労働大臣等が、一定の地域ごとに地域別最低賃金を決定することとされている。

例

・この法律で賃金とは、賃金、給料、手当、賞与その他名称の如何を問わず、労働の対償として使用者が労働者に支払うすべてのものをいう。

（労働基準法11条）

・使用者は、最低賃金の適用を受ける労働者に対し、その最低賃金額以上の賃金を支払わなければならない。　　　（最低賃金法4条1項）

説　明

　いずれも労務に対する対価を意味するものであるが、対象となる労働者の類型（公務員であるか、民間の労働者であるか）、支払われる対価の内容（基本給のみか、手当等も広く含むものか）などによって、各法令によって、使い分けがされている。

　「給与」の語は、公務員の勤労の対価として支給されるものについて用いられることが多く、超過勤務手当や期末・勤勉手当など名称のいかんを問わず、労務に対する対価であれば、広く対象とする。

　これに対し、「給料」や「賃金」は、「給与」と同義であるが、主として公務員以外の一般の雇用における労務に対する対価について用いられる。

　それぞれの用語の意味内容は各法令によって様々であり、留意が必要である。

　なお、これらの用語のほかにも、労働者が労働の対償として受ける全てのものを意味するものとして、健康保険法（3条5項）や厚生年金法（3条1項3号）などにおける「報酬」がある。

216　　　第Ⅱ編　用字用語の使い分け

〔66〕　行政機関／行政庁／行政官庁

ポイント

・「行政機関」は、行政組織を構成し、行政事務を担任する
　機関をいう。

・「行政庁」は、行政主体の意思を決定し、これを表示する
　権限を有する行政機関をいい、「行政官庁」は、国の意思を
　決定し、これを表示する権限を有する国の行政機関をいう。

法律類語

行政機関

　行政組織を構成し、行政主体のために、行政事務を担任する機関。
行政機関は、行政庁、諮問機関、参与機関、監査機関、執行機関、補
助機関などに区別される。

例

・行政機関の事務　行政機関の長　行政機関の職員　関係行政機関　行
　政機関の保有する情報
・国の行政機関は、内閣の統轄の下に、その政策について、自ら評価し、
　企画及び立案を行い、並びに国の行政機関相互の調整を図る……
　　　　　　　　　　　　　　　　　　　　　　（国家行政組織法２条２項）
・行政組織のため置かれる国の行政機関は、省、委員会及び庁とし……
　　　　　　　　　　　　　　　　　　　　　　（国家行政組織法３条２項）

行政庁

　行政主体である国や地方公共団体などのため、意思を決定し、外部
に表示し、その効果を行政主体に及ぼすことができる行政機関。各府

第Ⅱ編　用字用語の使い分け　　217

省大臣、都道府県知事、市町村長などがその代表例である。

例

・行政庁の処分　行政庁の許可を受ける　行政庁に届け出る　行政庁
は、……を取り消すことができる
・行政庁の違法又は不当な処分その他公権力の行使に当たる行為に関
し、国民が簡易迅速かつ公正な手続の下で広く行政庁に対する不服申
立てをすることができるための制度を定めることにより、国民の権利
利益の救済を図るとともに、行政の適正な運営を確保する
（行政不服審査法１条）

行政官庁

　国の意思を決定し、かつ、これを外部に表示する権限を有する国の
行政機関。内閣、府省庁の長、委員会などがこれに当たる。

例

行政官庁の認可　行政官庁の処分に違反する　行政官庁は、……を命ず
ることができる

説　　明

　いずれも行政作用に携わる機関を表す用語であるが、「行政機関」は、
広く行政組織を構成し、行政事務を担任する機関をいい、国と地方公
共団体の両方の機関を指すものとして用いられており、「行政官庁」と
「行政庁」は、その一つの種類として含まれるものである。

　他方、「行政庁」と「行政官庁」は、行政主体のため、意思を決定し、
外部に表示する機関である。「行政庁」と「行政官庁」とは似た用語で
あるが、前者は、国の機関だけでなく、地方公共団体等の公共団体の
機関を含むものであるのに対し、後者は、国の機関のみに限られ、地
方公共団体等の公共団体の機関を含まない点で異なる。すなわち、「行
政官庁」は、国の行政庁を指すものといえる。

〔67〕 協定／協約／条約

ポイント

・「協定」は、二以上の当事者が一定の事項について合意の
上取り決めること、又はその取り決めたものを意味する。
・「協約」は、対等の複数当事者間において約定される、権
利義務に関する一般的抽象的な条項を示す契約を意味す
る。
・「条約」は、国家間、国家と国際機関の間又は国際機関相
互間において文書の形式により締結され、国際法によって
規律される国際的な合意を意味する。

法律類語

協定

「協定」は、二以上の当事者が一定の事項について合意の上取り決
めること、又はその取り決めたものを意味する場合に用いる。

協定は、書面によって行われることが一般的であるが、口頭により
行われるものもある。

「協定」は、合意の過程において当事者等による交渉が行われ、か
つ、基本的事項を定めるものである場合などに多く用いられている。

国家間の文書による合意についても、「協定」が用いられる。その国
際法上の性質及び効力は、条約と異ならないが、「条約」と比べて、比
較的専門的な国家間の取決めの名称に用いられることが多い。また、
行政府限りで実施することができる事柄のみを内容とし、日本国憲法
73条の国会の承認を要することなく締結することができると解されて
いる国際的な合意として「行政協定」と呼ばれるものもある。

第Ⅱ編　用字用語の使い分け

> **例**
>
> ・景観協定（景観法81条１項前段）　建築協定（建築基準法70条１項）　地域的な包括的経済連携協定　日本国とアメリカ合衆国との間の貿易協定

協約

「協約」は、私法上又は行政法上、対等の複数当事者間において約定される、権利義務に関する一般的、抽象的な条項を示す契約を意味する場合に用いる。

国際的な合意について用いられる例もある。

> **例**
>
> ・労働協約（労働組合法14条）　団体協約（森林組合法９条２項15号）　組合協約（商工組合法17条７項）　国際貿易統計作成ニ関スル協約

条約

「条約」は、国際法上、国家間、国家と国際機関の間又は国際機関相互間において文書の形式により締結され、国際法によって規律される国際的な合意（国際約束）を意味する場合に用いられる。「条約」のほか、「協定」、「規約」、「憲章」等が用いられることもある。

なお、日本国憲法73条３号により国会の承認を必要とする「条約」の範囲は、①国会の立法権に制約を課する内容（法律事項）を含む国際約束、②既に予算又は法律で認められている以上に財政支出義務を負う内容を含む国際約束、③国家間の基本的な関係を法的に規定するという意味で政治的に重要な国際約束であって、そのため批准を発効の要件としているもの、のいずれかに当たるものとされており（いわゆる「大平三原則」）、意味する範囲は狭い。

一方で、日本国憲法98条の「条約」のように、全ての国際約束を広く指す場合もある。

220 第Ⅱ編 用字用語の使い分け

例

・<u>条約</u>を締結すること。但し、事前に、時宜によつては事後に、国会の
　承認を経ることを必要とする。　　　　　　　　（日本国憲法73条3号）
・日本国が締結した<u>条約</u>及び確立された国際法規は、これを誠実に遵守
　することを必要とする。　　　　　　　　　　（日本国憲法98条2項）
・<u>条約</u>その他の国際約束の締結に関すること。
　　　　　　　　　　　　　　　　　　　　（外務省設置法4条1項4号）

説　　明

　いずれも二以上の当事者により合意されたものを意味するが、「協
定」や「協約」は、国内法の用語としても用いられるのに対し、「条約」
は国際法上の国家間、国家と国際機関の間又は国際機関相互間の合意
を指す場合に用いられる。

　「条約」と国家間の「協定」は、その意味内容はほぼ同じであるが、
国会の承認を要しない「行政協定」としての性格を有する場合があり、
その判断は名称ではなく、内容に応じて判断されるものであるため、
注意が必要である。

第Ⅱ編　用字用語の使い分け　　221

〔68〕　共同／協同／協働

ポイント

・「共同」は、二人以上の者が同一の行為を協力して行うことや、同一の立場にある者が同一の行為に関わることを意味する。
・「協同」は、同一の目的の下、相互扶助の精神により二人以上の者が同じ行為をすることを意味する。
・「協働」は、二人以上の者が協力して働くことを意味する。

同音異義語

共同

「共同」は、①二人以上の者が力を合わせること、②二人以上の者が同一の資格で関わることを意味する場合に用いる。

例

・災害予防責任者は、法令又は防災計画の定めるところにより、それぞれ又は他の災害予防責任者と共同して、防災訓練を行なわなければならない。　　　　　　　　　　　　　　　（災害対策基本法第48条第1項）
・未成年後見人が数人あるときは、共同してその権限を行使する。
　　　　　　　　　　　　　　　　　　　　（民法857条の2第1項）

協同

「協同」は、ともに心と力を合わせ、助け合って仕事をすることを意味する場合に用いる。なお、「中小企業者、農民、漁民、消費者等が、相互扶助の精神に基づき、協同してその事業活動の発達、経済的社会

的地位の向上を図ることを得ることを目的として組織する団体」のことを「協同組合」といい、特別法が定められているものもある。

例

- この法律は、中小規模の商業、工業、鉱業、運送業、サービス業その他の事業を行う者、勤労者その他の者が相互扶助の精神に基き<u>協同して</u>事業を行うために必要な組織について定め、これらの者の公正な経済活動の機会を確保し、もつてその自主的な経済活動を促進し、且つ、その経済的地位の向上を図ることを目的とする。

（中小企業等協同組合法1条）

- 日本商工会議所を設立するには、各都道府県内における一以上の商工会議所が<u>協同して</u>発起人となることを要する。

（商工会議所法67条1項）

協働

「協働」は、協力して働くことを意味する。行為の内容が働くことに特定されている点に特色がある。

例

国、独立行政法人、地方公共団体、学校、スポーツ団体及び民間事業者その他の関係者は、基本理念の実現を図るため、相互に連携を図りながら<u>協働する</u>よう努めなければならない。 （スポーツ基本法7条）

説　明

いずれも複数の者が関わって行為をする場合に用いられるが、「共同」は複数の者が同一の行為をする場合に幅広く用いるのに対し、「協同」は相互に助け合う精神の下に複数の者が行為を行う場合に用い、「協働」は同一の目的の下に複数で働く場合に用いられることが多い。

第Ⅱ編　用字用語の使い分け　　223

〔69〕　強迫／脅迫

ポイント

・「強迫」は、民法上の概念であり、他人に害悪を示して畏怖を生じさせ、これにより自由な意思の決定を妨げる違法な行為を指す。

・「脅迫」は、刑法上の概念であり、相手方を畏怖させる目的で行われる害悪の告知を指す。

法律類語　同音異義語

強迫

　民法上の概念であり、他人に害悪を示し、畏怖を生じさせ、これによりその人の自由な意思の決定を妨げる違法な行為を指す場合に用いる。

　この畏怖に基づいてされる意思表示を「強迫による意思表示」といい、瑕疵ある意思表示として取り消すことができ、強迫があったことを知らない（善意の）第三者であっても対抗することはできない。

　ただし、法令上、強迫により株式・出資の引受けや基金の拠出をした場合について取消しができないとされている場合もあるため、留意する必要がある。

例

・詐欺又は強迫による意思表示は、取り消すことができる。

（民法96条 1 項）

・詐欺又は強迫によって婚姻をした者は、その婚姻の取消しを家庭裁判所に請求することができる。　　　　　　　　　　（民法747条）

・発起人は、株式会社の成立後は、錯誤、詐欺又は強迫を理由として設

立時発行株式の引受けの取消しをすることができない。

(会社法51条2項)

脅迫

　刑法上の概念であり、相手方を畏怖させる目的で行われる害悪の告知を指す場合に用いる。

　刑法上「脅迫」が構成要件となっている犯罪は、様々なものがあるが、犯罪の構成要件としての脅迫の程度や方法については、それぞれの犯罪に応じて異なっている。

　例えば、公務執行妨害罪（刑法95条）や騒乱罪（刑法106条）における「脅迫」は、人に畏怖心を生じさせるに足りる害悪を告知する行為の一切を意味し、その害悪の内容、性質、告知の方法のいかんを問わず、相手方が畏怖心を生じたかどうかにかかわらない（広義の「脅迫」）。

　これに対して、脅迫罪（刑法222条）や強要罪（刑法223条）における「脅迫」は、相手方又はその親族の生命、身体、自由、名誉又は財産に対し、人を畏怖させるに足りる害を加える旨を告知することを要する。ただし、相手方を畏怖させる程度のものであれば足り、現実に畏怖させることは要しない（狭義の「脅迫」）。

　不同意わいせつ罪（刑法176条）や強盗罪（刑法236条）の「脅迫」は、害悪を加えることを示す程度が、相手方の犯行を抑圧し、又は著しく困難にする程度のものであることを要する（最狭義の「脅迫」）。

例

・公務員が職務を執行するに当たり、これに対して暴行又は脅迫を加えた者は、三年以下の懲役若しくは禁錮又は五十万円以下の罰金に処する。

(刑法95条1項)

・暴行又は脅迫を用いて他人の財物を強取した者は、強盗の罪とし、五年以上の有期懲役に処する。

(刑法236条1項)

第Ⅱ編　用字用語の使い分け　　225

・生命、身体、自由、名誉又は財産に対し害を加える旨を告知して人を
　脅迫した者は、二年以下の懲役又は三十万円以下の罰金に処する。

（刑法222条1項）

・生命、身体、自由、名誉若しくは財産に対し害を加える旨を告知して
　脅迫し、又は暴行を用いて、人に義務のないことを行わせ、又は権利
　の行使を妨害した者は、三年以下の懲役に処する。　（刑法223条1項）

説　　明

　いずれも他人に害悪を示し、畏怖を生じさせるという行為に関わる
用語であるが、民事法では「強迫」、刑事法では「脅迫」が用いられ、
それぞれが具体的に意味する内容が異なるため、場面に応じて使い分
けることが必要である。例えば、民事上の取引における意思表示の取
消しが問題となっている場合には「強迫」を用い、刑事上の犯罪とし
ての処罰が問題となっている場合には「脅迫」を用いることとなる。

226　　　　第Ⅱ編　用字用語の使い分け

〔70〕　許可／認可／免許

ポイント

・「許可」は、行政法上は、法令による特定の行為の一般的禁止を特定の場合に解除し、適法にこれをすることができるようにする行政行為を意味する。
・「認可」は、行政法上は、第三者の法律的行為の効力を補充し、その法律上の効力を完成させる行政行為を意味する。
・「免許」は、①一般的に禁止されている行為について、法令に基づき公の機関が特定の場合に解除することや、②法令により国家の権利に属する行為につき、特定の者にその行為をする権利を付与することを意味する。
・上記のいずれの用語も、法令上、上記の意味に限定して用いられるものではなく、個別の規定ごとに意味内容を判断する必要がある。

法律類語

許可

　「許可」は、行政法上は、法令による特定の行為の一般的禁止を特定の場合に解除し、適法にこれをすることができるようにする行政行為を意味する場合に用いる。

　許可を受けないでその行為をしたときは、その効果は、処罰の原因となることはあるが、その行為の法律上の効力と直接関係するものではないため、無効とはならないのが通例である。

　ただし、実際の法令上は、「認可」や「特許」の意味で「許可」という用語が用いられる例もある。

例

・労働者派遣事業を行おうとする者は、厚生労働大臣の<u>許可</u>を受けなけ

第Ⅱ編　用字用語の使い分け　　　227

ればならない。

　　　（労働者派遣事業の適正な運営の確保及び派遣労働者の保護等に関す
　　　る法律５条１項）

・普通地方公共団体の議会の議長及び副議長は、議会の許可を得て辞職
することができる。　　　　　　　　　　　　　　　　（地方自治法108条本文）

認可

　「認可」は、行政法上は、第三者の法律的行為の効力を補充し、その法律上の効力を完成させる行政機関等の同意を意味する場合に用いる。

　認可によってその効力が補充される法律上の行為は、私法上の法律行為である場合もあり（銀行法30条）、公法上の行為である場合もある（土地改良法５条）。

　認可は法律的行為の効力要件であるから、認可を受けずにした行為は原則として無効である。

　認可をする行政機関等の恣意を防ぐ観点から、各法令において、認可の基準を定めたり、認可に当たって審議会の諮問を経ることを要することとする例もある。

　実際の法令上は、このような「認可」の意味で「許可」等の語が用いられることもあり、また、講学上の許可、特許等の意味でこの語が用いられることもある。

例

・銀行を全部又は一部の当事者とする合併……は、内閣総理大臣の認可
を受けなければ、その効力を生じない。　　　　　　　（銀行法30条１項）

・……都道府県知事の認可を受け、その地域について土地改良区を設立
することができる。　　　　　　　　　　　　　　（土地改良法５条１項本文）

免許

　「免許」は、①法令上、講学上の「許可」、すなわち一般的に禁止されている行為について、法令に基づき公の機関が特定の場合に解除す

ることを意味する場合（医師法、薬剤師法など）で用いられるときと、
②法令上、講学上の「特許」、すなわち、法令により国家の権利に属す
る行為につき、特定の者にその行為をする権利を付与することを意味
する場合（漁業法、公有水面埋立法など）で用いられるときがある。

　免許を受けずに、それぞれの行為をしたときは、処罰されるのが通
常である。

例

- 医師になろうとする者は、医師国家試験に合格し、厚生労働大臣の免
  許を受けなければならない。　　　　　　　　　　　　（医師法2条）
- 前項の免許を受けた者は、当該漁業権を取得する。　　（漁業法69条）
- 埋立ヲ為サムトスル者ハ都道府県知事……ノ免許ヲ受クヘシ
  　　　　　　　　　　　　　　　　　　（公有水面埋立法2条1項）

説　明

　一般的に、「許可」は特定の行為の一般的な禁止を特定の場合に解除
し、適法にこれをすることができるようにする行為を指し、許可を受
けずにした行為は、違法な行為として処罰の対象となる一方で、法的
な効力には影響を与えないとされている。

　これに対し、「認可」は、第三者の法律的行為の効力を補充し、その
法律上の効力を完成させる行政機関等の同意を指し、認可を受けずに
した行為は、原則として無効となる一方で、処罰の対象とされること
は少ない。また、「免許」については、「許可」と同義の意味で用いら
れる場合と、「特許」の意味で用いる場合とがあるが、いずれの場合も、
免許を受けずにした行為は、処罰の対象となる。

　このように、講学上は、それぞれの用語ごとに効果の内容や処罰の
有無などは異なるが、実際の法令では、「認可」を「許可」の意味で用
いたり、「許可」を「特許」「免許」の意味で用いたりすることもある
ため、個々の法令の規定に照らして意味内容を検討する必要がある。

第Ⅱ編　用字用語の使い分け　　229

〔71〕　下さい／ください

ポイント

・いずれも相手にある物、物事を請い求めることなどを意味
する。動詞の場合は漢字を用いて「下さい」と書き、補助
動詞の場合は「……て（で）ください」と平仮名で書く。

漢字・仮名（品詞）　令4公用文作成考え方、平23送り仮名用例、平22公用文漢
字使用等

下さい

　相手にある物、物事を請い求める意味の「くれ」の尊敬・丁寧表現
であり、実際の動作・状態を表す動詞として用いる場合に使う。

例

> 時間を下さい　資料を下さい

ください

　相手にある物、物事を請い求める意味で補助動詞として用いる場合
に使う。

例

> 問題点を話してください　ご指導ください　お座りください

説　　明

　公用文作成においては、動詞・形容詞などを補助的な用法で使う場
合には仮名を用い、実際の動作・状態等を表す場合は漢字を用いるこ
とが原則となっている。官公庁への提出書類の記入要領などで「記入
して下さい」と「記入してください」とする両例が見られるところで
あるが、本来は「記入してください」と書くことが適当である。

〔72〕 国／政府／国庫

ポイント

・「国」は、国家を法律上の権利義務の主体として表す場合に用いられることが多く、「政府」は、内閣及びその統轄の下にある行政機関の全体を表す場合に用いられることが多い。

・「国庫」は、財産権の主体として見た場合の国を指すものである。

法律類語

国

多義的に用いられるものではあるものの、法令も含む公用文では、国家を法律上の権利義務の主体として表す場合に用いられるのが一般的である。その場合の国家は、一定の領土に定住する人々（国民）から成る統治権を有する団体を指す。通常、「国」という場合には日本国を意味することが多いが、「国籍を有する国」「その属する国」などのように外国を意味するものとして用いられる場合もある。

例

我が国　国の政策（施策）　国の財政　国の機関　国旗　国の支援　国の役割　国の責務　国の計画　国が行う事業　国が負担する　国と地方公共団体との役割分担

政府

立法・行政・司法の各機関を含む国の統治機関を指すものとして用

第Ⅱ編　用字用語の使い分け　231

いられることもあるが、通常は、内閣及びその統括の下にある行政機
関を総括した意味（行政府）で用いられることが多い。

例

日本国政府　外国政府　政府が講じた施策　政府の措置　政府の援助
政府保証　政府の出資　政府広報　政府は……基本方針（基本計画）を
定めなければならない

国庫

財産権の主体として見た場合の国家を指すものである。

例

国庫に納付する　国庫に帰属する　国庫が補助する　国庫負担　国庫金
国庫納付金

説　明

　「国」と「政府」は、公用文で頻繁に用いられる用語であり、また、
多義的な用語ではあるが、「国」は、国家を法律上の権利義務の主体と
して表す場合に用いられるのが通例であるのに対し、「政府」は、内閣
及びその統括の下にある行政機関を総括した意味で用いられることが
多い。

　他方、「国庫」は、財産権の主体として見た場合の国家を指し、上記
の例のように、その用例も定まっているといえる。

　なお、「国家」は、日本国憲法、国会法、教育基本法などこれを単独
で用いられることもあるが、「国家公務員」「国家機関」「国家戦略」「国
家賠償」「国家試験」などのように複合語で用いられることが多い。

＜MEMO＞

　国の機関を網羅的に示す場合に用いられるものとして「各省各庁」と

いう用語があり、主に財政、国家公務員等の法令などで用いられている。その範囲については、定義されることも多いが、衆議院、参議院、裁判所、内閣、内閣府、各省、会計検査院等が含まれる。やや、特殊な用語であり、また、国会と裁判所を除いた国の行政機関を表す「各府省」「府省」、「各省庁」「省庁」などとの使い分けも紛らわしい。

　特定の分野の法令、告示・通達等では「各省各庁」が上記の意味で用いられるとしても、それ以外の場合に、国の各機関を表す場合には、「国の機関」を用いたり、国の各機関を列挙したりすることになるのではないかと思われる。

〔73〕 位／くらい

> **ポイント**
> ・地位、身分、称号など名詞の場合は漢字を用いて「位」と書き、程度・限度を示す助詞の場合は、「くらい・ぐらい」と平仮名で書く。

漢字・仮名（品詞）　令4公用文作成考え方、平23用字用語例、平23送り仮名用例、平22法令漢字使用等、平22常用漢字

位（位する）

「位」は、その物の置かれた場所や立場、官職などにおける地位や身分、階級、称号、物の等級、芸術作品の品位を意味する名詞として用いる場合には、漢字で書く。また、その地位や場所を占めるという意味の動詞で用いる場合は、「位する」と漢字で書く。

例

・位置　即位　地位　各位　三位一体
・位が高い　百の位
・位取りを間違える
・業界トップに位する　本州のほぼ中央に位する
・首都圏と近畿圏の中間に位する地域　　　　　（中部圏開発整備法1条）

くらい（ぐらい）

ほど、ばかりを意味する。体言、活用語の連体形、格助詞などに付いて、大体の程度、限度、分量の基準、範囲を表す助詞として用いる場合には、仮名で書く。

例

70歳くらいまで　20歳ぐらいの人　どのくらい　これくらい

234　第Ⅱ編　用字用語の使い分け

説　明

　「位」は常用漢字表に記載されている漢字であるが、名詞として使う場合に「位」を用い、助詞として用いる場合には仮名で書くこととされている。また、その地位や場所を占めるという動詞で用いる場合は漢字の「位する」を用いる。

第Ⅱ編　用字用語の使い分け　　235

〔74〕　来る／くる

ポイント

・「来る」は、実際の動作・状態等を表す場合に用いる。
・「くる」は、動詞の補助的な用法の場合に用いる。

漢字・仮名〔品詞・用法〕　平22公用文漢字使用等、平23用字用語例、平22常
用漢字、昭48送り仮名付け方、平23送り仮名用例

来る

実際の動作・状態等を表す場合は漢字を用いる。

語幹と活用語尾との区別がつかない動詞の一例であり、送り仮名は
「来る」のように送ることとされている。

なお、連体詞で「来る」（きたる）を用いる場合も、漢字で書く。

例

・出来心　人が来る　東から来る　順番が来る
・理容所に来る　　　　　　　　　　　　　　　　（理容師法施行令）
・来る〇日に開催する

くる

「……してくる」、「寒くなってくる」など、動詞の補助的な用法と
して使う場合には、仮名を用いる。

例

・緊急に講ずることが必要となってくる
　　　　　　　　　　（ホームレスの自立の支援等に関する基本方針）
・地域ごとに介護需要も異なってくる
（介護保険事業に係る保険給付の円滑な実施を確保するための基本的な方針）

第Ⅱ編　用字用語の使い分け

> ### 説　　明
>
> 　「来」は常用漢字表にある漢字であるが、実際の動作や状態を表す場合には「来る」を用い、動詞を補助的に使う場合（補助動詞）には「くる」を用いるというように、両者は使い分ける。なお、連体詞として用いる場合も「来る」を用いるが、読みが異なる。

第Ⅱ編　用字用語の使い分け　237

〔75〕　契約／約定／約款／約束

ポイント

・「契約」は、相対立する二つ以上の意思表示の合致（合意）によって成立する法律行為を意味する。
・「約定」は、合意によって二人以上の間にある事項を取り決めることを意味するが、数額に関する取決めの場合に用いられることが多い。
・「約款」は、事業者が不特定多数の者と同じ契約をする際に用いる定型的な契約条項を指す場合に用いられることが多い。
・「約束」は、相手に対し、又は互いに、取決めを行うことや、その取決めの内容を意味する。

法律類語

契約

「契約」は、相対立する二つ以上の意思表示の合致（合意）によって成立する法律行為を意味する場合に用いる。

「契約」には、贈与（民法549条）、売買（民法555条）、消費貸借（民法587条）、賃貸借（民法601条）、雇用（民法632条）など民法で定められる典型契約のほか、民法には定められていない非典型契約（秘密保持契約、リース契約、ライセンス契約など）も存在する。

同じく意思表示を要素とする法律行為であっても複数の意思表示を必要とする点で「解除」や「遺言」などの単独行為と異なり、相対立する意思表示から成立するものであることから合同行為と異なる。

契約の成立には、法令に特別の定めがある場合を除き、書面の作成その他の方式を具備することを要しない（民法522条2項）。

例

何人も、法令に特別の定めがある場合を除き、契約をするかどうかを自由に決定することができる。 (民法521条1項)

約定

　合意によって二人以上の間にある事項を取り決めることを意味する場合に用いる。

　「約する」や「約束する」という用語と同様の意味ではあるが、「約定」の用語は、特に、金額、利率、期間その他数額をもって表示することができる事項について用いることが多い。

　また、国際条約の題名として「郵便送金業務に関する約定」、「貯金の国際業務に関する約定」などと用いる例もある。

例

・約定利率が法定利率を超えるときは、約定利率による。
(民法419条1項ただし書)
・保証人は、その保証債務についてのみ、違約金又は損害賠償の額を約定することができる。 (民法447条2項)

約款

　「約款」は、一般的には、契約に定められている個々の条項を意味する場合に用いるが、銀行預金契約・保険契約・運送契約など不特定多数の者を相手方として結ばれる契約を画一的かつ迅速に処理するため、事業者によりあらかじめ定型的な内容が定められている契約、特に付合契約の条項を意味する場合に用いることが多い。

　民法では、約款が「定型約款」（定型取引において、契約の内容とすることを目的としてその特定の者により準備された条項の総体）となるための要件や効果を規定している（民法548条の2～548条の4）。

　法令上は、「運送約款」、「利用運送約款」、「普通保険約款」、「倉庫寄

託約款」などが定められているが、公衆の利益等を保護する観点から、約款の制定について主務大臣の認可を要するなど国が関与することとされているものが多い。

例

・法人は、法令の規定に従い、定款その他の<u>基本約款</u>で定められた目的の範囲内において、権利を有し、義務を負う。　　　　　（民法34条）
・旅行業者は、旅行者と締結する旅行業務の取扱いに関する契約に関し、<u>旅行業約款</u>を定め、観光庁長官の認可を受けなければならない。

（旅行業法12条の2第1項前段）

約束

相手に対し、又は互いに、取決めを行うことや、その取決めの内容を意味する場合に用いる。

例

職員……は、離職後に営利企業等の地位に就くことを<u>約束</u>した場合には、……届け出なければならない。　　　（国家公務員法106条の23）

説　明

いずれも相手方との間の取決めをすることを意味するが、「契約」は相対立する二つ以上の意思表示の合致によって成立する法律行為を指すものとして一般的に広く用いられるが、「約定」は、数額をもって表示することができる事項などに関する取決めをする場合に用いられることが多い。

また、「約款」は不特定多数の者との契約のための定型的な契約条項について用いられることが多い。

なお、「約束」は、法律行為に限らず、相手方との合意を指す場合に広く用いられる。

〔76〕 血族／親族／姻族

ポイント

- 「血族」は、同じ祖先をもつ血縁関係にある者（自然血族）及び法律上これと同視される者（法定血族）を意味する。
- 「親族」は、一定の血族の者と婚姻によって生じる一定の続柄の者の総体を意味するが、民法は、六親等以内の血族、配偶者及び三親等内の姻族を親族と規定している。
- 「姻族」は、婚姻によってできた親戚を意味する。

法律類語

血族

同じ祖先をもつ血縁関係にある者（自然血族）及び法律上これと同視される者（法定血族）を意味する場合に用いる。

民法上、法定血族関係は、養子縁組によって発生し、離縁によって消滅すると定められている。六親等以内の血族は親族となると定められている。

自然血族の中でも、親子、祖父母孫を直系血族、兄弟姉妹などを傍系血族というとされている。

例

- 直系血族及び同居の親族は、互いに扶け合わなければならない。

（民法730条）

- 直系血族又は三親等内の傍系血族の間では、婚姻をすることができない。ただし、養子と養方の傍系血族との間では、この限りでない。

（民法735条）

親族

　「親族」は、一定の血族の者と婚姻によって生じる一定の続柄の者の総体を意味する場合に用いる。民法上は、六親等内の血族、配偶者及び三親等内の姻族を親族と規定している（民法725条）。

例

・三親等内の親族間においても扶養の義務を負わせることができる。
（民法877条2項）

・扶養親族　　　　　　　　　　　　　　　　　　（所得税法2条34号）

姻族

　「姻族」は、婚姻によってできた親戚を意味する場合に用いる。具体的には、ある人から見て、その配偶者の血族及び自己の血族の配偶者を指す。民法は、三親等までの姻族を親族としている（民法725条）。

　姻族関係とは、当人とその配偶者の父母とか当人とその兄弟の配偶者との間柄のように、配偶者の血族又は血族の配偶者との間柄を意味する。婚姻によって発生し、離婚によって当然に終了する。ただし、夫婦の一方が死亡した場合は、生存配偶者が姻族関係終了の意思表示をして初めて終了する（民法728条）。

例

被害者の法定代理人が被疑者であるとき、被疑者の配偶者であるとき、又は被疑者の四親等内の血族若しくは三親等内の姻族であるときは、被害者の親族は、独立して告訴をすることができる。　（刑事訴訟法232条）

説　明

　「血族」は、同じ祖先をもつ血縁関係にある者（自然血族）及び法

律上これと同視される者（法定血族）をいい、「姻族」は、婚姻によってできた親戚をいう。

「親族」は、これらの「血族」と「姻族」のうち、一定の者の総体を指している。

民法では、六親等以内の血族、配偶者及び三親等内の姻族を親族と規定し、扶養義務を負う範囲や相続人の範囲等について親族を基準とした定めを置いている。

扶養義務については、「血族」のうち直系血族及び兄弟姉妹は互いに扶養する義務があるが、特別の事情があるときは、家庭裁判所は三親等内の親族間においても扶養義務を負わせることができることとなっている（民法877条）。

相続については、配偶者が常に相続人となり（民法890条）、被相続人の子（又はその代襲相続人）と同順位となる（民法887条1項、890条）。

配偶者も子がないときは、被相続人の直系尊属、非相続人の兄弟姉妹の順で法定相続人となる（民法889条）。

このほか、後見開始の審判（民法7条）の請求は、配偶者や四親等内の親族ができることとされている。

また、民法以外の法令においても、例えば、健康保険法の被扶養者の範囲については、被保険者の直系尊属、配偶者、子、孫及び兄弟姉妹かどうか、同一世帯に属する三親等以内の親族かどうかが基準とされているなど、親族や血族、姻族かどうかに着目した様々な規定が定められている。

第Ⅱ編　用字用語の使い分け　　　243

〔77〕　原本／正本／抄本／謄本／副本／複本

ポイント

・「原本」は、一定の内容を表示するために確定的なものとして作成される文書を意味する。
・「正本」は、①謄本の一種であり、権限のある者により原本と同一の効力を有するものとして作成されるものを意味する場合と、②原本のうち本来の目的に用いるための文書を意味する場合とがある。
・「抄本」は、原本と同一の文字、符号を用いて原本の一部を写し取った書面を意味する。
・「謄本」は、原本と同一の文字、符号を用いて原本の内容の全部を写し取った書面を意味する。
・「副本」は、文書の本来の目的以外に用いるために、「正本」のほかに同一内容の文書が作成される場合における、その文書を意味する。
・「複本」は、同一の手形関係又は小切手関係を表すために作成される同一内容の数通の手形又は小切手を意味する。

法律類語

原本

「原本」は、一定の内容を表示するために確定的なものとして作成される文書を意味する場合に用いる。例えば、判決書の「原本」、為替手形の「原本」、公正証書の「原本」などと用いられる。

例

・判決書の原本　　　　　　　　　　　　　　　　　　（民事訴訟法252条）
・公正証書の原本　　　　　（刑法157条１項、公正証書原本不実記載罪）

244　　第Ⅱ編　用字用語の使い分け

正本

　「正本」は、①謄本の一種であり、特に法令の規定がある場合に、権限のある者により原本と同一の効力を有するものとして作成されるものを意味する場合と、②「副本」に対する語を意味する場合に用いる。

　①の場合としては、法令の規定により原本を一定の場所に保存することが必要とされている文書について、その文書の効力を他の場所で生じさせる必要がある場合に、原本と同一の効力を有するものとして作成される。

　②の場合としては、戸籍法8条の「正本」などがあり、この場合の「正本」は「原本」と同じ意味を持つ。

例

　・証書ノ正本（公証人法47条1項）　保全命令の正本（民事保全法43条）
　・戸籍は、正本と副本を設ける。　　　　　　　　　　　（民法8条1項）

抄本

　「抄本」は、原本と同一の文字、符号を用いて原本の一部を写し取った書面を意味する場合に用いる。

例

　・戸籍の謄本若しくは抄本（戸籍法10条1項）　選挙人名簿の抄本（公職選挙法19条4項）　裁判書又は裁判を記載した調書の謄本又は抄本（刑事訴訟法46条）

謄本

　「謄本」は、原本と同一の文字、符号を用いて原本の内容の全部を写し取った書面を意味する。

第Ⅱ編　用字用語の使い分け　　245

　「謄本」のうち、裁判所書記官、市町村長、公証人その他権限のある機関が原本の内容である旨の認証をしたものは、いわゆる「認証謄本」と呼ばれ、「原本」又は「正本」と同様に取り扱われることがある（民事訴訟規則143条１項、公証人法58条２項、商業登記法19条）。

例

・証書又ハ其ノ附属書類ノ謄本（公証人法51条１項）　起訴状の謄本（刑事訴訟法271条１項）
・官庁の許可を要する事項の登記を申請するには、申請書に官庁の許可書又はその認証がある謄本を添附しなければならない。

（商業登記法19条）

副本

　「副本」は、文書の本来の目的以外に用いるために、「正本」のほかに同一内容の文書が作成される場合に、その文書を意味する場合に用いる。

　正本も副本もいずれも原本であり、最初から正本と同一内容のものとして作られるが、正本が主、副本が従という位置付けである。

例

・戸籍は、正本と副本を設ける。　　　　　　　　　　　（戸籍法８条１項）
・正本は、これを市役所又は町村役場に備え、副本は、管轄法務局若しくは地方法務局又はその支局がこれを保存する。　　（戸籍法８条２項）

複本

　「複本」は、同一の手形関係又は小切手関係を表すために作成される同一内容の数通の手形又は小切手を意味する場合に用いる。複本は、それぞれ独立した証券であり、その間には主従や優劣の関係はなく、いずれも証券の原本となるものである。

246 第Ⅱ編 用字用語の使い分け

例

① 為替手形ハ同一内容ノ数通ヲ以テ之ヲ振出スコトヲ得

② 此ノ複本ニハ其ノ証券ノ文言中ニ番号ヲ附スルコトヲ要ス之ヲ欠ク
トキハ各通ハ之ヲ各別ノ為替手形ト看做ス

③ 一通限ニテ振出ス旨ノ記載ナキ手形ノ所持人ハ自己ノ費用ヲ以テ複
本ノ交付ヲ請求スルコトヲ得……

（手形法64条）

説　明

　「原本」は、謄本、正本又は抄本の基になる文書で、一定の内容を
表示するため、確定的なものとして最初に作成した文書を意味する場
合に用いる。

　正本、副本及び複本については、原本と同一の効力を有する文書と
して位置付けられるのが通常である、正本と副本の間には主従がある
が、複本の間には優劣はない。

　謄本及び抄本は、原本の全部又は一部を写し取った文書であり、一
定の手続を経た場合には、原本と同一の効力が認められる場合がある。

〔78〕 権利／権限／権原／権能

ポイント

・「権利」は、実体法秩序により認められている、一定の利益を権利のために主張し、享受することができる力を意味する。
・「権限」は、国、地方公共団体又は法人の機関や代理人あるいは個人の代理人が、法律上又は契約上それぞれの持つ職務の範囲内において、することのできる行為又は処分の能力の限界若しくは範囲を意味する。
・「権原」は、ある法律行為又は事実行為をすることを正当ならしめる法律上の原因を意味する。
・「権能」は、法律上認められている能力を意味する。

法律類語

権利

「権利」は、法律上保障されている、一定の利益を権利のために主張し、享受することができる力を意味する場合に用いる。

私法関係において認められる権利（私権）としては、物権、債権、親族権などがあり、公法関係において認められる権利（公権）としては、財産権、警察権、刑罰権などの国家的公権や、選挙権その他の参政権、訴権その他の受益権及び自由権などの個人的公権がある。

例

・権利の行使及び義務の履行は、信義に従い誠実に行わなければならない。 　　　　　　　　　　　　　　　　　　　　　　　　　（民法1条2項）
・道路を構成する敷地、支壁その他の物件については、私権を行使することができない。但し、所有権を移転し、又は抵当権を設定し、若しくは移転することを妨げない。 　　　　　　　　　　　　　（道路法4条）

権限

「権限」は、国、地方公共団体、法人又は個人の機関や代理人が、法令上又は契約上それぞれの有する職務の範囲内において、することのできる行為若しくは処分の能力又は行為若しくは処分の能力の限界若しくは範囲を意味する場合に用いる。

例えば、「各大臣の権限」、「都道府県知事の権限」、「代理人の権限」などと用いられる。これらの機関又は代理人は、法令上又は契約上その与えられた権限の範囲内においてのみ行為又は処分の能力を有するものであるから、権限を越えた行為又は処分は、原則として、無効又は不存在のものとなる。

例

内閣総理大臣は、この法律に規定する内閣総理大臣の権限……をこども家庭庁長官に委任する。　　　　　　　　　（児童福祉法59条の8第1項）

権原

「権原」は、ある法律行為又は事実行為をすることを正当ならしめる法律上の原因を意味する場合に用いる。民事法上、所有権者に対し、地上権、賃借権、質権等を有するものの法律関係を表す用語として多く用いられる。

例

・不動産の所有者は、その不動産に従として付合した物の所有権を取得する。ただし、権原によってその物を附属させた他人の権利を妨げない。　　　　　　　　　　　　　　　　　　　　　　　　　　（民法242条）
・この法律において「森林所有者」とは、権原に基き森林の土地の上に木竹を所有し、及び育成することができる者をいう。
　　　　　　　　　　　　　　　　　　　　　　　　　　　（森林法2条2項）

第Ⅱ編　用字用語の使い分け　　　249

権能

「権能」は、法律上認められている能力を意味する場合に用いる。

例

・国は、まだ掘採されない鉱物について、これを掘採し、及び取得する
　権利を賦与する<u>権能</u>を有する。　　　　　　　　　　　（鉱業法２条）
・貨幣の製造及び発行の権能は、政府に属する。
　　　　　　　（通貨の単位及び貨幣の発行等に関する法律４条１項）

説　　明

「権利」は、実定法において保障されている、一定の利益を権利の
ために主張し、享受することができる力を指す場合に用いられ、私法
上に限らず、公法上にも広く用いられている。

「権原」も、「権利」と意味内容は似ているが、「権原」は、ある法
律行為又は事実行為をすることを正当ならしめる法律上の原因である
ことを強調する場合に用いられる。

「権限」と「権能」も、どちらも法律上又は契約上認められている
能力に関するものであるが、「権限」が能力の範囲又は限界に力点を置
いた表現であるのに対し、「権能」は能力の内容又は作用に力点を置い
ている。

250　　第Ⅱ編　用字用語の使い分け

〔79〕　子／子供／児童

ポイント

・「子」は、親子関係における子を指し、「子供」は、自分の
　もうけた子を指すほか、一般的に幼い者や小児などを意味
　するものとしても用いられる。
・「児童」は、心身の発育の未熟な年少の者を指す。

類義語

子

　父母と自然的血縁関係にある実子及び縁組により法定の親子関係を
生じた養子を指し、総称するもの。成年に達しない子は、父母の親権
に服する。

例

・嫡出である子は、父母の氏を称する。　　　　　　　　（民法790条）
・国民は、その保護する子に、……普通教育を受けさせる義務を負う。
　　　　　　　　　　　　　　　　　　　　　　　（教育基本法5条1項）

子供

（1）　自分のもうけた子。

例

私の子供　子供を育てる　子供の教育

（2）　幼い者や小児など。

例

・子供の健康　子供用　子供服　子供の保護者

第Ⅱ編　用字用語の使い分け　251

- ・選挙人の同伴する子供（幼児、児童、生徒その他の年齢満十八年未満の者をいう。）は、投票所に入ることができる。

（公職選挙法58条2項）

（3）　「子供」については、法令も含め「子ども」、「こども」と表記されることも少なくなく、これらは「供」という漢字を用いないようにしたものといわれるが、その使い分けは必ずしも明らかではない。

例

- ・子どもの健やかな成長　子どもの読書活動　子どもの貧困対策
- ・この法律において「子ども」とは、十八歳に達する日以後の最初の三月三十一日までの間にある者をいい……。

（子ども・子育て支援法6条1項）

- ・認定こども園、こども家庭庁
- ・この法律において「こども」とは、心身の発達の過程にある者をいう。

（こども基本法2条1項）

児童

心身の発育の未熟な年少の者を指す。なお、学校教育では小学校に就学する者を「児童」とし、小学校に就学させる義務のある子は「学齢児童」と呼ばれるが、児童福祉等では18歳未満の者とされることが多い。

例

- ・児童の福祉　児童の権利　児童手当　児童虐待　児童相談所
　小学校の第〇学年の児童　児童書
- ・この法律で、児童とは、満十八歳に満たない者をいい、児童を左のように分ける。
　一　乳児　満一歳に満たない者
　二　幼児　満一歳から、小学校就学の始期に達するまでの者
　三　少年　小学校就学の始期から、満十八歳に達するまでの者

（児童福祉法4条1項）

第Ⅱ編　用字用語の使い分け

説　　明

　「子」と「子ども」は、親子関係にあるときの子を意味する場合にはほぼ同義に用いられ、その場合には年齢は問わないことになるが、「子供」が年少の者を指す場合には、一定年齢未満の者を意味し、その場合には「児童」とほぼ同義となることが少なくない。「子供」と「児童」は、漠然と年少の者を指す場合に用いられることもあるが、法令上はその範囲を明確にするために一定年齢未満の者と定義されて用いられることが多い。その場合、18歳未満の者と定義されるのが通例であるが、異なる場合もあるので注意を要する。

　また、「子供」については、上記のとおり「子ども」や「こども」といった表記の揺れが見られるが、その使い分けは明らかではなく、また、「児童」との使い分けも明らかとは言い難い。なお、こども基本法の制定に伴い、その基本理念を踏まえ、政府内において、「こども」の使用を推奨する動きもある。

＜MEMO＞

　年少の者や若年者を指す用語としては、このほか、「少年」、「年少者」、「未成年者」、「青少年」などがある。

　「少年」は、少年法、児童福祉法などで用いられているものであるが、何歳未満の者を指すのか一般的な基準はなく、それぞれの法令で定められているのが通例であり（例えば、少年法では20歳に満たない者）、労働基準法などで用いられている「年少者」も同様である。

　他方、「未成年者」は、民法上の成年年齢が18歳とされていることから、年齢が満18歳に達しない者をいう。

　「青少年」は、青少年の雇用の促進等に関する法律、青少年が安全に安心してインターネットを利用できる環境の整備等に関する法律、青少年健全育成条例などで用いられているもので、これも年齢に関する一般的な基準があるわけではなく、18歳未満の者などと定義されていること

第Ⅱ編　用字用語の使い分け　　　253

もあるが、定義をされずに青年と少年といった意味で用いられる場合には、おおむね 0 歳から30歳くらいまでの範囲の者を指すと説明されることがある。なお、子ども・若者育成支援推進法では、「青少年」ではなく「子ども・若者」が用いられている。

　「子供」、「児童」をはじめ以上の年少の者を指す用語については、分野や事柄に応じて、どの用語や表記を用いるかを判断することが必要となるが、いずれにしても、正確性を期し、その範囲を明確にする必要がある場合には、その年齢や範囲について特定ないし定義をしたり、注を付したりする必要がある。

254　　　第Ⅱ編　用字用語の使い分け

〔80〕 故意／過失

ポイント

・「故意」とは、自らの行為からある一定の結果が生ずることを知りながら、あえてその行為を行うことをいい、「過失」とは、結果が予見できたにもかかわらず不注意でそれを認識しない心理的な状態、あるいは結果の回避が可能だったにもかかわらず回避するための行為を怠ったことをいう。

法令用語

故意

　自らの行為によってある一定の結果が生ずることを知りながら、あえてその行為を行うことをいう。

　刑法では、故意のある行為を処罰するのが原則とされており（刑法38条）、民事法では、過失とともに不法行為責任の成立の要件とされている（民法709条）。

例

故意又は過失によって他人の権利又は法律上保護される利益を侵害した者は、これによって生じた損害を賠償する責任を負う。　　（民法709条）

過失

　結果が予見できたにもかかわらず不注意でそれを認識しない心理的な状態、あるいは、結果の回避が可能だったにもかかわらず回避するための行為を怠ったことをいう。

第Ⅱ編　用字用語の使い分け　　255

　刑法は、「罪を犯す意思がない行為は、罰しない。ただし、法律に特別の規定がある場合は、この限りでない」(刑法38条)と定めており、法律に特別の定めがある場合に限って、過失犯も処罰されることとしている。

　民事法では、故意とともに不法行為責任の成立の要件とされている(民法709条)。

例

・過失により人を死亡させた者は、五十万円以下の罰金に処する。

(刑法210条)

・故意又は過失によって他人の権利又は法律上保護される利益を侵害した者は、これによって生じた損害を賠償する責任を負う。

(民法709条)

説　　明

　日常用語では、故意は「わざと、意図的に」というような意味で、過失は「不注意、怠慢による誤り」というような意味で用いられるが、法令用語としての「故意」・「過失」は、刑罰が科されるかどうか、不法行為責任を負うかどうかなど、法律効果が発生するための重要な要件であることから、その意義については様々な議論が積み重ねられてきており、現在ではおおむね上記のような意味として理解されている。

　なお、刑法では、行為者が結果の発生を積極的に意図していた場合でなくとも、行為者が結果発生の可能性を認識し、その結果が発生してもかまわないと認容していた場合は、故意が成立するとされており(いわゆる「未必の故意」)、日常用語の故意とはやや意味が異なる場合もある。

〔81〕 公開／公表／発表

ポイント

・「公開」とは、一般の人が見ることができる状態において
ある事をすること、あるいは、ある事について広く一般の
人が参加できるようにすることをいう。
・「公表」とは、一般の人が広く知ることができるように、
ある事項を公に向けて発表することをいい、「発表」とは、
物事を世間一般に知らせることをいう。

法律類語

公開

公開とは、一般の人が見ることができる状態においてある事をすること、あるいは、ある事について広く一般の人が参加できるようにすることをいう。例えば、日本国憲法が定める国会の会議の公開、裁判の公開などで用いられている。

例

・両議院の会議は、公開とする。但し、出席議員の三分の二以上の多数で議決したときは、秘密会を開くことができる。

（日本国憲法57条１項）

・すべて刑事事件においては、被告人は、公平な裁判所の迅速な公開裁判を受ける権利を有する。　　　　　　（日本国憲法37条１項）

公表

公表とは、一般の人が広く知ることができるように、ある事項を公に向けて発表することをいう。公表の方法は様々であり、官報や公報への掲載、インターネットの利用などがある。

第Ⅱ編　用字用語の使い分け　　257

例

内閣総理大臣は、前項の規定による閣議の決定があったときは、遅滞なく、宇宙基本計画をインターネットの利用その他適切な方法により公表しなければならない。　　　　　　　　　　　　　　　　（宇宙基本法24条５項）

　なお、公表は、法令、命令、行政指導等に違反した場合の事実上の制裁として用いられることもある。

例

都道府県知事は、前項の規定による勧告をした場合において、当該勧告を受けた病院又は診療所の開設者又は管理者がこれに従わなかつたときは、その旨を公表することができる。　　　　　　　（医療法30条の12第３項）

発表

　発表とは、物事を世間一般に知らせることをいう。

例

気象庁は、気象、地象、地動、地球磁気、地球電気及び水象の観測の成果並びに気象、地象及び水象に関する情報を直ちに発表することが公衆の利便を増進すると認めるときは、放送機関、新聞社、通信社その他の報道機関（以下単に「報道機関」という。）の協力を求めて、直ちにこれを発表し、公衆に周知させるように努めなければならない。

　　　　　　　　　　　　　　　　　　　　　　（気象業務法11条）

説　　明

　「公表」も「発表」の一種であるが、「公表」の「公」が「おおやけ」という意味を有していることからもうかがわれるように、「公表」は、ある事項を公すなわち社会一般に広く知らせる場合に用いられる（国や地方公共団体が策定した計画、勧告に従わなかった企業名等）。国や地方公共団体が行う場合に用いられることも多いが、それらに限ら

れるものではなく、私人が世間一般に広く知らせる場合にも用いられている。

「発表」は、「公表」のように「公」に向けたものに限られないことから、より広い場面で用いることが可能である。なお、「発」は、弓から矢を放つことが語源であり、そこから、外部に出る、あらわれるという意味を持つことから、内側にあった事項を表に向けて出すというニュアンスを持つ。そのため、人々が知らないことを初めて知らせるというような場合には、公に向けたものであっても「発表」の方が適している場合もある（予報の発表、試験の合格発表等）。

「公開」は、見ようと思えば見ることができる状態に置くことであり、広く一般に積極的に知らせるという意味を持つ「公表」や「発表」と使い分けられている。例えば、請求があった場合に行政機関が情報を開示する制度は情報「公開」制度と呼ばれているのに対し、行政がホームページなどで広く情報を提供することは情報の「公表」と呼ばれている。

第Ⅱ編　用字用語の使い分け　　259

〔82〕　更改／更新／延長

ポイント

・「更改」とは、契約によって従前の債務に代えて、新たな
　債務を発生させることをいう。
・「更新」とは、①契約の存続期間が満了したときに、その
　契約を更に継続させること、②免許、許可、登録など有効
　期間の定めがある行政処分について、その期間の満了の際
　に、有効期間を延長する又は同一内容の新たな処分をする
　ことをいう。
・「延長」とは、期間、期限、長さ等を延ばすことをいう。

法律類語

更改

　契約によって従前の債務に代えて、新たな債務を発生させることを
いう。

例

当事者が従前の債務に代えて、新たな債務であって次に掲げるものを発
生させる契約をしたときは、従前の債務は、更改によって消滅する。
　　一　従前の給付の内容について重要な変更をするもの
　　二　従前の債務者が第三者と交替するもの
　　三　従前の債権者が第三者と交替するもの

（民法513条）

更新

　私法上は、契約の存続期間が満了したときに、その契約を更に継続

260 第Ⅱ編 用字用語の使い分け

させることをいう。

> 例

賃貸借の存続期間は、更新することができる。ただし、その期間は、更新の時から五十年を超えることができない。 （民法604条2項）

　また、免許、許可、登録など有効期間の定めがある行政処分について、その期間の満了の際に、有効期間を延長する又は同一の内容を持つ新たな処分をすることを更新ということがある。

> 例

免許証の有効期間の更新（以下「免許証の更新」という。）を受けようとする者は、当該免許証の有効期間が満了する日の直前のその者の誕生日の一月前から当該免許証の有効期間が満了する日までの間（以下「更新期間」という。）に、その者の住所地を管轄する公安委員会に内閣府令で定める様式の更新申請書……を提出しなければならない。

（道路交通法101条）

延長

　期間、期限、長さ等を延ばすことをいう。

> 例

国会の会期は、両議院一致の議決で、これを延長することができる。

（国会法12条）

説　明

　「更改」は、契約によって従前の債務に代えて、新たな債務を発生させるものであり、従前の債務はこれにより消滅する。すなわち、新たな債務は、従前の債務との同一性はなく、別の債務となる。また、「更新」や「延長」とは異なり、期限の到来とは関係がない概念である。

第Ⅱ編　用字用語の使い分け　　261

　「更新」は、契約や行政処分の期間・期限を延ばす、あるいは、同一の内容の新たな行政処分を行うものであり、従前の契約や行政処分と同一性がある又は同一の内容であることが特徴である。

　このように、従前の債務が消滅して新しい債務が発生するのが「更改」、従前の債務や処分と連続性があるのが「更新」と使い分けられる。

　これらに対し、「延長」は、法律用語として特殊な意味があるものではなく、日常用語と同様に、単に期間、期限、長さ等を延ばすことをいうものであり、幅広い場面で用いることができる。

262　　第Ⅱ編　用字用語の使い分け

〔83〕　公告／広告／公示／告示

ポイント

・「公告」とは、特定の事柄を広く一般に知らせることをいう。その目的、方法、効果等は様々である。
・「広告」とは、特定の事柄を宣伝の意味を込めて広く一般に知らせることをいう。商業目的で用いられることが通常であるが、選挙など商業目的以外でも用いられることがある。
・「公示」とは、特定の事柄を周知させるために発表し、公衆が知ることができる状態に置いておくことをいう。公の機関が行う場合に用いられることが多いが、私人が一般に周知させる場合に用いられる例もある。
・「告示」とは、公の機関が特定の事項を公式に広く一般に知らせること又はその形式をいう。

法律類語

公告

　公告とは、特定の事柄を広く一般に知らせることをいう。その目的、方法、効果等は根拠となる法令によって様々である。

　例えば、単に一定の事項を社会に公示する場合（下記の土地収用法23条３項）、利害関係者が不特定又は広範囲の場合に権利行使の機会を与える場合（下記の民法240条）、所在不明者に対する通知手段として行う場合（下記の刑事訴訟法499条１項）などがある。

例

・前項の規定による公聴会を開こうとするときは、起業者の名称、事業

第Ⅱ編　用字用語の使い分け　　　263

の種類及び起業地並びに公聴会の期日及び場所を一般に<u>公告</u>しなければならない。　　　　　　　　　　　　　　　　　　（土地収用法23条３項）

・遺失物は、遺失物法（平成十八年法律第七十三号）の定めるところに従い<u>公告</u>をした後三箇月以内にその所有者が判明しないときは、これを拾得した者がその所有権を取得する。　　　　　　　　　　（民法240条）

・押収物の還付を受けるべき者の所在が判らないため、又はその他の事由によつて、その物を還付することができない場合には、検察官は、その旨を政令で定める方法によつて<u>公告</u>しなければならない。

（刑事訴訟法499条１項）

広告

　広告とは、特定の事柄を宣伝の意味を込めて広く一般に知らせることをいう。商業目的について用いられることが通常であるが、選挙など商業目的以外について用いられることもある。

例

・国は、消費者が商品の購入若しくは使用又は役務の利用に際しその選択等を誤ることがないようにするため、商品及び役務について、品質等に関する<u>広告</u>その他の表示に関する制度を整備し、虚偽又は誇大な<u>広告</u>その他の表示を規制する等必要な施策を講ずるものとする。

（消費者基本法15条）

・衆議院（小選挙区選出）議員の選挙については、候補者は、総務省令で定めるところにより、同一寸法で、いずれか一の新聞に、選挙運動の期間中、五回を限り、選挙に関して<u>広告</u>をし、……

（公職選挙法149条１項）

公示

　公示とは、特定の事柄を周知させるために発表し、公衆が知ることができる状態に置いておくことをいう。公の機関が行う場合に用いられることが多い（次の例の公職選挙法14条４項）が、私人が一般に周

264　　　第Ⅱ編　用字用語の使い分け

知させる場合に用いられる例もある（次の例の道路運送法12条１項）。公の機関が行うものについては、法令で公示が義務付けられていたり、法的効果が発生するための要件とされているものも多い。

```
例
```

・総選挙の期日は、少なくとも十二日前に公示しなければならない。
（公職選挙法14条４項）
・一般旅客自動車運送事業者（一般乗用旅客自動車運送事業者を除く。）は、国土交通省令で定めるところにより、運賃及び料金並びに運送約款を公示しなければならない。　　　　　（道路運送法12条１項）

告示

　告示とは、公の機関が特定の事項を公式に広く一般に知らせること又はその知らせる形式をいう。処分の要件を定める告示など官報で行われることが法令で定められている場合もあるが、そうでない場合も官報で行われるのが通例である。

```
例
```

・都道府県又は市町村は、都市計画を決定したときは、その旨を告示し、かつ、都道府県にあつては関係市町村長に、市町村にあつては都道府県知事に、第十四条第一項に規定する図書の写しを送付しなければならない。　　　　　　　　　　　　　　　　　（都市計画法20条１項）
・各省大臣、各委員会及び各庁の長官は、その機関の所掌事務について、公示を必要とする場合においては、告示を発することができる。
（国家行政組織法14条１項）

```
説　　明
```

　「公告」、「広告」、「公示」及び「告示」の四つの用語は、いずれも特定の事項を広く一般に知らせるという点では共通の意味を持つ用語

第Ⅱ編　用字用語の使い分け　265

であるが、次のような違い、使い分けがある。

　まず「広告」については、宣伝という意味が込められていることが通常であり、一部例外はあるものの商業目的の宣伝に用いられることが多い。

　これに対し、「公示」は、公の機関が行うものに用いられることが多数であり、私人について用いられている場合も交通事業者など公益性の高い事業について用いられている例が多い。

　さらに、「告示」は、公の機関が正式に決定したものを知らせる場合に限って用いられており、「告示」という特定の形式によって行われるものである。

　なお、選挙期日については、衆議院議員の総選挙及び参議院議員の通常選挙のみ「公示」が用いられ、他の選挙には「告示」が用いられている。

　他方で、「公告」については、根拠法等によって目的、効果、方法が様々であるが、利害関係者が不特定又は広範囲の場合に権利行使の機会や異議申出の機会を与える場合などに用いられる例が比較的多い。

266 第Ⅱ編　用字用語の使い分け

〔84〕　更生／更正／厚生／公正

ポイント

・「更生」は、立ち直ること、反省して心を入れ替えること、会社を再建することを意味し、「更正」は、誤りなどを改めることをいう。「厚生」は、人々の生活を健康で豊かなものにすることをいい、「公正」は、偏りがなく正しいことをいう。

法律類語　同音異義語

更生

元々は生き返ることやよみがえることを意味していたが、そこから発展し、立ち直ること、反省して心を入れ替えること、会社を再建することを意味する。

例

更生保護　会社更生　更生医療

更正

誤りなどを改めることをいう。（⇒〔43〕参照）

例

（国税・地方税の）更正の請求　更正の登記

厚生

人々の生活を健康で豊かなものにすることをいう。

例

厚生労働省　福利厚生

第Ⅱ編　用字用語の使い分け　　　267

公正

　偏りがなく正しいことをいう。公平であることに加え、正しいことまで含む。

例

　公正な取引　公正な手続　公正な判断

説　　明

　「厚生」と「公正」については、字面からも違いが分かりやすく、他のものと意味が大きく異なるので、あまり使い分けに悩むことはないのではないかと思われる。

　「更生」と「更正」については、共通の漢字が含まれていることもあり、間違いやすい同音異義語の一つである。「更生」には立ち直るという意味があり、「更正」には間違いを訂正するという意味があるという違いを認識しつつ、「更生」が用いられるのは、犯罪や非行を犯した場合、会社更生など特定の場合であることを意識しておくとよいであろう。

268 第Ⅱ編　用字用語の使い分け

〔85〕 交代／交替

ポイント

・交代も交替も、人が代わることをいい、同じ意味でも用いられるが、「交代」は前の人が行っていた役目（仕事）を別の人が代わって受け継いで行う場合に用いられ、「交替」は同一の仕事を別の人が時間を分けて入れ替わって行う場合に用いられることが多い。

同音異義語

交代

前の人が行っていた役目（仕事）を、別の人が代わって受け継いで行うこと。

例

基金は、前項の規定に違反した理事を、規約の定めるところにより、代議員会の議決を経て、交代させることができる。

（国民年金基金法125条の３第２項）

交替

同一の仕事を別の人が時間を分けて入れ替わって行うこと。

例

始業及び終業の時刻、休憩時間、休日、休暇並びに労働者を二組以上に分けて交替に就業させる場合においては就業時転換に関する事項

（労働基準法89条１号）

また、民法では、債権者や債務者が替わることを、「交替」と呼んでいる。

第Ⅱ編　用字用語の使い分け　　　269

例

　二　従前の債務者が第三者と<u>交替</u>するもの
　三　従前の債権者が第三者と<u>交替</u>するもの

（民法513条2号・3号）

説　明

　「交代」は、「一度限りで」役割が次の人に代わるという意味が強く、前の人が行っていた役目（仕事）を、別の人が代わって受け継いで行うという場面で用いられることが多い。

　これに対し、「交替」は、「何度も」代わり合うという意味合いが強く、役目が代わることが繰り返される場面で用いられることが多い。

　ただし、明確な基準があるものではなく、上記のようなニュアンスの違いを踏まえながら適宜使い分けを行えばよいものと思われる。

〔86〕 合法／適法

ポイント

・「合法」、「適法」ともに、ある事実や行為が法令に違反していないこと、法令に適合していることをいうが、「適法」が単に法令に違反していないことをいうのに対し、「合法」はその事実や行為の善悪も含めて判断しているときに用いられる。

法律類語

合法

ある事実や行為が法令に違反していないこと、適合していることをいう。その事実や行為の善悪も含めて判断しているときに用いられることが多い。

適法

ある事実や行為が法令に違反していないこと、適合していることをいう。

説　明

「合法」も「適法」も、ある事実や行為が法令に違反していないこと、適合していることを意味する点では共通であるが、「適法」は（その行為の善悪は問わずに）単に法令に違反していないことをいうのに対し、「合法」はその事実や行為の善悪も含めて判断しているときに用いられることが多い。

なお、これらとは反対に、法令に適合していないことを意味する法律類語については、〔23〕を参照のこと。

第Ⅱ編　用字用語の使い分け　　271

〔87〕　公用／公共用／公有

ポイント

- 「公用」とは、国や地方公共団体が使用することをいう。
- 「公共用」とは、国や地方公共団体が、その財産を直接一般公衆に使用させる場合に用いられる。
- 「公有」とは、財産が地方公共団体に属していることをいう。

法律類語

公用

　「公用」とは、①国や地方公共団体が使用すること、②国や地方公共団体の公の用事をいう。①の意味では、「公用財産」として用いられることが多く、これは、国や地方公共団体がその事務を行うために直接使用する施設・財産をいい、例えば、市役所の庁舎、消防署、公務員宿舎などが該当する。②の意味では、「公用旅券」などがある。

例

公用財産　国において国の事務、事業又はその職員（国家公務員宿舎法（昭和二十四年法律第百十七号）第二条第二号の職員をいう。）の住居の用に供し、又は供するものと決定したもの　　（国有財産法3条2項1号）

公共用

　「公共用」とは、国や地方公共団体が、その財産を直接一般公衆に使用させる場合に用いられる用語であり、「公共の用」と呼ぶこともある。公共用の財産が「公共用財産」であり、国や地方公共団体が直接公共の用に供する財産をいい、道路、河川、公園などが該当する。

例

公共用財産　国において直接公共の用に供し、又は供するものと決定し

272　　　第Ⅱ編　用字用語の使い分け

> たもの　　　　　　　　　　　　　　　　（国有財産法3条2項2号）

公有

「公有」とは、地方公共団体が所有することを意味し、国が所有権を有する「国有」に対して、地方公共団体が所有権を有する場合に用いられる。公有の財産、すなわち地方公共団体に属する財産を「公有財産」という。

例

この法律において「公有財産」とは、普通地方公共団体の所有に属する財産のうち次に掲げるもの（基金に属するものを除く。）をいう。

（地方自治法238条1項各号列記以外の部分）

なお、上記の意味とは別に、水面などの自然公物について公の支配権がある場合に用いられる例（「公有水面」等）がある。

説　　明

「公有」は、所有権の主体に着目した概念であり、国が所有する「国有」に対して、地方公共団体が所有している場合をいう用語である。

これに対し、「公用」と「公共用」は、国や地方公共団体の財産の用途によって使い分けられており、庁舎や宿舎など国や地方公共団体自身が直接その事務を行うために用いる場合が「公用」、道路、河川、公園など国や地方公共団体がその財産を直接一般公衆に使用させる場合が「公共用」である。

＜ＭＥＭＯ＞

公共用の施設、すなわち直接一般公衆の用に供される施設を「公共施設」ということもある。学校、保育所、公民館などが該当する。なお、法律によっては公共施設を特定の施設に限定している場合がある（例：土地区画整理法）ので、そのような場合には注意が必要である。

第Ⅱ編　用字用語の使い分け　　273

〔88〕　考慮／配慮／勘案／参酌／しん酌

> **ポイント**
>
> ・「考慮」はよく考えること、「配慮」は心を配ること、「勘案」は総合的に考えること、「参酌」は参考にして考えること、「しん酌」は事情や心情をくみ取ることをいう。

|法律類語|

考慮

そのことをよく考えることをいう。

配慮

あれこれ心を配ることをいう。

勘案

複数の要素や情報を総合的に考えることをいう。

参酌

他のものを参考にして考えることをいう。

しん酌

他者の事情や心情等をくみとった上でほどよく取り計らうことをいう。

| 説　　明 |

この五つの用語は、いずれも「考える」ことに関連して用いられる

用語であるが、そのニュアンスには次のような違いがある。

　まず、「考慮」は、この中では最も汎用性があり、よく考えることをいう。

　「配慮」は、「配る」という字が入っていることからも分かるように、相手や他の事項について心を配ることを意味する用語であり、他者・他の事象との関係を意識して用いるべきである。そのため、誰に対して、あるいは何について配慮するのか明記することが望ましいであろう。なお、心を配るという意味では、類似の用語として「配意」がある。「配慮」が「おもんばかる」というニュアンスを持っているのに対し、「配意」は意識を配る、気にするというニュアンスがある。また、ある事項を心にとどめ気をつけるという意味では、「留意」が用いられる。

　「勘案」は、一つの要素を考えるのではなく、複数の要素や情報を総合的に考える場合に用いられる。例えば、「社会情勢の変化を勘案し、」などのように用いられる。

　「参酌」は、あるものを参考として考えることをいい、特定の参考となるものがある場合に用いられる。例えば、「条例を定めるに当たっては、内閣府令で定める基準を参酌するものとする」と規定されている場合には、条例の制定に当たって、内閣府令で定める基準を十分に参照して考えることが求められている（参照して考えた結果、異なる内容の定めとすることは可能である。）。

　「しん酌」は、他者の事情や心情をくみ取り、ほどよく取り計らうという意味があり、損害賠償額や量刑を定める際に加害者の事情をしん酌するというように用いられる。

第Ⅱ編　用字用語の使い分け　　275

〔89〕　高齢者／老人／高年齢者／中高年齢者

ポイント

・「高齢者」、「老人」ともに、年齢の高い人、年を取った者を意味し、その年齢について一般的な基準はないが、「高齢者」については、65歳以上の者を指すとされることが多い。
・「高年齢者」も、年齢の高い人を指すが、その範囲はより相対的であり、「中高年齢者」は中年と高年の者を指す。

類義語

高齢者

年齢の高い人、年を取った者。その基準は、制度によって異なるが、世界保健機関（WHO）では65歳以上の者を高齢者としており、日本でも、65歳以上の者と定義されることが多い。

「高齢の○○」「高齢○○」といった使い方をされることもあり、道路交通法で「高齢運転者」は、70歳以上とされている。

なお、一般に、65歳以上の高齢者の比率（高齢化率）が14％を超えた社会を「高齢社会」と呼んでいる。

例

高齢者医療　高齢者の福祉、高齢者向けの賃貸住宅　高齢の歩行者

老人

年齢の高い人、年を取った者、年寄り。

例

老人福祉法　老人福祉施設　老人ホーム　老人デイサービスセンター
老人居宅生活支援事業　老人の日

高年齢者

年齢の高い人。高年齢者等の雇用の安定に関する法律では、55歳以上の者と定義されている。「高年齢○○」として用いられることもある。

中高年齢者

中年と高年。高年齢者等の雇用の安定に関する法律では、45歳以上の者と定義されている。「中高年」の形で用いられることが多く、その場合も、一般的な基準があるわけではないが、40歳前後以上、あるいはおおむね45歳から65歳程度の年齢を指すとされることが多い。

説　明

対象とする人を区分・特定をする場合に、年齢は主な基準となるものであり、その場合、ヒトの発達に応じて様々な用語が用いられている。年齢の高い人を指すのが、「高齢者」や「老人」である。

ただ、「老」の字義というよりもそのイメージなどから、近年は、「老人」は余り用いられなくなってきており、主に例に挙げたように複合語として用いられるようになっている。また、「老齢者」という用語もあるが、余り用いられなくなっている。他方、「シルバー人材センター」、「シニアボランティア」などのように「シルバー」や「シニア」が用いられることもある。

「高齢者」は、65歳以上とされることが多いが、平均寿命の延びや社会状況の変化に伴って、その線引きには揺らぎが見られ、高齢者医療制度では、前期高齢者（65歳以上74歳以下）と後期高齢者（75歳以上）とで区分されている。

年齢による区分を表す言葉は、相手方の受け取り方に影響すること

第Ⅱ編　用字用語の使い分け　　277

もあり、その選択には慎重さも必要となる。年齢により区切るのであれば端的に「○○歳以上の者（人）」とすることで足りることもあるのではないかと思われる。

　なお、年齢による人の区分で最も大きな区切りの一つが、18歳未満の「未成年者」「未成年」と、18歳以上の「成年」「成人」である。

278　　　　第Ⅱ編　用字用語の使い分け

〔90〕　越える／超える

ポイント

・ある場所・地点・時を過ぎてその先に進むことを意味する
場合には「越える・越す」を、ある基準・範囲・程度を上
回ることを意味する場合には「超える・超す」を用いる。

異字同訓 平26異字同訓使い分け

越える（越す）

「越える・越す」は、ある場所・地点・時を過ぎてその先に進むこ
とを意味し、次のように用いられる。

（1）　物の上・間・境界などを通り過ぎて、向こうへ行くこと。

例

県境を越える　峠を越す

（2）　区切りとなるある日時が過ぎること。

例

年を越す

（3）　（物理的な場所や時間以外でも）あるものを上って通り過ぎ、
その先に進むこと。

例

選手としてのピークを越える　度を越す　相手に勝ち越す

超える（超す）

「超える・超す」は、ある基準・範囲・程度を上回ることを意味し、

第Ⅱ編　用字用語の使い分け　　279

次のように用いられる。「超える」の意味については、〔15〕も参照のこと。

（１）　特定の数値を上回ること。

例

10万円を超える額　１億人を超す人口

（２）　（１）に限らず、ある基準・範囲・程度を上回ること。

例

現代の技術水準を超える建築物　人間の能力を超える　想定を超える大きな災害

説　　明

　「越える・越す」が場所・時点を通過して先に進むという意味を持っているのに対し、「超える・超す」は基準を上回るという意味を持つ。「峠を越える」や「１億円を超える」のように、通過点なのか基準なのかが明確であれば使い分けは分かりやすい。しかし、通過点なのか基準なのか明確でなく、使い分けが悩ましい場合もある。そのような場合は仮名で表記することも考えられよう。

〔91〕 答える／応える

> **ポイント**
> ・解答する、返事をすることを意味する場合には「答える」を、応じる、報いるという意味では「応える」を用いる。

異字同訓 平26異字同訓使い分け

答える

「答える」は、解答する、返事をすることを意味し、次のように用いられる。

（1） 解答すること。

例

設問に答える　質問に対して的確に答える

（2） 返事をすること。

例

名前を呼ばれて答える

応える

「応える」は、応じる、報いることを意味する。

例

時代の要請に応える　期待に応える　声援に応える　恩顧に応える

説　明

「答える」は、問題や呼びかけに対し、答えを返す、返事を返すことを意味し、その答えの水準にかかわらず、回答さえすれば答えるこ

とになるといえる。

　これに対し、「応える」は、応じる、報いることを意味し、例えば「期待に応える」とは、期待された水準以上のものを示した場合に用いられており、一定水準以上のものを返すことによって「応えた」ことになるといえよう。

282　　　　第Ⅱ編　用字用語の使い分け

〔92〕　事／こと

ポイント

・具体的な事件、事態など実質名詞の場合は、漢字を用いて「事」と書くが、形式名詞の場合は、「こと」と仮名で書く。

漢字・仮名（用法）　令４公用文作成考え方、平22公用文漢字使用等、平23用字用語例

事

具体的な事件、事態など実質的な意味を持つ名詞（実質名詞）の場合は、漢字を用いて「事」と書く。

例

事は重大である　事と次第によっては

こと

形式名詞（その語の実質的意義が薄く、連体修飾語を受けて使用される名詞）の「こと」は、常用漢字表に使える漢字があっても仮名で書くこととされている。

例

許可しないことがある　自分のことを話す

説　明

抽象的な意味しかなく、連体修飾語を受けて使用される形式名詞として用いられる場合が多いことから、用例としては「こと」と仮名で書く場合が多いが、具体的な事件、事態など実質名詞の場合は漢字を用いることとされており、その例外は意識しておくべきである。

なお、「考え事」、「芸事」、「心配事」など熟語については、漢字を用いるのが通常である。

第Ⅱ編　用字用語の使い分け　　283

〔93〕　この限りでない／妨げない

ポイント

・「この限りでない」は、本文で書かれている内容を特定の場合に排除するときに用いられ、「妨げない」は、ある事項について法令の規定等の適用が排除されないことを示すときに用いられる。

法令用語

この限りでない

　法令や契約書のただし書等において、本文で書かれている内容を特定の場合に排除するときに用いられる用語である。

　次の例では、本文では成年被後見人の法律行為は取り消すことができるとしているが、ただし書において、日用品の購入その他日常生活に関する行為について「この限りでない」として、本文の適用を排除している（すなわち、日用品の購入その他日常生活に関する行為については、成年被後見人の法律行為であることを理由として取り消すことはできない。）。

例

成年被後見人の法律行為は、取り消すことができる。ただし、日用品の購入その他日常生活に関する行為については、この限りでない。

（民法9条）

妨げない

　ある一定の事項について、法令の規定等の適用があるかどうか疑義がある場合に、その適用が排除されないことを明示するために用いら

れる用語である。

　次の例では、契約について解除権を行使した場合であっても、別途債務不履行による損害賠償請求権がある場合には、損害賠償を請求することは排除されないことを定めている。

例

解除権の行使は、損害賠償の請求を妨げない。　　　　（民法545条4項）

説　明

　どちらも法令や契約書などの文末で用いられる表現であるが、その意義・効果は異なる。「この限りでない」は本文で書かれている内容を特定の場合に排除するときに用いられるのに対し、「妨げない」はある事項について法令の規定等の適用が排除されないことを示すときに用いられる。

　どちらも適用関係を簡潔に表現できるため、法令の規定や通知などにおいては重宝する用語であるが、分かりやすい説明が必要な文章においては、あえてこれらの用語を用いずに、「ただし、○○の場合は△△することができます。」などと丁寧に説明することも考えられよう。

　なお、「この限りでない」は、本文の適用を排除するだけであって、積極的に新たな内容を規定するものではない。また、「妨げない」も、他の法令の規定等の適用が排除されないことを示すだけであり、積極的に新たな内容を規定するものではないので、注意が必要である。

第Ⅱ編　用字用語の使い分け　　285

〔94〕　歳／才

ポイント
・年齢の単位を表す場合、正式には「歳」を用いる。

|同音類義語| 平22常用漢字

歳

　常用漢字表では、「歳」の用例として「二十歳」があり（なお、その備考欄には「はたち」との読みの記載も）、年齢を表す場合には「歳」を用いるのが正式である。

才

　「才」は、常用漢字表において「才能　才覚　秀才」との用例が示されているように、本来は年齢の単位としての意味は持たない。しかし、「歳」の字が複雑であり、小学校では習わない漢字であるため、俗用として「才」が用いられていることが広く見られる。

説　　明

　公用文では、年齢の単位として「歳」を用いる（「才」は用いない。）。特に、法令、通知等では「才」を用いるのは誤りである。

　これに対し、一般向けの解説や広報、特に子供向けのパンフレットなどにおいては、小学校では「歳」の字が未習得であるため、「歳」の字を用いないことが考えられる。この場合、俗用として「才」を用いることも考えられるが、「才」には本来年齢を表す意味はないことから「さい」と仮名表記にすることも考えられるであろう。

なお、「とし」は、「歳」では常用漢字表外の訓であることから、「年」が用いられる（年を取る、年子、年寄りなど）。

< MEMO >

　年齢の数え方については、年齢計算ニ関スル法律（明治35年法律第50号）があり、出生日から起算するものとされている。このため、1歳年齢が加算されるのは、誕生日ではなく、誕生日の前日の午後12時となる。

　また、年齢の言い表し方については、年齢のとなえ方に関する法律（昭和24年法律第96号）に定めがあり、数え年ではなく満年齢によることとされている。

第Ⅱ編　用字用語の使い分け　　287

〔95〕　催告／督促

ポイント

・「催告」とは、相手方に対してある行為をすべきことを催促することをいう。

・「督促」とは、法令では、国、地方公共団体等の金銭債権について、債務の履行がされていない場合に、国、地方公共団体がその納付を促す行為をいう。

法律類語

催告

　相手方に対してある行為をすべきことを催促することをいう。債務者に対して行うものもあれば、債権者に対して行うものもある。催告をすることにより発生する効果については、根拠法によって様々である。

例

制限行為能力者の相手方は、その制限行為能力者が行為能力者……となった後、その者に対し、一箇月以上の期間を定めて、その期間内にその取り消すことができる行為を追認するかどうかを確答すべき旨の<u>催告</u>をすることができる。　　　　　　　　　　　　　　　（民法20条1項本文）

督促

　租税、課徴金、納付金など国、地方公共団体等の金銭債権について、債務の履行がされていない場合に、国、地方公共団体等がその納付を促す行為をいう。督促を行うことが、滞納処分等の前提となっていることが多い。

なお、民事上では、簡易な手続で簡易裁判所の書記官が金銭等の支払を命じる制度として、「督促手続」が設けられている。

例

納税者がその国税を……納期限……までに完納しない場合には、税務署長は、……その納税者に対し、督促状によりその納付を督促しなければならない。　　　　　　　　（国税通則法37条１項各号列記以外の部分）

説　明

　「催告」も「督促」も、ある行為を促すという点では共通であるが、法令においては、「督促」は、金銭債権について、特に国、地方公共団体が有する金銭債権について、その履行を促す場合に用いられているものが多い。

　これに対し、「催告」は、債務者に対し金銭債務の履行を促す場合にも用いられるが、そのような場合に限らず、特定の行為を促す場合に広く用いられており、上記の例で挙げたように、債権者に対し追認するかどうかを催告するような用例もある。

　なお、法令上の用法は上記のとおりであるが、私人間において債務の履行がされていない場合に、まずは「督促状」を発送して督促を行った上で、それでも履行されない場合は「催告状」を送り、その後法的な手続を進めるというような運用が広く行われているところであり、督促は催告の前段階という位置付けとなっているようである。

第Ⅱ編　用字用語の使い分け　　289

〔96〕　探す／捜す

ポイント

・欲しいものを尋ね求める意味では「探す」を、所在の分からない物や人を尋ね求める意味では「捜す」を用いる。

異字同訓　平26異字同訓使い分け

探す

「探す」は、欲しいものを尋ね求める意味で用いられる。

例

貸家を探す　仕事を探す　講演の題材を探す　他人の粗を探す

捜す

「捜す」は、所在の分からない物や人を尋ね求める意味で用いられる。

例

うちの中を捜す　犯人を捜す　紛失物を捜す　行方不明者を捜す

説　明

ともに何かを尋ね求めることを意味するが、「さがす」対象が何かによって使い分けられる。欲しいものを尋ね求める場合は「探す」を、所在が分からない物や人を訪ね求める場合は「捜す」を用いる。同じ「財布をさがす」という表現であっても、店舗で自分が購入したい財布を求めている場合は「財布を探す」となり、路上で紛失した財布を求める場合は「財布を捜す」となる。

なお、「探し〔捜し〕歩く」や「探し〔捜し〕回る」といった表現については、両方の意味があり得るため、対象が何かによって使い分ける必要がある。

〔97〕 作成／作製

ポイント

・「作製」は製作（物品を作ること）という意味についてのみ用い、それ以外の場合は「作成」を用いる。

同音異義語 平22法令漢字使用等

作成

「作成」とは、書類、計画、文書などをつくることをいう。「法令における漢字使用」においては、下記の「作製」を用いる場合以外は「作成」を用いることとされている。

例

内閣は、毎会計年度の予算を作成し、国会に提出して、その審議を受け議決を経なければならない。 （日本国憲法86条）

作製

法令においては、「制作（ものを作ること）」という意味についてのみ「作製」を用いることとされている。

例

第二項の表示若しくは指定表示が付されている生地その他の材料からカーテンその他の防炎対象物品を作製させたときは、総務省令で定めるところにより、その旨を明らかにしておかなければならない。

（消防法8条の3第5項）

第Ⅱ編　用字用語の使い分け　　291

説　明

　つくるという意味を有する言葉であるが、ものを作る場合に限って「作製」を用い、その他の場合は「作成」を用いることとされている。

　なお、自動車や補装具など物をつくることには「製作」が用いられ、映像や番組をつくることには「制作」が用いられている。また、「製造」は、主に工場などで大規模につくられる場合に用いられる例が多い。

〔98〕 差す／指す／刺す／挿す

ポイント

・挟み込む、かざす、注ぐ、生じるという意味では「差す」を、方向・事物などを明らかに示す場合には「指す」を、とがった物を突き入れる、刺激を与えるという意味では「刺す」を、細長い物を中に入れるという意味では「挿す」を用いる。

異字同訓 平26異字同訓使い分け

差す

「差す」は、挟み込む、かざす、注ぐ、生じることを意味し、次のように用いられる。

（1） 挟み込むこと。

例

腰に刀を差す　抜き差しならない状況にある

（2） かざすこと。

例

傘を差す

（3） 注ぐこと。

例

目薬を差す　日が差す　差しつ差されつ

（4） 生じる、現れる、兆すこと。

例

顔に赤みが差す　嫌気が差す　魔が差す

第Ⅱ編　用字用語の使い分け　293

指す

　「指す」は、方向・事物などを明らかに示すことを意味し、次のように用いられる。

（1）　方向や場所を示すこと。

例

目的地を指して進む

（2）　人や物をそれと決めて示すこと。

例

名指しをする　授業中に何度も指された

刺す

　「刺す」は、とがった物を突き入れる、刺激を与えることを意味し、次のように用いられる。

（1）　とがった物を突き入れること。

例

針を刺す　蜂に刺される　串刺しにする

（2）　刺激を与えること。

例

鼻を刺す嫌な臭い

（3）　野球で送球によりアウトにすること。

例

本塁で刺される

挿す

　「挿す」は、細長い物を中に入れることを意味し、次のように用いられる。

第Ⅱ編　用字用語の使い分け

例

花瓶に花を挿す　髪にかんざしを挿す　一輪挿し

説　　明

同訓が多く、迷うことも多い使い分けである。

「指す」は、「指」（ゆび）という漢字であることや「指示」という熟語を思い浮かべれば分かるように、指で特定の方向や人、物を指し示すというニュアンスがある。

「刺す」は、針や刃物など鋭いもので突く場合に用いられる。また、そこから転じて、鋭い刺激などについても用いる。

「挿す」は、「挿入」という言葉からも想起しやすいように、花やストローなど細長いものを入れる場合である。

これらに対し、「差す」は複数の意味で用いられており、他の場合に該当しないものの多くが「差す」となる。

なお、「射す」という用法は常用漢字表にないため、公用文では用いるべきではない。

このように「さす」には同訓が多いのに対し、「ささる」という言葉については、常用漢字表で明記されているのは「刺さる」のみであり、「差さる」「指さる」「挿さる」という用法はない。

第Ⅱ編　用字用語の使い分け　　295

〔99〕　更に／さらに

> **ポイント**
> ・副詞のときは漢字を用いて「更に」と書き、接続詞のとき
> は仮名で「さらに」と書く。

漢字・仮名（品詞）　令4公用文作成考え方、平23用字用語例、平22公用文漢字
使用等、平22常用漢字

更に

副詞として用いる場合は漢字で書く。

例

更に検討する　更に進む

さらに

接続詞として用いる場合は仮名で書く。

例

さらに、……

説　明

　副詞のときは漢字を用いて「更に」と書き、接続詞のときは仮名で
「さらに」と書く。

　なお、連体詞の「サラナル」については、漢字を用いて「更なる」
と表記する（例：更なる検討を求める）。

〔100〕 時期／時季／時機

ポイント

・「時期」はある区切られた時や期間を意味し、「時季」はあることが盛んに行われる季節、ふさわしい季節を意味し、「時機」は何かを行うのによい機会を意味する。

同音異義語

時期

ある区切られた時や期間。

例

この時期は混雑する　暑い時期を避ける

時季

あることが盛んに行われる季節、ふさわしい季節。

例

行楽の時季　鍋の時季　時季外れ

時機

何かを行うのによい機会。

例

時機を見て挑戦する　時機を逃す

説　明

それぞれの漢字から使い分けは判断できる。「時期」は「期間」を、

「時季」は「季節」を、「時機」は「機会」を指す。

　同じ対象であっても着目する点に応じて使い分けられる。例えば、桜について、期間に着目すれば「桜を見ることができる時期はこの公園が混雑する」となり、季節に着目すれば「桜の時季だ」となり、機会・チャンスに着目すれば「桜が散ってしまい花見の時機を逃した」となる。

〔101〕 事故／事件／事案／案件

ポイント

- 「事故」は、悪い出来事、物事の正常な運行などの支障となる出来事を指し、「事件」は、一般には、争い、犯罪などをいうが、法令上は、問題として取り上げられる事柄を指す。
- 「事案」は、現に問題となっている事柄や問題となるべき事柄をいい、「案件」は、処理されるべき問題をいう。

法律類語

事故

　悪い出来事、思いがけない災難などのほか、物事の正常な運行や人の業務の執行の支障となる出来事を意味するとされる。このほか、事の起こった事情や理由の意味で用いられることもある。

例

- 交通事故　医療事故　製品事故　不慮の事故　保険事故　事故の発生　事故の報告　事故原因　事故の調査
- 委員長に事故あるときは、あらかじめその指名する委員が、その職務を代理する。

事件

　一般には、争い、犯罪などをいうのに対し、法令上は、問題となっている事項、事実又は関係を指す。

例

民事事件　刑事事件　非訟事件　犯則事件　事件の管轄　事件の調査　事件を審理（審査・審判）する

事案

現に問題となっている事柄又は問題となるべき事柄。

例

いじめに関する事案　事案の審査　事案の概要　事案を調査する

案件

議題とされる問題その他処理されるべき事柄。

例

・案件の発議　案件を議決する　付託した案件
・常任委員会及び特別委員会は、会期中に限り、付託された案件を審査
　する。　　　　　　　　　　　　　　　　　　　　　　（国会法47条1項）

説　明

　「事故」は、物事の正常な運行等の支障となる出来事を意味するものであるが、社会一般では、悪い出来事や思いがけない災難といったイメージが強い。このため、法令上、会議等の欠席事由として「公務、疾病、出産その他一時的な事故」などと規定されることが少なくないところ、これは「事故」の字義からすれば全く問題はないものの、その例示として列挙されているものが「事故」に該当するとされることには違和感が持たれることもあるようである。

　他方、法令では、「事件」は、問題として取り上げられている事柄を意味する語として用いられており、「事案」は、現に問題となっている事柄や問題となるべき事柄を意味する用語である。「事件」が審議、審査等の対象となっている事柄を観念する用語として用いられるのに対し、「事案」は、その事柄の主に内容面に着目し、これから処理すべき問題として取り上げるという観点から表現する場合に用いられるものである。

また、「案件」は、処理されるべき事柄、議題となる問題を指すもので、一般的に処理するための議題とすべき事柄を包括的・外形的に捉える表現であるのに対し、「事件」は事柄の内容を主として捉えるものとされ、案件の方が意味的にはやや広いとされる。

第Ⅱ編　用字用語の使い分け　　　301

〔102〕　志向／指向

ポイント

・「志向」は、気持ち、意識や考えがある方向や対象に向く
ことをいい、「指向」は、（物理的に）ある方向を示し、向
かっていることをいう。

同音異義語

志向

気持ち、意識や考えがある方向や対象に向くことをいう。

例

学問を志向する　健康志向　高級志向

指向

（物理的に）ある方向を示し、向かっていることをいう。

例

指向性マイク　性的指向

説　明

　「志向」は、「志（こころざし）」という漢字が用いられていること
からも分かるように、内心・気持ちの向く方向を示すのに対し、「指向」
は「指」で指し示すように物事が特定の方向を向いていることをいう。
このように、内心・気持ちの方向を表す場合は「志向」を、単にある
方向に向かうことを意味する場合は「指向」と使い分ければよい。

〔103〕 施行／適用／実施

ポイント

・「施行」とは、法令の規定の効力を「一般的に」発動させることをいい、「適用」とは、法令の規定の効力を「具体的・個別的に特定の対象に」発動させることをいう。
・法令の「実施」とは、法令を現実に運用することをいう。

法令用語

施行

法令の「施行」とは、法律の規定の効力を現実に一般的に発動させることをいう。法令が制定されると、公布された後、施行される。法令では、附則などでその法令がいつから施行されるのか（施行期日）を定めていることが通常である。

例

・この法律は、公布の日から施行する。
・この条例は、令和6年4月1日から施行する

適用

法令の「適用」とは、法令の規定が具体的・個別的に特定の対象に現実に発動されることをいう。

施行されれば適用されるのが原則であるが、適用対象を明確化したり、限定したり、遡及させたりなどするため、適用関係について特別の規定が設けられることがある。

例

新所得税法の規定は、令和5年分以後の所得税について適用する。

第Ⅱ編　用字用語の使い分け　　303

実施

　法令の「実施」とは、法令を現実に運用することをいう。次の例のように、下位法令への委任の際に用いられる例が多い。

例

> この法律に定めるもののほか、この法律の実施のため必要な事項は、政令で定める。

説　　明

　「施行」と「適用」の使い分けについては、法令の規定の効力を「一般的に」発動させるのが「施行」であり、「個別的・具体的に」「特定の人、物、事に」発動させるのが適用である。

> この法律は、平成十三年四月一日から施行し、この法律の施行後に締結された消費者契約について適用する。　　　　　　（消費者契約法附則）

　例えば上記の例の場合、この法律は平成13年4月1日から施行される。すなわち、その日からこの法律は一般的に働いている状態となっている。他方で、個別的・具体的にどのような対象に発動されるのかという点については、この法律の施行後に締結された消費者契約について適用するとされており、裏を返せば、施行前に締結された消費者契約については、施行後もこの法律は適用されないということとなる。このように、施行はされていても特定の対象には適用しないということは、法令ではよく見られるところである。また、これとは反対に、施行される前の事象に対しても遡及的に新しい法令の規定を適用する、いわゆる遡及適用が行われることもある。

　「施行」や「適用」は、法律の規定の効力に関する用語であるが、法律の「実施」は、これらとは異なり、法律を運用することを意味し、下位法令への委任の規定などで用いられる。

304　　　　　第Ⅱ編　用字用語の使い分け

〔104〕　支出／支弁／支給／交付／供与

ポイント

・「支出」は金銭を支払うことを、「支弁」は特定の財源から
義務的に金銭を支出することを、「支給」は金銭・物品を給
付や給与として渡すことを、「交付」は何らかの物（証明書
等）や金銭を他人に渡すことを、「供与」は他人に対して利
益や便宜を与えるために金銭や物を提供することをいう。

法律類語

支出

　金銭を支払うことをいう。ただし、法律によっては、物品その他の
財産上の利益の供与等を含めるなど、特別の定義をしている（公職選挙
法179条3項等）。

例

公金その他の公の財産は、宗教上の組織若しくは団体の使用、便益若し
くは維持のため、又は公の支配に属しない慈善、教育若しくは博愛の事
業に対し、これを支出し、又はその利用に供してはならない。

（日本国憲法89条）

支弁

　特定の財源があり、その財源から義務的に金銭を支出することをい
う。

例

各会計年度における経費は、その年度の歳入を以て、これを支弁しなけ
ればならない。　　　　　　　　　　　　　　　　　（財政法12条）

第Ⅱ編　用字用語の使い分け　　305

支給

金銭・物品を給付や給与として支払うことをいう。

例

俸給は、毎月一回、その月の十五日以後の日のうち人事院規則で定める日に、その月の月額の全額を<u>支給</u>する。

（一般職の職員の給与に関する法律９条本文）

交付

何らかの物（証明書等）や金銭を他人に渡すことをいう。

例

・国は、その施策を行うため特別の必要があると認めるとき又は地方公共団体の財政上特別の必要があると認めるときに限り、当該地方公共団体に対して、補助金を<u>交付</u>することができる。　（地方財政法16条）
・厚生労働大臣は、免許を与えたときは、医師免許証を<u>交付</u>する。

（医師法６条２項）

供与

他人に対して利益や便宜を与えるために、金銭や物を提供することをいう。

例

株式会社は、何人に対しても、株主の権利〔中略〕の行使に関し、財産上の利益の<u>供与</u>（当該株式会社又はその子会社の計算においてするものに限る。以下この条において同じ。）をしてはならない。

（会社法120条１項）

説　　明

いずれも金銭等を他人に渡す場合に用いられる用語であるが、その

金銭を渡す行為の性質が何か、金銭以外の物品にも用いられるかどうか等について使い分けられている。

　まず「支出」は一般に金銭を支払うことを意味する用語であり、単に金銭を支払うという行為をいう場合には「支出」を用いることが多い。

　これに対し、「支弁」は、金銭を支払うことのうち、何らかの特定の財源があり、その中から義務的に支払う場合について用いられる。例えば、国庫という財源から支払うという意味で「○○に要する費用は、国の支弁とする」と用いられたり、特定の者の財産という財源から支払うという意味で「○○の財産の中から支弁する」などのように用いられる。

　また、「支給」は、給与や給付として金銭や物品を渡す場合に用いられ、「給与を支給する」、「年金を支給する」、「○○手当を支給する」などのように用いられる。

　「交付」は、金銭だけでなく、免許証や証明書など様々な物を相手に渡すときに用いられる用語である。なお、国や地方公共団体が特定の目的のために交付する金銭について、「交付金」という名称が用いられる場合が多い。

　「供与」は、「利益供与」・「便宜供与」といった用語があるように、利益や便宜を与えるために、金銭、物品などを与えることをいう。

◁ MEMO ▷

　金銭を相手に渡すことに関しては、上記のほかにも、様々な用語が用いられている。例えば、「支払」は、金銭債務の履行として金銭を相手方に渡す場合に用いられる。このほか、債務の履行に関係する用語については、〔112〕を参照のこと。また、用例は多くはないが、「出えん」は、当事者が自分の意思に基づいて、自分の財産を減少させ、他人の財産を増やすという意味である。

第Ⅱ編　用字用語の使い分け　　307

〔105〕　辞職／失職／退職／免職／離職

ポイント

・「辞職」は自己の意思で職を退くことを、「失職」は当然に
その職を失うことを、「退職」は定年など各種の理由により
職を退くことを、「免職」は主に公務員について任命権者が
職員の職を免ずることをいう。「離職」は職を離れること
をいい、辞職、失職、退職及び免職を含む。

法律類語

辞職

ある職にある者が、自己の意思でその職を退くことをいう。

例

各議院は、その議員の辞職を許可することができる。

（国会法107条本文）

失職

ある職にある者が、特定の要件に該当することで当然にその職を失
うことをいう。

例

職員が第三十八条各号（第二号を除く。）のいずれかに該当するに至つた
ときは、人事院規則で定める場合を除くほか、当然失職する。

（国家公務員法76条）

退職

ある職にある者が各種の理由により職を退くことをいう。定年に達

したことにより職を退く場合や自発的に職を退く場合について用いられるほか、失職や免職も含めて退職と表現されることもある。

例

この法律の規定による退職手当は、常時勤務に服することを要する国家公務員……が退職した場合に、その者（死亡による退職の場合には、その遺族）に支給する。　　　　　　　　　　（国家公務員退職手当法2条1項）

免職

任命権者が、ある職員の職を免じることをいう。広義では職員の意思に基づく場合も含めて免職ということもあるが、職員の意思にかかわらず一方的に職を免ずる場合に用いられることが多い。

例

職員が、次の各号に掲げる場合のいずれかに該当するときは、人事院規則の定めるところにより、その意に反して、これを降任し、又は免職することができる。　　　　　　　（国家公務員法78条各号列記以外の部分）

離職

ある職にある者が、その職を離れることを広くいう。辞職、失職、退職及び免職を全て含む概念として用いられる。

例

職員の離職に関する規定は、この法律及び人事院規則でこれを定める。
　　　　　　　　　　　　　　　　　　　　　　　（国家公務員法77条）

説　　明

いずれも職を離れることに関連して用いられる用語であるが、その原因等によって使い分けられる。

第Ⅱ編　用字用語の使い分け　　309

　まず、「辞職」は、職員本人の意思に基づいて職を辞めることをいい、本人の意思によらない場合には用いられない。「辞任」も同様の意味である。

　これに対し、「失職」は、本人の意思にかかわらず、法定の一定の事由に該当した場合に、当然にその職を失う場合に用いられる。例えば、公務員が禁錮（令和7年6月以降は拘禁刑）以上の刑に処せられた場合は、任命権者の特段の行為を必要とせず、その職員は当然に職を失う。

　また、「免職」は、任命権者の行為を捉えた概念であり、ある職員の職を免じることをいう。広義では職員の意思に基づく場合も含めて免職ということもあるが、職員の意思にかかわらず一方的に職を免ずる場合に用いられることが多い。この一方的に職を免ずる処分としては、公務能率の確保のために行われる分限免職と職員の非違行為に対する制裁として行われる懲戒免職とがある。なお、民間労働者については、使用者が一方的に雇用契約を終了させることを「解雇」という。

　これらに対し、「退職」や「離職」は、より広い意味で用いられる用語である。「離職」は最も汎用性があり、原因を問わず、職を離れること全般に用いられる。「退職」は、定年退職や自らの意思による退職などのように用いられ、一般的には「離職」よりは限定的な意味で用いられることが多いが、失職や免職も含んで離職と同様の意味で用いられることもある。

310　　　　第Ⅱ編　用字用語の使い分け

〔106〕　施設／設備

ポイント

・「施設」は、一般的には、特定の目的のために設置された構造物、建築物等をいうが、建築物などの物理的なものに限らず、建物、人、組織を含めた事業体全体のことをいうことも多い。
・「設備」は、一般的には、機械、装置、器具など建設物に備え付けられる物を意味する。

類義語

施設

特定の目的のために設置された構造物、建築物等をいう。また、建築物などの物理的なものに限らず、建物、人、組織を含めた事業体全体について「施設」を用いることも多い（公の施設、児童養護施設等）。

例

・普通地方公共団体は、住民の福祉を増進する目的をもつてその利用に供するための施設（これを公の施設という。）を設けるものとする。

（地方自治法244条１項）

・保育所は、保育を必要とする乳児・幼児を日々保護者の下から通わせて保育を行うことを目的とする施設（利用定員が二十人以上であるものに限り、幼保連携型認定こども園を除く。）とする。

（児童福祉法39条１項）

設備

一般的には、機械、装置、器具など建設物に備え付けられる物を意

味する。ただし、建物自体も設備に含めることもあり、その範囲は法令によって異なる。

例

・都道府県は、児童福祉施設の設備及び運営について、条例で基準を定めなければならない。　　　　　　　　　　　（児童福祉法45条1項本文）
・校舎その他の施設及び教具その他の設備の整備に関すること。
　　　　　　　（地方教育行政の組織及び運営に関する法律21条7号）

説　明

　「施設及び設備」のようにセットで用いられることも多い両者であるが、一般的には、上記の児童福祉法や地方教育行政の組織及び運営に関する法律の例のように「施設」が建築物全体などより大きなものをいうのに対し、「設備」は施設の中に備えられる機械、装置、器具などをいう。ただし、「設備」の範囲は法令により様々であり、「建物その他の設備」（生活保護法）という用例のように、一般的には「施設」に該当することが多い建物を「設備」としている例もある。

　「施設」については、建築物などの物理的なものに限らず、建物、人、組織を含めた事業体全体について「施設」を用いることも多い。この点は、「設備」と明確に異なる。

〔107〕 従って／したがって

> ### ポイント
> ・副詞の場合は、漢字を用いて「従って」と書き、接続詞の場合は、「したがって」と平仮名で書く。

漢字・仮名（品詞）　　令4公用文作成考え方、平22公用文漢字使用等、平22法令漢字使用等、平23用字用語例

従って

　副詞であり、「副詞は、最後の音節を送る。」の例外（昭48送り仮名付け方）。また、後ろについて行く、あとに続く、沿う、たどる、他からの働きに順応する、などの意の動詞「従う」も漢字で書く（令4公用文作成考え方）。

例
> 社長に従って……　流れに従って……　指示に従って……

したがって

　接続詞であり、前の事柄から順当に導かれる事柄を次に述べることを表す。

例
> したがって、……

説　明

　動詞「従フ」の連用形＋接続助詞「テ」で、「シタガヒテ」の音便。
　副詞の「従って」は、漢字を用いて書き、含まれている語の送り仮名の付け方によって仮名を送ったものである。
　接続詞の「したがって」は、常用漢字表に使える漢字があっても接続詞は仮名書きを基本とすることによるものである。

第Ⅱ編　用字用語の使い分け　　313

〔108〕　実状／実情／実態／実体

ポイント

・「実状」は外面的に、「実情」は内面的に、見たありさまを
意味する。
・「実態」は事情・情勢を、「実体」は本質・本体を意味する。

同音類義語　類義語

実状

物事を外面的に見た実際のありさまのこと。

例

沖縄県の区域において日本放送協会が徴収する受信料の額は、当分の間、
沖縄県の区域における日本放送協会の業務の<u>実状</u>及び社会的経済的事情
を考慮して定められなければならない。

（沖縄の復帰に伴う特別措置に関する法律135条）

実情

物事を内面的に見た実際のありさまのこと。

例

支援センターは、地域における業務の運営に当たり、協議会の開催等に
より、広く利用者その他の関係者の意見を聴いて参考とし、当該地域の
<u>実情</u>に応じた運営に努めなければならない。

（総合法律支援法32条４項）

実態

物事の状態や情勢のこと。

314　　第Ⅱ編　用字用語の使い分け

> **例**
>
> 労働契約は、労働者及び使用者が、就業の実態に応じて、均衡を考慮しつつ締結し、又は変更すべきものとする。　　　　　（労働契約法３条２項）

実体

物事の本質や本体のこと。

> **例**
>
> 経済の実体　実体のない会社　生命の実体

説　　明

　いずれもほぼ同義で用いられることが多い。

　その上で、「実状」と「実情」は、表そうとする内容が状態か事情かによって使い分けがされ得るが、法令上は、ほとんど「実情」が用いられている。

　「実情」と「実態」は、「実情」は事情を含む態様を、「実態」は、客観的な事実を含めた情勢をそれぞれ表そうとするものと考えられる。

　また、「実体」は、手続や形式との対比として、法律関係の具体の内容や本質的な規範を指す意味で「実体的要件」「実体法」というような成語で用いられている。

第Ⅱ編 用字用語の使い分け 315

〔109〕 してはならない／することができない

ポイント

・「してはならない」は、不作為の義務を課す場合に用いる。
・「することができない」は、法律上の能力又は権利がない
ことを表す場合に用いる。

法令用語

してはならない

一定の行為を禁止することを意味し、不作為の義務を課す場合に用いられる。

例

溝、堀その他の水流地の所有者は、対岸の土地が他人の所有に属すると
きは、その水路又は幅員を変更してはならない。　　　　（民法145条）

することができない

一定の行為をする法律上の能力又は権利がないことを表す場合に用いられる。

例

時効の利益は、あらかじめ放棄することができない。　　（民法146条）

説　明

ある行為を「してはならない」とする規範は、当該行為をすること
を法律が禁止したものであるため、これに違反して当該行為をした場
合には、処罰の原因となり得る。しかし、当該行為に関する法律上の

権利又は能力を定めたものではないため、その法律上の効力には直接関係しない。

　ある行為を「することができない」とする規範は、当該行為について法律上の能力又は権利がないことを定めるものであるため、これに違反して当該行為をした場合には、処罰の原因とされることは少ないが、法律上の行為として瑕疵があることとなり、その効力にも影響が及ぶ。

第Ⅱ編　用字用語の使い分け　　　317

〔110〕　指導／指示／指針

ポイント

- ・「指導」は、相手方に対してなすべきことを示し、相手方
　を一定の方向に誘導することをいう。
- ・「指示」は、一定の方針・基準・手続などを指し示し、そ
　れを実施させることをいう。
- ・「指針」は、ある物事を行う上で、そのよりどころとなるも
　の、あるいは、基本的な方向や方法を指し示すものをいう。

法律類語

指導

　「指導」は、相手方に対してなすべきことを示し、相手方を一定の
方向に誘導することをいうが、相手方がこれに従わなければならない
法的な義務はない。

例

国、都道府県及び水防管理団体は、水防協力団体に対し、その業務の実
施に関し必要な情報の提供又は指導若しくは助言をするものとする。

(水防法40条)

指示

　「指示」は、一定の方針・基準・手続などを指し示し、それを実施
させることをいう。相手方が指示を遵守することが期待されており、
一般に、指導よりも法的な拘束力が強く、命令より拘束力が弱い場合
に用いられる。

例

災害が発生し、又は発生するおそれがある場合において、人の生命又は
身体を災害から保護し、その他災害の拡大を防止するため特に必要があ

ると認めるときは、市町村長は、必要と認める地域の必要と認める居住者等に対し、避難のための立退きを指示することができる。

(災害対策基本法60条1項)

指針

「指針」は、ある物事を行う上で、そのよりどころとなるもの、あるいは、基本的な方向や方法を指し示すものをいう。

例

厚生労働大臣は、感染症の予防の総合的な推進を図るための基本的な指針（以下「基本指針」という。）を定めなければならない。

(感染症の予防及び感染症の患者に対する医療に関する法律9条1項)

説　明

「指導」、「指示」ともに、行政庁が相手方に対しある行為をさせようとする行為をいうが、その拘束力の強さが異なり、「指導」は相手方の選択の余地がより広いのに対し、「指示」は相手方が指示を遵守することが期待されており、一般に、指導よりも法的な拘束力が強い場合に用いられる。「指導」は法的拘束力が弱く、その意味で、「助言」や「勧告」に近く、「指導及び助言」のようにセットで用いられることも多い。

行政と相手方との関係に関しては、「監督」という用語が用いられることがあるが、これは、行政が人や機関に法令や義務に違反する行為がないかを監視し、必要があれば指導、指示、命令等の権限を行使する活動全体をいう。

その一方で、「指針」は、行政や事業者の活動のよりどころ、あるいは基本的な方向や方法を指し示すものであり、外来語の「ガイドライン」も同様の意味で用いられる。

第Ⅱ編　用字用語の使い分け　　319

〔111〕　しなければならない／するものとする／することができる

ポイント

・「しなければならない」「するものとする」は、いずれも作為を義務付けるものであるが、その義務付けの程度の強弱に違いがある。

・「することができる」は、法律上の能力又は権利があることを指す場合に用いる。

法令用語

しなければならない

一定の行為の作為を義務付けようとする場合に用いられる。

例

役務提供事業者は、役務提供契約につき申込みの撤回等があつた場合において、当該役務提供契約に関連して金銭を受領しているときは、申込者等に対し、速やかに、これを返還しなければならない。

（特定商取引に関する法律24条6項）

するものとする

一定の行為の作為を義務付けようとする場合や、一般的な原則又は方針を示す場合に用いられる。

「しなければならない」よりも義務付けの程度・印象が若干弱いものとされる。

例

総務大臣は、……報告を受けたときは、国の関係行政機関の長に対し直

320　　　第Ⅱ編　用字用語の使い分け

ちにその旨を通知<u>するものとする</u>。　　　　　（地方自治法８条の２第５項）

することができる

　一定の行為をする法律上の能力又は権利があることを指す場合に用いられる。

例

議長は、議会運営委員会の議決を経て、当該普通地方公共団体の長に対し、会議に付議すべき事件を示して臨時会の招集を請求<u>することができる</u>。　　　　　（地方自治法101条２項）

説　明

　「しなければならない」こととされた規定に違反した場合については、処罰の原因とされる場合はあるが、その行為が法律上当然に無効とはされない。

　「するものとする」は、行政機関等に一定の拘束を及ぼそうとする場合に多く用いられる。これは、行政機関等であれば、原則を示せばそれに従って行動することが期待されるためと考えられる。行政機関等に明確に強い義務付けをしようとする場合に、「しなければならない」が用いられるときもある。

　「するものとする」は、解釈上の疑義を避けるために念のために規定する場合の述語としても用いられるほか、準用規定〔120〕において、必要な読替えをする読替規定の述語としても慣用的に用いられる。

　「することができる」は、その行為をする能力、権利、権限等があることを指すものであるため、基本的に、その行為を実際にするかどうかは自由である。しかし、行政機関等の権限や権能があることを示すものとして用いられる場合において、その職務や地位などを勘案し

第Ⅱ編　用字用語の使い分け　　　321

て、その行為をすることについて、裁量はなく、義務付けているもの
と解される場合もある。

◁ＭＥＭＯ▷

　「しなければならない」及び「するものとする」のほかにも、義務付
けの程度や印象を異ならせるために、「努めなければならない」や「努め
るものとする」が用いられる場合もある。いわゆる基本法や推進法の多
くにおいては、行政機関等と私人、国と地方公共団体といった主体の違
いや内容に応じて、義務付けの程度や印象を変えるために、これらの語
が使い分けられている。

322　　　　　　第Ⅱ編　用字用語の使い分け

〔112〕　支払／給付／弁済／履行

ポイント
- 「支払」は、基本的に、金銭を払い渡すことを意味する。
- 「給付」「弁済」「履行」は、いずれも債務者の行為に関するものであり、着目する点に応じて使い分けられている。

法律類語 平22法令漢字使用等

支払

（1）　金銭債務の履行として金銭を払い渡すこと。ただし、法令によっては金銭以外のものによる場合を含め、「支払」を用いる例もある。

例

売買の目的物の引渡しについて期限があるときは、代金の支払についても同一の期限を付したものと推定する。　　　　　　　　　　（民法573条）

（2）　国の会計において、現金支払命令に対して、現金を現実に支払う段階のこと。

例

各省各庁の長は、債権者に支払をする場合において、政令で定める場合に該当するときは、必要な資金を日本銀行に交付して、支払をなさしめることができる。　　　　　　　　　　　　　　　　　（会計法21条１項）

給付

（1）　債権の目的たる債務者の行為。

例

債権の目的が数個の給付の中から選択によって定まるときは、その選択権は、債務者に属する。　　　　　　　　　　　　　　　（民法406条）

第Ⅱ編　用字用語の使い分け　　323

（2）　社会保険や生活保護として法律等に基づき支給される金銭、役
　　務等。

例

保険者が健康保険組合である場合においては、前条各号に掲げる給付に
併せて、規約で定めるところにより、保険給付としてその他の給付を行
うことができる。　　　　　　　　　　　　　　　　　　　（民法219条1項）

弁済

　債務者その他の者が、債務の本旨に従った給付を行い、当該債権を
消滅させること。

例

債務者が債権者に対して債務の弁済をしたときは、その債権は、消滅す
る。　　　　　　　　　　　　　　　　　　　　　　　　　　（民法473条）

履行

（1）　債権債務関係において、債権の内容を実現すること。

例

保証人は、主たる債務者がその債務を履行しないときに、その履行をす
る責任を負う。　　　　　　　　　　　　　　　　　　　　（民法446条1項）

（2）　債権債務関係以外の場合において、法令の規定する義務の内容
　　を実現する行為をいうことがある。

例

この法律、この法律に基く命令若しくは条例又はこれらによつてする処
分による義務を履行するために必要な費用は、この法律に特別の規定が
ある場合を除く外、当該義務者が負担しなければならない。
　　　　　　　　　　　　　　　　　　　　　　　　　　　　　（道路法65条）

324　　第Ⅱ編　用字用語の使い分け

説　　明

　「支払」は、活用のない語として用いる場合は送り仮名を付けない。

　「給付」、「弁済」及び「履行」は、ほぼ同義であるが、「給付」は債務者の義務に、「弁済」は債権の消滅に、「履行」は債権の効力にそれぞれ着目したものである。

第Ⅱ編　用字用語の使い分け　　325

〔113〕　事務／事業／職務

ポイント
- 「事務」は、仕事とほぼ同義で、広く該当する。
- 「事業」は、反復継続的に遂行される行為の総体を意味する。
- 「職務」は、国等の職員や法人の役員等が、その地位に応じて担当する事務やその事務を処理すべき任務を意味する。

法律類語

事務

（1）　仕事とほぼ同義に用いられる。人間の生活に影響を及ぼす全ての行為が該当する。

例

保佐人は、保佐の事務を行うに当たっては、被保佐人の意思を尊重し、かつ、その心身の状態及び生活の状況に配慮しなければならない。
（民法876条の5第1項）

（2）　技術的職務に対比される非技術的な職務を表すものとして用いられる場合もある。

例

都道府県に置かれる教育委員会（以下「都道府県委員会」という。）の事務局に、指導主事、事務職員及び技術職員を置くほか、所要の職員を置く。　　（地方教育行政の組織及び運営に関する法律18条1項）

事業

　一定の目的をもって反復継続的に遂行される同種の行為の総体のこと。

326 第Ⅱ編　用字用語の使い分け

> **例**
>
> 組合契約は、各当事者が出資をして共同の<u>事業</u>を営むことを約することによって、その効力を生ずる。　　　　　　　　（民法667条１項）

職務

　国、地方公共団体等の職員や、法人その他の団体の役員、職員等が、その地位に応じて担当する当該団体の事務又はその事務を処理すべき任務のこと。

> **例**
>
> 職員の給与は、その官職の<u>職務</u>と責任に応じてこれをなす。
> 　　　　　　　　　　　　　　　　　　　　　　（国家公務員法62条）

説　明

　「事務」は、法律行為であるか、事実行為であるかは問わない。単なる不作為は含まれないと解されている。

　「事業」は、営利の目的をもってなされるかどうかは問わない。会社法上は、個人商人における営業に対応するものとして、その会社の行う活動を一般に「事業」と呼んでいる（会社法５条等）。

　「職務」は、ある事務を、国等の職員等がその所属する組織のためにその担当する事務を処理すべき義務という観点からみた場合に用いられるものである。これらの者がその事務をその組織のために処理することができる能力という観点からみた場合には、「権限」や「職権」が用いられる。

第Ⅱ編　用字用語の使い分け　　　327

〔114〕　社団／財団

> ## ポイント
> ・「社団」は、自然人の集合体を意味する。
> ・「財団」は、財産の集団を意味する。

法律類語

社団

　一定の目的をもって組織された自然人の集合体で、団体としての組織を実質的に備えているもの。

例

会社その他の社団の債権者からの社員又は社員であった者に対する訴えで社員としての資格に基づくもの　　　　（民事訴訟法３条の３第７号ニ）

財団

　一定の目的のために結合された財産の集団。

例

二以上の事業者が理事又は管理人の任免、業務の執行又はその存立を支配している一般財団法人その他の財団
　　　　　　　　　　　　　（不当景品類及び不当表示防止法２条２項２号）

説　　明

　「社団」の「団体としての組織を実質的に備えていること」とは、多数決の原則が行われ、構成員の変更にかかわらず団体そのものが存続し、その組織によって代表の方法、総会の運営、財産の管理その他

団体としての主要な点が確定していること等が挙げられる。

　一般社団法人及び一般財団法人に関する法律により、定款を備える等一定の手続を踏むことにより、社団及び財団は、それぞれ「一般社団」及び「一般財団」として法人格を有するものとなることができる。

　法人格を有さない社団及び財団は、代表者又は管理者の定めがある場合には、法令上、株式会社等の法人と同様の取扱いがされることが多い。

◁ MEMO ▷

　「一般社団法人」は、設立時に二人以上の社員が必要であるが、会社法に基づく「会社」のうち株式会社等は、社員が一人でも設立ができることから、意義どおりの自然人の集合体である「社団」であるかどうかについては、議論があるようである。これについては、株式会社等は容易に社員を複数とすることができることから、潜在的には社団であると説明されている。

第Ⅱ編　用字用語の使い分け　　329

〔115〕　住所／居所／住居

ポイント

・「住所」は、各人の生活の本拠を、「居所」は、生活の本拠
　ではないが、人が多少の期間継続して居住する場所を指す。
・「住居」は、日常生活に使用するために人が居住する場所
　を指す。

法律類語

住所

　住所は、人と場所の結び付きが法律上問題となる場合に、その法律
関係を処理する標準となる場所の一つであり、民法は、形式主義では
なく実質主義の立場をとり、そこでは、生活の本拠として、生活の事
実上の中心点となっている場所を指すものとされている。

例

・各人の生活の本拠をその者の住所とする。　　　　　　　　（民法22条）
・相続は、被相続人の住所において開始する。　　　　　　　（民法883条）

　住所は、民法のほか、各法分野で広く用いられているものであり、
その場合にも、一般に、民法の規定の類推などにより同様の意味に解
されている。なお、一般社団法人と一般財団法人の住所はその主たる
事務所の所在地、会社の住所はその本店の所在地とされている。

例

・市町村の区域内に住所を有する者は、当該市町村及びこれを包括する
　都道府県の住民となる。　　　　　　　　　　　　（地方自治法10条１項）
・会社の住所は、その本店の所在地にあるものとする。　（会社法４条）

330　　　　　　第Ⅱ編　用字用語の使い分け

居所

　居所は、生活の本拠とまではいえないが、人が多少の期間継続して居住する場所を指し、例えば、工事のため工事現場の近くの宿舎に長期にわたり居住するような場合がこれに当たる。住所がないとき又は不明のときに、居所は、住所とみなされる。

例

・住所が知れない場合には、居所を住所とみなす。　　　（民法23条１項）
・人の普通裁判籍は、住所により、日本国内に住所がないとき又は住所が知れないときは居所により、日本国内に居所がないとき又は居所が知れないときは最後の住所により定まる。　　　（民事訴訟法４条２項）

住居

　住居は、いろいろな意味で用いられているものであるが、一般的には、人が居住して日常生活に用いている家屋等の場所をいう。居住は永続的であることを要せず、一時的なものでもよく、また、独立した家屋全体である必要はなく、旅館やアパートの一室もこれに当たる。

例

・正当な理由がないのに、人の住居若しくは人の看守する邸宅、建造物若しくは艦船に侵入し、又は要求を受けたにもかかわらずこれらの場所から退去しなかった者は、三年以下の懲役又は十万円以下の罰金に処する。　　　（刑法130条）
・保釈を許す場合には、被告人の住居を制限しその他適当と認める条件を附すことができる。　　　（刑事訴訟法93条３項）

説　　明

　いずれも人が居住する場所に関する用語であり、基本的に、「住所」は、生活の本拠として居住している場所、「居所」は、人が多少の期間継続して居住しているが、その人の生活と場所との結び付きが強くなく、生活の本拠とするまでには至らないもの、「住居」は、人が生活に

第Ⅱ編　用字用語の使い分け　　331

使用する場所という意味で用いられる。居所は、上記の例のように、住所の補充としての機能を営むものとなっている。また、住居は、その人が日常生活を営んでいる建物や部屋といった具体的な観念として用いられるのが一般的であるが、上記の刑事訴訟法の例のように、住所や居所と同様に抽象的な意味で用いられることもある。

　住所については、民法22条が規定するように生活の本拠と解されているが、何を生活の本拠とするかをめぐっては、定住という事実に基づいて判断する客観説と、定住の事実と意思が必要であるとする意思説の対立があり、また、住所は一人一か所に限られるとする単一説と生活関係ごとに異なる住所が認められ得るとする複数説もある。判例は、単一説・客観説に近い立場をとるともいわれ、例えば、公職選挙法による選挙権・被選挙権の要件としての住所について、最高裁平成9年8月25日判決は、「生活の本拠、すなわち、その者の生活に最も関係の深い一般的生活、全生活の中心を指すものであり、一定の場所がある者の住所であるか否かは、客観的に生活の本拠たる実体を具備している否かにより決すべき」としている。

◁　MEMO　▷

　このほか、居住地、住居地といった用語もある。「居住地」は、居住している場所を意味するが、用いられている規定の趣旨からその内容が若干異なることがあるのに対し、「住居地」は住居としている場所を意味する。他方、人の生活と場所との結び付きが更に薄いものを区別して、「現在地」ということがある。このほか、人や物が存在する場所を指すものとして、「所在地」がある。

　なお、人の生活と関係を有する施設又は場所を意味するものに、住宅、居宅、邸宅があり、「住宅」は人の居住に供される施設を、「居宅」は現に人の住居に供されている住宅を意味する。「邸宅」も人の居住に供される施設をいうが、現に住居に供されていないものを指す意味で用いられることもある。

332　　　第Ⅱ編　用字用語の使い分け

〔116〕　習得／修得

ポイント

学問や技術などについて、習って覚えることが「習得」、学んで身につけることが「修得」。

同音異義語

習得

習い覚えて身につけることで、実地に習って学問や技術を身につける場合などに用いられる。

例

社会において果たさなければならない使命の自覚に基づき、個性に応じて将来の進路を決定させ、一般的な教養を高め、専門的な知識、技術及び技能を習得させること。　　　　　　　　　　（学校教育法64条２号）

修得

学んで身につけることで、一つの定められた学問や技術を身につけられる場合などに用いられる。

例

実務修習は、第７条各号に掲げる者に対して、弁理士となるのに必要な技能及び高等の専門的応用能力を修得させるため、経済産業大臣が行う。
　　　　　　　　　　　　　　　　　　　　　　（弁理士法16条の２第１項）

説　　明

学校や研修などにおける単位や課程を取得したり終えたりすることは「修得」であり、外国語や実務研修による技能の体得は「習得」である。

第Ⅱ編　用字用語の使い分け　333

〔117〕　十分／充分

ポイント

物事が満ち足りていることを意味する語としては、基本的には「十分」を用いる。

|同音類義語| 平23用字用語例

十分

物事が不足がなくて満ち足りること。物事が必要な分だけあって足りないところがないこと。

例

裁判所は、充実した公判の審理を継続的、計画的かつ迅速に行うことができるよう、公判前整理手続において、<u>十分</u>な準備が行われるようにするとともに、できる限り早期にこれを終結させるように努めなければならない。　　　　　　　　　　　　　　　　（刑事訴訟法316条の３）

充分

分量がいっぱいあって満ち足りること。物事が満ち満ちて足りないところがないこと。

例

刑事被告人は、すべての証人に対して審問する機会を<u>充分</u>に与へられ、又、公費で自己のために強制的手続により証人を求める権利を有する。　　　　　　　　　　　　　　　　（日本国憲法37条２項）

説　明

満ち足りていることを意味する語は、本来は「十分」であるとされ

ており、公用文では、「十分」を用いる。第5期国語審議会の第2部会報告「語形の「ゆれ」について」（昭和36年）では、「十分」と「充分」について、「いずれも普通に行なわれている。憲法では『充分』を使っている。本来は『十分』であって、『充分』はあて字である。また、「十」のほうが字画も少なく、教育漢字でもあり、『充』はそうでないことなどからも、漢字を使うとしたら『十分』を採るべきであろう」と述べている。

その上で、「十分」は、必要な分のちょうどいっぱいな状態を意味し、「充分」は、十二分に満ちていることを意味すると考えられ、使い分けをする場合がある。

第Ⅱ編　用字用語の使い分け　　335

〔118〕　主旨／趣旨／要旨

ポイント

・「主旨」「趣旨」「要旨」は、いずれも文章や考え方の中心
となる事項を意味するものであるが、射程の範囲に応じて
使い分けられている。

類義語

主旨

文章や考え方の中心となるもの。

例

論文の主旨

趣旨

　文章や考え方の中心となるものに加えて、物事を行おうとする事情、
目的、理由を含むもの。目的や理由そのものを指す場合もある。

例

宣誓の趣旨を理解することができない者は、宣誓をさせないで、これを
尋問しなければならない。　　　　　　　　　　（刑事訴訟法155条１項）

要旨

文章や考え方の主要な点や内容のあらましのこと。

例

主宰者は、聴聞の審理の経過を記載した調書を作成し、当該調書におい
て、不利益処分の原因となる事実に対する当事者及び参加人の陳述の要
旨を明らかにしておかなければならない。　　　　（行政手続法24条１項）

説　明

　「主旨」と「趣旨」は、ほぼ同義で用いられる場合があり、その場合には「趣旨」を使うことが多いようである。

　「趣旨」の「趣」は、目的や理由を意味する漢字であり、物事を行おうとする事情、目的や理由についても含意するものである。

第Ⅱ編　用字用語の使い分け　　　337

〔119〕　受理／受領

ポイント

・「受理」は、申請、届出等を受け取ること。
・「受領」は、金銭、物品等の給付等を他人から受け取ること。

法律類語

受理

　申請、請願、届出等について、行政庁等が内容の審査をすべきものとして受け取ること。

例

婚姻の届出は、その婚姻が……法令の規定に違反しないことを認めた後でなければ、受理することができない。　　　　　　　　　（民法740条）

受領

（1）　金銭、物品等の給付を他人から受け取ること。

例

商人間の売買において、買主がその目的物の受領を拒み、又はこれを受領することができないときは、売主は、その物を供託し、又は相当の期間を定めて催告をした後に競売に付することができる。

（商法524条1項前段）

（2）　債務の弁済を受けること。

例

弁済をする者は、弁済と引換えに、弁済を受領する者に対して受取証書の交付を請求することができる。　　　　　　　　　（民法486条1項）

338 第Ⅱ編 用字用語の使い分け

```
説　　明
```

　「受理」は、申請等が行政機関等に到達することを単に指すだけではなく、行政機関がこれらの申請等を処理し得る状態におくことまでを意味する場合が多い。

　給付とはいえない書類等の受取についても、「受領」を用いる場合もある。

第Ⅱ編　用字用語の使い分け　　　339

〔120〕　準用する／例による／同様とする

ポイント

・「準用する」は、ある規定を類似する他の事柄について働かせる。
・「例による」は、ある事柄について同種の他の制度を包括的に働かせる。
・「同様とする」は、ある事柄に準ずる別の事柄について同内容の規範を働かせる。

法令用語

準用する

　ある事柄に関する規定を、それとは異なるが類似する他の事柄について、必要な変更を加えた上で働かせること。

例

　1　代理人がその権限内において本人のためにすることを示してした意思表示は、本人に対して直接にその効力を生ずる。
　2　前項の規定は、第三者が代理人に対してした意思表示について<u>準用する</u>。

（民法99条）

　※2項の規定において1項が準用され、1項の規定に必要な変更が加えられた結果として、「第三者が代理人に対してした意思表示は、本人に対して直接にその効力を生ずる。」との規範が働くこととなる。

例による

　ある事項に関し、同種の他の制度又は規定を包括的に借りてきて、

340 第Ⅱ編　用字用語の使い分け

それと同様の取扱いをしようとする場合に用いられる。

例

この法律及びこの法律に基づく命令に規定するもののほか、投票及び開
票に関しては、衆議院小選挙区選出議員の選挙の投票及び開票の例によ
る。　　　　　　　　　　　　　　　　　　　　（最高裁判所裁判官国民審査法26条）

同様とする

　ある事柄に関する規定と同内容の規範を、その事柄に準ずる別の事
柄について働かせる場合に用いられる。

例

取消権は、追認をすることができる時から五年間行使しないときは、時
効によって消滅する。行為の時から二十年を経過したときも、同様とす
る。　　　　　　　　　　　　　　　　　　　　　　　　　　　　　（民法126条）

説　　明

　ある規定を、その規定が本来対象としている事柄に関し、働かせる
ことは、「適用」である。それに対し、「準用する」、「例による」及び
「同様とする」はいずれも、ある規定が本来対象としている事柄以外
の事柄に関し、その規定を働かせるために用いられる。これらの語を
用いる理由として、同じようなことを何度も重複して規定する煩を避
けることが挙げられる。

　「準用する」は、明示した法令の規定を個別的に借用する場合に用
いられるのに対し、「例による」は、制度を全体として借用する場合に
用いられるという違いがある。「準用する」対象は、個別の規定だけで
はなく、ある法律を明示してその全体を借用する場合もある。「例に
よる」場合には、制度全体が借用されるため、法律のみならずその下
位法令で定められた規範も働くこととなる。

第Ⅱ編　用字用語の使い分け　　341

〔121〕　条／項／号、章／節／款／目／編

ポイント

・「条」は、法令の基本的な箇条書きの単位。「項」は、「条」を区分した段落。「号」は、「条」「項」の中で列記したもの。
・「章」「節」「款」「目」「編」は、条文数の多い法令をその内容に応じて区分するための単位。

法令用語

条／項／号

　法令は、理解と検索の便を考えて箇条書きで書かれているが、その基本的な単位が「条」である。

　「条」を規定の内容に応じて更に区分する必要がある場合に、内容ごとに文章をまとめ、別行に書き出す方法が採られる。こうして区切られた段落が「項」である。

　「条」及び「項」の中で事項を列記する際に用いられるのが「号」である。

例

○民法

　　　　（代理権の消滅事由）
条
　項　　第百十一条　代理権は、次に掲げる事由によって消滅する。
　　号　　一　本人の死亡
　　号　　二　代理人の死亡又は代理人が破産手続開始の決定若し
　　　　　　くは後見開始の審判を受けたこと。
　項　　2　委任による代理権は、前項各号に掲げる事由のほか、
　　　　　　委任の終了によって消滅する。

342 第Ⅱ編 用字用語の使い分け

章／節／款／目／編

　法令の本則が多くの条で構成されている場合に、分かりやすくするために、内容に応じて区分するための単位。まず、「章」で区分し、章の中で更に細かい区分を要する場合は「節」を用いる。節を区分する場合は「款」を、「款」を区分する場合は「目」を用いる。

　なお、民法、地方自治法等の大法典では、「章」の上の分類として「編」を置くことがある。

例

刑事訴訟法の本則は、次のように区分されている。
　　第一編　〔略〕
　　第二編　第一審
　　　第一章・第二章　〔略〕
　　　第三章　公判
　　　第一節　公判準備及び公判手続
　　　第二節　争点及び証拠の整理手続
　　　　第一款　公判前整理手続
　　　　　第一目　通則
　　　　　第二目　争点及び証拠の整理
　　　　　第三目　証拠開示に関する裁定
　　　　第二款　期日間整理手続
　　　　第三款　公判手続の特例
　　　第三節　被害者参加
　　　第四節　証拠
　　　第五節　公判の裁判
　　　第四章・第五章　〔略〕
　　第三編～第七編　〔略〕

説　明

　法令の本則は、極めて簡単なものを除き、「条」に区分される。附則

第Ⅱ編　用字用語の使い分け　343

も規定する事項が多い場合には、「条」に区分される。本則も附則も「条」に区分するほどではない場合には、「項」に分けて規定され、「項」のみで成り立つ。

「条」のうち、二つ目の「項」、すなわち第2項以下の「項」には、算用数字で項番号が付される。「項」のみで成り立つ本則や附則で「項」が二つ以上ある場合には、第1項にも「1」と項番号が付される。

項番号が付されるようになったのは、昭和23年ごろからであり、制定が古い法令は、項番号が付されていないものも多い。市販の法令集では、そのような法律について、便宜的に「①、②、③……」という形で番号を付して掲載している場合が多い。また、項番号のない「条」の第1項について、「①」という形で番号を付している法令集もある。

「号」の中で、更に細かく事項を列記する場合には、「イ、ロ、ハ……」という形で細分する。これを更に細分する場合には、現在の法令では、「（1）、（2）、（3）……」を用いることとされている。

法令を章、節等に区分する場合には、現在は、その区分を一括する目次を、法令の題名の次に必ず付けることとされている。

344　　　第Ⅱ編　用字用語の使い分け

〔122〕　使用／利用／占用

ポイント

・「使用」は、物の本来の用方に従って消費し、又はそのまま使うことを意味する。
・「利用」は、「使用」の意味に加えて、機能や利点を活用することを意味する。
・「占用」は、独占して使用することを意味する。

法律類語

使用

　物の本来有する機能、性質によって定まる本来の用方に従って消費すること。また、そのまま使うこと。

例

所有者は、法令の制限内において、自由にその所有物の使用、収益及び処分をする権利を有する。　　　　　　　　　　　　　　（民法206条）

利用

　「使用」の意味に加えて、物や施設の機能や利点を活用して使うことなどを意味する。

例

普通地方公共団体は、住民が公の施設を利用することについて、不当な差別的取扱いをしてはならない。　　　　　　（地方自治法244条３項）

占用

独占して使用すること。一定の地域又は水域を占拠して使用すること。

例

河川の流水を占用しようとする者は、国土交通省令で定めるところにより、河川管理者の許可を受けなければならない。　　（河川法23条本文）

説　明

「使用」及び「利用」は、いずれも人や物を使うこと、用いることを意味するものである。

「使用」は、基本的に物について用いられるが、「予算の使用」や「準備金の使用」のように物以外について用いられる場合もある。また、物を用いることに関する意義のほか、賃金を支払うなどにより、他人を労務に就かせることも意味する。

「占用」は、河川、海岸、道路等の公物の使用について用いられる。一般的には、これらの公物について、その用途・目的を妨げない範囲で、工作物の設置等のために継続して使用することを意味する。

〔123〕 昇格／昇任／昇給／昇進

ポイント
・「昇格」は職務の級について、「昇任」は職制上の段階の官職について、「昇給」は俸給の号棒について、それぞれ上位のものに変更する公務員の任命・処遇に係る行為を意味する。
・「昇進」は、広く労働者の職場における地位を上位にすること。

法律類語

昇格
公務員の職務の級を同一の俸給表のより上位の（より職務の複雑、困難及び責任の度が強い）職務の級に変更すること。下位の職務の級に変更することは「降格」。

昇任
公務員の任命の一方法で、職員を、その職員が現に任命されている官職より上位の職制上の段階に属する官職に任命すること。下位の職制上の段階に属する官職に任命することは「降任」。

昇給
公務員の俸給の額を定めた号俸を、その勤務成績に応じた一定の基準に従って、より上位のものに変更すること。より下位のものに変更することは「降号」又は「降給」。

第Ⅱ編　用字用語の使い分け　347

昇進

労働者の職場における地位をより上位のものにすること。下位のものにすることは、「降格」又は「降等」。

説　明

一般職の国家公務員の職務は、その複雑・困難及び責任の度に基づいて俸給表に定める職務の級に分類され、その分類の基準となるべき標準的な職務の内容は、人事院が定める。個々の職員の職務の級は、職員の職務の級ごとの定数の範囲内で、かつ、人事院規則で定める基準に従い決定される（一般職の職員の給与に関する法律）。この枠組みの中で、職務の級の変更について「昇格」あるいは「降格」が用いられる。地方公務員についても、基本的に、各地方公共団体の条例において同様に定められている。

国家公務員の「昇任」は、人事評価に基づき、任命しようとする官職についての標準職務遂行能力（標準的な官職の職務を遂行する上で発揮することが求められる能力）と適性を有すると認められる者の中から行う（国家公務員法58条1項）。幹部職への任命に該当する「昇任」については、別途、適格性審査（標準職務遂行能力を有することを確認するための審査）等の手続が行われる。

348　　　　　　　第Ⅱ編　用字用語の使い分け

〔124〕　償却／消却／焼却

ポイント

・「償却」は、主に、減価償却資産等に係る会計処理を指す。
・「消却」は、権利等を消滅させること、「焼却」は、焼いて消滅させることを指す。

法律類語　同音異義語　平22常用漢字、昭31同音漢字書換え

償却

　償う、あるいは埋め合わせるという意味であり、主として、減価償却資産、繰延資産等に係る会計処理を指す場合に用いられる。

消却

　なくすこと。消滅させること。本来は、「銷却」であるが、常用漢字である同音の漢字で書き換えることとされている。

例

日本銀行は、日本銀行券の製造及び消却の手続を定め、財務大臣の承認を受けなければならない。　　　　　　　　（日本銀行法49条2項前段）

焼却

　焼き捨てること。

説　明

　「償却」は、減価償却資産の減価償却の場面においては、資産の価値の減少をその減少額に見合う額を控除することによって埋め合わせることを意味するものとして用いられている。
　「消却」は、法令上、株式、出資、債権等の権利を消滅させることを意味する場合に用いられる。

第Ⅱ編　用字用語の使い分け　　　349

〔125〕　上記／前記、下記／後記、次の／以下の、別記

> ## ポイント
> ・「上記」「以下の」は横書きの文章のみで用いる。
> ・「下記」は「記書き」のみに用いて、本文中で後述の内容を指す場合は「次の」「以下の」を用いる。

類義語 令4公用文作成考え方

上記／前記

いずれも前述の内容を指示する場合に用いる。

「上記」は、上の文に記したことを意味するため、横書きの文章のみで用いるべきである。「前記」は、前の文に記したことを意味するため、横書きの文章でも縦書きの文章でも用いることができる。

下記／後記

いずれも後述の内容を指示する場合に用いるが、本文中で後述の内容を指示する場合には、基本的には、「次の」又は「以下の」を用いる。

「下記」は、公用文において、通知や依頼などの文書で本文と下記部分とに分けて書く場合（「記書き」）に、本文中に下記部分を指す「下記」を用い、本文と下記との間の中央に「記」と記述する。

「後記」は、後の文に記したことを意味するため、横書きの文章でも縦書きの文章でも用いることができる。

次の／以下の

いずれも本文中で後述の内容を指示する場合に用いる。

350　　　　第Ⅱ編　用字用語の使い分け

　「次の」は、横書きの文章でも縦書きの文章でも用いることができるが、「以下の」は、下の文の内容を意味するため、横書きの文章のみで用いるべきである。

別記

　本文とは別に別記部分を設ける場合に、当該別記部分を指すものとして用いる。

説　　明

　縦書きの文章においては、「上記」「前記」と同様の意味として「右記」が、「後記」「次の」「以下の」と同様の意味として「左記（の）」がそれぞれ用いられることも多い。

第Ⅱ編　用字用語の使い分け　　　351

〔126〕　召集／招集

> ### ポイント
> ・「召集」は、国会議員に対し各議院に集合することを命ずることを意味する。
> ・「招集」は、構成員に集合を求める手続を意味する。

|法律類語| |同音類義語| 平22常用漢字

召集

国会議員に対し、一定の期日に各議院に集合することを命ずること。

例

常会は、毎年一月中に召集するのを常例とする。　　　　（国会法２条）

招集

人を呼び集めること。法令上は、会議体を成立させるため、その構成員に集合を求める手続をいう場合に用いられる。

例

定時株主総会は、毎事業年度の終了後一定の時期に招集しなければならない。　　　　　　　　　　　　　　　　　　　（会社法296条１項）

説　明

「召集」は、上位の者が下位の者を呼び集めることを意味するものとされている。「召集」は天皇が国会議員を集合させることであるのに対し、地方公共団体の議会において議長が議員の集合を求めることは「招集」である（地方自治法101条１項）。

また、戦争に際し、在郷の者を軍隊に呼び出し集合させることも「召集」であり、戦前の我が国において「召集」が用いられていた。

352　　　第Ⅱ編　用字用語の使い分け

〔127〕　譲渡／譲与／贈与

ポイント

・いずれも権利、財産等を他人に移転することを意味する。
・「譲渡」は当事者の契約によって行われるものを意味する。
・「譲与」は、公の機関が無償で譲渡する場合に、「贈与」は、私人が無償で譲渡する場合に用いられる。

法律類語

譲渡

　権利、財産等をその同一性を保持させたまま、他人に移転すること。権利等の移転の当事者の契約によって行われることが通常である。有償の場合も、無償の場合もある。

例

動産に関する物権の譲渡は、その動産の引渡しがなければ、第三者に対抗することができない。　　　　　　　　　　　　　　　（民法178条）

譲与

　ある財産権の他人への譲渡が無償で行われること。公の機関が無償で譲渡する場合に用いられるのが通常である。

例

国は、国以外の者から委託を受けて行った研究の成果に係る国有の特許権又は実用新案権の一部を、政令で定めるところにより、当該国以外の者に譲与することができる。
　　　　　（科学技術・イノベーション創出の活性化に関する法律46条）

第Ⅱ編　用字用語の使い分け　　353

贈与

　当事者の一方（贈与者）が自己の財産を無償で相手方（受贈者）に
与える意思を表示し、相手がこれを受諾することによって成立する契
約のこと（民法549条～554条）。

例

人に対し、寄附金、賛助金その他名目のいかんを問わず、みだりに金品
等の贈与を要求すること。
　　　　　　　　　（暴力団員による不当な行為の防止等に関する法律29条２号）

説　　明

　「譲渡」の対象は、物権、債権その他の財産権であることが多いが、
商号、株式、営業、事業等もその対象とされる。
　皇室が財産を「譲与」する行為については、「賜与」が用いられる（日
本国憲法８条、皇室経済法２条）。

354　　第Ⅱ編　用字用語の使い分け

〔128〕　使用料／手数料

ポイント
・「使用料」は、施設等の使用に対する対価を意味する。
・「手数料」は、提供する役務等の対価を意味する。

法律類語

使用料

　物、権利、施設等の使用に対する対価として徴収する金銭のこと。主として、公法上の使用関係について用いられる。

例

有料宿舎の使用料は、月額によるものとし、その標準的な建設費用の償却額、修繕費、地代及び火災保険料に相当する金額を基礎とし、かつ、……政令で定める算定方法により、各宿舎につきその維持管理機関が決定する。　　　　　　　　　　　　　　　　　　（国家公務員宿舎法15条１項）

手数料

　国、地方公共団体等又はこれらの機関が、特定の人のために提供する役務等の対価として徴収する金銭のこと。

例

執行官は、手数料を受けるものとし、その手数料が一定の額に達しないときは、国庫から補助金を受ける。　　　　　　　　（裁判所法62条４項）

説　明

　地方自治法においては、「使用料」は行政財産の使用又は公の施設の利用の使用の対価として、「手数料」は特定の者のためにする事務の対価として、それぞれ徴収することができるとし、これらに関する事項は条例で定めることとしている（地方自治法225条・227条・228条）。

第Ⅱ編　用字用語の使い分け　　355

〔129〕　所轄／所管／所掌

ポイント

・「所轄」「所管」「所掌」のいずれも、行政庁の事務の管轄や帰属を意味する場合に用いられる。

法律類語

所轄

（1）　行政庁の事務の場所的管轄又は事物的管轄のこと。

例

納税申告書は、その提出の際におけるその国税の納税地……を所轄する税務署長に提出しなければならない。　　　　（国税通則法21条1項）

（2）　ある行政庁が、他の行政庁の下級行政庁として一応位置付けられるが、その独立性が比較的強く認められる場合の関係を表すもの。

例

公正取引委員会は、内閣総理大臣の所轄に属する。
　　　　（私的独占の禁止及び公正取引の確保に関する法律27条2項）

所管

行政事務等の管轄権が帰属していること。

例

各大臣は、その所管する法律又はこれに基づく政令に係る都道府県の法定受託事務の処理について、都道府県が当該法定受託事務を処理するに当たりよるべき基準を定めることができる。
　　　　（地方自治法245条の9第1項）

所掌

ある事務が、国、地方公共団体等の特定の機関の行うべき事務とされている関係を表すもの。「所管」とほぼ同義。

例

教育行政機関は、的確な調査、統計その他の資料に基いて、その<u>所掌</u>する事務の適切かつ合理的な処理に努めなければならない。

（地方教育行政の組織及び運営に関する法律54条２項）

説　明

いずれも、行政庁の事務の管轄や帰属を意味する場合に用いられる。

「所轄」と「所管」の使い分けについては、どの大臣の分担管理に属するのかを表す場合には「所管」を用いるが、他の場合には一定の原則はない。

「所轄」の（２）の意義にある機関の例としては、国においては、人事院、国家公安委員会、公正取引委員会等がある。

「所管」と「所掌」は、ほぼ同義で用いられるが、「所掌」は、国、地方公共団体等の機関がつかさどる事務として「所掌事務」や「所掌する行政事務」などと事務と結びつけて用いられることが多い。

第Ⅱ編　用字用語の使い分け　　357

〔130〕　所有／占有／所持

ポイント

・「所有」は、所有権を有することを意味する。
・「占有」は、民法上は、自己のためにする意思で所持することを意味する。刑法上は、「所持」と同義。
・「所持」は、物を事実上支配していると認められる状態のことを意味する。

法律類語

所有

特定の財産について、所有権を有すること。

例

借地権は、その登記がなくても、土地の上に借地権者が登記されている建物を<u>所有</u>するときは、これをもって第三者に対抗することができる。

（借地借家法10条1項）

占有

（1）　民法上、自己のためにする意思で物を所持すること。必ずしも物理的に物を把持している必要はなく、社会通念上、物がその人の事実的支配内にあると認められる客観的関係があればよい。

例

所有者のない動産は、所有の意思をもって<u>占有</u>することによって、その所有権を取得する。　　　　　　　　　　　　（民法239条1項）

（2）　刑法上、財物に対する事実上の支配のこと。

所持

（1）　民法上、人が物を事実上支配していると認められる状態のこと。現実に物を把握している必要はなく、事実上その人の支配の下にあればよい。

例

> 占有権は、自己のためにする意思をもって物を所持することによって取得する。　　　　　　　　　　　　　　　　　　　　　　　　（民法180条）

（2）　刑法上は、支配の意思をもって事実上物を自己の支配下に置くこと。

説　明

○民法上の意義

　「所有」に関し「所有権」とは、「法令の制限内において、自由にその所有物の使用、収益及び処分をする権利」（民法206条）とされている。

　「占有」に関し「自己のためにする意思」とは、一般的に「所持による事実上の利益を自己に帰せしめようとする意思」と解されている。

　「所持」は、例に挙げた民法180条に示したように、「占有権」又は「占有」の概念・要件を構成する要素である。

○刑法上の意義

　刑法上は、「占有」は、自己のためにする意思は必要なく、「所持」と同義に解されている。

第Ⅱ編　用字用語の使い分け　　　359

〔131〕　承認／承諾／許諾／同意

ポイント

・いずれもほぼ同義で用いられることが多い。

・「許諾」は、禁止を解除する場合に、「承諾」は、申込みに対応する場合に、「承認」は、一定の事実を認める場合に用いられる。

法律類語

承認

（1）　公の機関相互の間の合意のこと。

例

各省各庁の長は、各目の経費の金額については、財務大臣の承認を経なければ、目の間において、彼此流用することができない。

(財政法33条2項)

（2）　行政処分である認可、許可等の意味で用いられる。

（3）　私法上、意思表示ではない判断の表示又は観念の通知の意味で用いられる。ただし、相続の承認のように、意思表示をいう場合もある。

例

時効は、権利の承認があったときは、その時から新たにその進行を始める。

(民法152条1項)

（4）　国際法上、国家、政府の地位を新たに認めること。

360 第Ⅱ編 用字用語の使い分け

承諾

申込みとの合致により契約を成立させる意思表示のこと。

例

承諾の期間を定めてした申込みは、撤回することができない。

（民法523条1項本文）

許諾

他人に対し、あることを聞き入れ、許すこと。

例

委任による代理人は、本人の許諾を得たとき、又はやむを得ない事由が
あるときでなければ、復代理人を選任することができない。

（民法104条）

同意

他の者がある行為をすることについて賛成の意思を表示すること。

例

未成年者が法律行為をするには、その法定代理人の同意を得なければな
らない。 （民法5条1項本文）

説　明

　いずれも他人や相手方の意思表示や行為を肯定するものとして、ほ
ぼ同義で用いられることが多いが、その中でも「許諾」は、一般的に
できないことについて「許諾」を条件として禁止を解除するような場
合に用いられる。「承認」は、一定の事実を認める場合に、「承諾」は、
申込みに対応した意思表示を表す場合に用いられる。

第Ⅱ編　用字用語の使い分け　　361

〔132〕　審議／審査／調査

ポイント

・「審議」「審査」「調査」のいずれも内容を調べることを意味する。その主体や目的によって使い分けをする場合がある。

法律類語

審議

詳しく事の可否を議論・検討すること。

例

各議院は、他の議院から送付又は提出された議案と同一の議案を審議することができない。　　　　　　　　　　　　　　　（国会法56条の４）

審査

国、地方公共団体等の機関が、ある事項について結論を得るために、その内容をよく調べること。

例

国土交通大臣は、一般旅客自動車運送事業の許可をしようとするときは、次の基準に適合するかどうかを審査して、これをしなければならない。
　　　　　　　　　　　　　　　（道路運送法６条各号列記以外の部分）

調査

ある事項を明確にするために調べること。実情や実態について調べる場合のほか、行政処分や刑事処分をするために行われる資料の収集等の一連の行為を指す場合も多い。

例

・統計調査　　実態調査　　犯則調査　　調査権限

・法務大臣は、承認申請に係る審査のため必要があると認めるときは、その職員に事実の調査をさせることができる。

（相続等により取得した土地所有権の国庫への帰属に関する法律6条1項）

説　明

いずれもある事柄の内容を詳しく調べることを意味する。

主体によって、使い分けをする場合あり、国会や地方公共団体の議会において、本会議における議案等の質疑、討論、採決等の過程を「審議」とし、委員会における過程を「審査」としている。国会や地方公共団体の議会における検討の過程全体を「審議」と呼ぶこともある。

調べる目的や態様によって使い分けをする場合もあり、「審査」は、許可、免許等の申請、出願等があった場合に、その諾否を決定するために調べることを意味するときに用いられることが多い。このほか、一定の者から要求があった場合に、その要求に基づき一定の事項を調べるときや、職権で一定の事項を調べる場合にも用いられる。

なお、「審査」は、国、地方公共団体等の機関以外の者が、一定の事柄について調べ、判断をする場合についても用いられる場合がある。例えば、最高裁判所裁判官の任命について行われる国民の審査（日本国憲法79条2項）がある。

国の行政機関に置かれる合議制の機関や、普通地方公共団体の執行機関に置かれる附属機関である合議制の機関の事務を表すものとして、「調査審議」の成語を用いることが多い。これらの合議制の機関の名称として、「審議会」、「審査会」及び「調査会」が用いられる場合が多い。いずれも「調査審議」をその事務とするものが多いが、「審査会」は、資格の審査、行政庁の処分等に当たり、慎重を要したり、技術的精密性が求められたりするものを対象に審査・決定する合議制の機関に通常用いられる名称である。

第Ⅱ編　用字用語の使い分け　　　363

〔133〕　申請／申告／申出／申立て

ポイント

・国等の機関に対し、一定の行為を求めることは「申請」、一定の事項を申し出ることは「申告」、特定の意思を表示することは「申出」。
・「申立て」は、主として裁判所に対して特定の訴訟行為を要求することを意味する。

法律類語 平22公用文漢字使用等、平22法令漢字使用等、平23送り仮名用例

申請

（1）　広く国・地方公共団体の機関に対し一定の行為を求めること。

（2）　行政手続法上、法令に基づき、行政庁の許可、認可、免許その他の自己に対し何らかの利益を付与する処分を求める行為であって、当該行為に対して行政庁が許諾の応答をすべきこととされているもの。

例

要介護認定を受けようとする被保険者は、厚生労働省令で定めるところにより、申請書に被保険者証を添付して市町村に申請をしなければならない。　　　　　　　　　　　　　　　　　　　（介護保険法27条1項前段）

申告

　法令の規定により公的機関等に対して一定の事項を明らかにして申し出ること。

例

事業場に、この法律又はこの法律に基いて発する命令に違反する事実が

ある場合においては、労働者は、その事実を行政官庁又は労働基準監督官に申告することができる。 （労働基準法104条１項）

申出

　行政機関等に対して、ある特定の意思を表示することを表すために用いられる。

例

都道府県知事又は機構は、……開示を受けた者から、書面により、開示に係る本人確認情報についてその内容の全部又は一部の訂正、追加又は削除の申出があつたときは、遅滞なく調査を行い、その結果を当該申出をした者に対し、書面で通知するものとする。

（住民基本台帳法30条の35）

申立て

（１）　訴訟において、当事者又は関係人が、裁判所に対し、特定の訴訟行為を要求すること。

例

管轄裁判所が法律上又は事実上裁判権を行うことができないときは、その裁判所の直近上級の裁判所は、申立てにより、決定で、管轄裁判所を定める。 （裁判所法10条１項）

（２）　行政法上は、一般に行政機関に対し、ある行為を要求すること。

説　　明

　「申請」及び「申出」は、「申立て」と同様に、裁判所に対し特定の訴訟行為を要求する当事者の行為を意味する場合にも用いられるが、この場合には、一般的には「申立て」が用いられている。

　「申出」及び「申立て」は、活用がなく、読み間違えるおそれのない複合語は、送り仮名を省く。

第Ⅱ編　用字用語の使い分け　　365

〔134〕　推定する／みなす

ポイント

・「推定する」は、一応の事実を推定し、法令上の取扱いを
　定める場合に用いる。
・「みなす」は、一定の法律関係において同様に取り扱うこ
　とを定める場合に用いられる。

法令用語　平23用字用語例

推定する

　一定の事実関係について、通常予想される事実を前提として一応の
事実を推定し、その法令上の取扱いを定める場合に用いられる。

例

妻が婚姻中に懐胎した子は、当該婚姻における夫の子と推定する。

（民法772条1項）

みなす

　本来性質の違うものを一定の法律関係において同様に取り扱うこと
を定める場合に用いられる。

　なお、本来は漢語で「見做す」あるいは「看做す」であるが、常用
漢字で書き表せないため仮名書きにする。

例

胎児は、相続については、既に生まれたものとみなす。

（民法886条1項）

366　第Ⅱ編　用字用語の使い分け

> ### 説　　明
>
> 　「推定する」は、当事者間に取り決めがなかったり、事実が不明で反証が挙げられていなかったりする場面などにおいて、法令上の取り扱いを定めるものであるため、「推定する」こととされた場合であっても、実際の事実と異なることを証拠を挙げることにより覆すことができる。
>
> 　「みなす」は、一定の法律関係において同様に取り扱うことを法律で定めるものであるため、「みなす」こととされた場合には、実際の事実とは異なることを証拠を挙げても覆すことができない。

第Ⅱ編　用字用語の使い分け　　367

〔135〕　政策／施策／対策／方策

ポイント

- ・「政策」は、政治上の方針、「施策」は、実施すべき策を指す。
- ・「対策」は、特定の問題に対応するための方法、「方策」は、物事を処理するための手立てを指す。

類義語

政策

　広くは、ある問題について目標思考的な行動のパターンないし指針、一般的には、政府、政党等の方針、政治上の方針。

例

経済政策　政策を企画立案する　政策の立案及び決定　政策評価
政策を推進する

施策

　社会的な課題の解決のために行う策、物事を行うための策。

例

施策を策定する　施策を講じる　施策を実施する

対策

　特定の問題や対象に対応するための方法や手段、あるいは対処すること。

例

災害対策　いじめ防止対策　対策本部　対策を総合的に策定する
対策を講ずる　対策を計画的に実施する

方策

計略、はかりごと、手立て、手段。

例

・経営の合理化のための方策　方策を検討する　方策を講じる
・必要な方策を定めた計画

説　　明

「政策」は、政府、政党等の政治的な方針を指す場合、「施策」は、政策を実現するための方法や計画を指す場合に用いることが多い。他方、「対策」は、ある課題に対応するための方法、「方策」は、物事を進めるため計画を立てることやその手段を指す場合に用いることが多い。

「政策」は、通常、目的と手段によって構成されるが、その手段となるものを表すのが「施策」や「方策」であり、「対策」は特にある問題への対応を表すものとして用いられている。

MEMO

「行政機関が行う政策の評価に関する法律」では、「政策」について「一定の行政目的を実現するために企画及び立案をする行政上の一連の行為についての方針、方策その他これらに類するもの」と定義されるとともに、「政策－施策－事務事業」といった階層に区分されており、同法に基づく「政策評価の実施に関するガイドライン」によれば、「政策（狭義）」は、特定の行政課題に対応するための基本的な方針の実現を目的とする行政活動の大きなまとまり、「施策」は、具体的な方針の実現を目的とする行政活動のまとまりであり、政策（狭義）を実現するための具体的な方策や対策と捉えられるもの、「事務事業」は、具体的な方策や対策を具体化するための個々の行政手段としての事務及び事業であり、行政活動の基礎的な単位となるものとされている。

第Ⅱ編　用字用語の使い分け　369

〔136〕　製作／制作

ポイント

・「製作」は、主として実用的な形ある物を作ることを意味する。
・「制作」は、主として芸術的な作品を作ることを意味する。

同音異義語

製作

提供された図面等に基づき、形ある物を作ること。主として道具や機械などの実用的な形ある物を作ること。

例

この法律で「自動車」とは、原動機により陸上を移動させることを目的として製作した用具で軌条若しくは架線を用いないもの又はこれにより牽けん引して陸上を移動させることを目的として製作した用具であつて、次項に規定する原動機付自転車以外のものをいう。

（道路運送車両法２条２項）

制作

自分の考えに従って作ること。主として芸術的な作品をつくること。

例

国は、文学、音楽、美術、写真、演劇、舞踊その他の芸術……の振興を図るため、これらの芸術の公演、展示等への支援、これらの芸術の制作等に係る物品の保存への支援、これらの芸術に係る知識及び技能の継承への支援、芸術祭等の開催その他の必要な施策を講ずるものとする。

（文化芸術基本法８条）

説　明

　「製作」は、形ある物を作ることを意味しており、提供された図面に基づいて、材料を加工して物体を作り上げたり、製品を大量に生産したりすることが該当する。工業製品、各種器具などを作ることを意味する場合に用いられる。

　「制作」も物を作ることを意味するものであるが、創作活動によって作品を作ることが主に該当する。放送番組、彫刻、工芸品などを作ることを意味する場合に用いられる。

　映画などを作る場面では、「製作」と「制作」が使い分けられている。著作権法では、映画を作るに当たっての企画立案や資金調達を行う等、自己の発意と責任を有する者（映画会社等）を「映画製作者」（著作権法2条1項10号）としつつ、映画監督等の作品の具体的内容を創る著作者の行う活動として「制作」（著作権法16条）を挙げている。

第Ⅱ編　用字用語の使い分け　　　371

〔137〕　清算／精算

ポイント

・「清算」は、解散により本来の活動を停止した法人が財産関係を整理することなどを意味する。
・「精算」は、金銭などの貸借関係を始末することを意味する。

同音異義語

清算

　法人その他の団体が解散した場合に、その後始末のためにその財産関係を整理すること（例①）。このほか、相互の貸借等を計算・整理して、金銭等の貸借関係を始末すること（例②）、これまでの関係・事柄に結末をつけること（例③）を意味する場合もあるが、前者については、「精算」も用いられる。

例

① 会社を清算する　清算法人　任意清算　法定清算
② 借金を清算する　清算金
③ 過去を清算して再出発する

精算

　金銭等の貸借関係を始末すること、特に、料金などの過不足を計算し直すことを意味する。また、「概算」に対する語として、一定の事項についての正式な決定又は一定の行為の完了を待って、その決定又は行為に係る金額を精密に計算して確定することを意味する。

372 第Ⅱ編 用字用語の使い分け

例

運賃を精算する　旅費の精算　精算所

説　明

　「清算」は、語の意味として、物事の始末をつける、決まりをつけるという意味があり、そこから、法令上は、法人、組合その他の団体が解散した場合のほか、その設立の無効又は取消しが確定した場合に、その後始末のため財産関係を整理することを指す。清算手続は、清算人によって行われる。法人の清算では、法人は清算法人に移行し、清算人は法人の現務の結了、債権の取立て、債務の弁済を行い、残余財産を帰属権利者に引き渡す。清算事務を終了すると、法人は消滅する。組合の清算も法人の清算の場合と同様に、現務の結了、債権の取立て、債務の弁済を行い、残余財産を組合員の出資額に応じて配分する。

　また、法人その他の団体が解散した場合、株式会社の場合は設立無効の訴え又は株式移転の無効の訴えに係る請求を認容する判決が確定した場合、持分会社の場合は設立の無効の訴え又は設立の取消しの訴えに係る請求を認容する判決が確定した場合に、法律関係の後始末する手続も、清算（通常清算）と呼ばれている。

　これに対し、「精算」は、正確に計算して確定する意味があり、例えば、旅費等の費用を概算で前払しておき、事後に調整を行う場合に、「精算」の語が用いられる。

第Ⅱ編　用字用語の使い分け　　373

〔138〕　正当／相当

ポイント

・「正当」は、道理にかなっていて正しいこと、法規にかなっていることを意味する。
・「相当」は、価値や働きなどが、その物事とほぼ等しいこと、それに対応することを意味する。

法律類語

正当

　道理にかなっていて正しいこと、法規にかなっていること。また、そのさま。

例

正当な権利　正当な補償　正当行為　正当な業務　正当防衛　正当な理由

相当

　価値や働きなどが、その物事とほぼ等しいこと、状態や程度がその物事にふさわしいこと、釣り合っていること。また、それらのさま。そのほか、かなりの程度であることやそのさまを意味することもある。

例

・部長に相当する　相当規定　相当補償　相当な理由　収入に相当した生活
・相当難しい　相当程度

374 第Ⅱ編 用字用語の使い分け

説　明

　「正当」は、「正しい」などの価値判断を含む語であるのに対し、「相当」は、その物事と同等であることをいい、価値判断は含まない語として用いられるが、その範囲が重なることもある。

　例えば、法令上、「正当な（の）理由」と「相当な（の）理由」という場合、「正当な（の）理由」は、その行為を適法ならしめる理由、それによる法律上の保護を受けるべき理由などの意味で用いられるもので、その条文の趣旨に即して具体的にその意味が判断されていくことになる。

　例えば、「正当な理由がなく、……しないとき」は刑罰や処分の対象とすると定める場合には、「正当な理由がなく」は「違法に」と同じ意味と解されることになる。また、代理人による権限外の行為の表見代理について定める民法110条は「代理人がその権限外の行為をした場合において、第三者が代理人の権限があると信ずる正当な理由があるとき」と規定するが、第三者が善意無過失、すなわち代理権がないことを知らず、かつ知らないことについて不注意がないことを意味する。

　他方、「相当な理由」は、一般的には「それにふさわしい理由」、「合理的な理由」などの意味を表すものであるが、その理由が「ふさわしい」又は「合理的」であるかどうかは、その条文の趣旨に応じて判断されることになる。例えば、刑事訴訟法199条1項は「検察官、検察事務官又は司法警察職員は、被疑者が罪を犯したことを疑うに足りる相当な理由があるときは、裁判官のあらかじめ発する逮捕状により、これを逮捕することができる。」と規定するが、そこでの「相当な理由」は、特定の犯罪の嫌疑を肯定できる客観的・合理的な根拠があることを意味する。ちなみに、刑事訴訟法210条が定める緊急逮捕の場合の罪を犯したことを疑うに足りる「充分な理由」ほどの高度・確実な嫌

疑であることを要しないものとされている。

　このほか、「正当行為」とは、形式的に構成要件に該当するが、処罰すべき違法性を欠くとされる行為をいい、法令又は正当な業務によって行われた行為のほか、労働争議行為など社会的相当行為と呼ばれるものを含むとされている。また、日本国憲法93条2項にいう「正当な補償」について、合理的に算出された相当な額の補償で足りるとする「相当補償説」と、価格と完全に一致することを要するとする「完全補償説」で対立がある。

　これらの場合には、「正当な」と「相当な」が意味的に重なり合うところも生じ得ることになる。

〔139〕 **責任／責め／責務**

> ### ポイント
> ・「責任」は、自己の行為の結果について義務、不利益、負担等を負わされることなどをいい、「責め」は、責任とほぼ同義に用いられるものである。
> ・「責務」は、責任と義務の意であるが、責任をもって果たすべき職務という意味で用いられたり、責任とほぼ同義で用いられたりしている。

法令用語

責任

多義的な概念であり、一般的には、自分が引き受けて行わなければならない任務や義務、自分が関わった行為や事柄から生じた結果に対して負う義務や償いなどを意味するが、法律上は、自己の行為の結果について義務、制裁、負担その他の不利益を負わされることをいうことが多い。民事上の損害賠償、弁済等の義務・責任、刑罰を受けるべき法的地位である刑事責任が代表的なものであるが、弁償、懲戒、管理監督、支払など、あるいは公務員、社員、役員、株主、組合員など公法関係・司法関係を問わず広く用いられている。

このほか、政治的な意味、道徳的・精神的な意味で「責任」が使われることもある。

例

・責任者　責任感　賠償責任　監督責任　株主責任　責任能力　責任年齢　責任主義　責任条件　責任阻却事由　責任制限　連帯責任　責任保険　責任準備金　責任を負う　責任を追及する　責任を明確にする　責任を免れる　保護の責任のある者
・動物の占有者は、その動物が他人に加えた損害を賠償する責任を負う。

（民法718条１項）

第Ⅱ編　用字用語の使い分け　　　377

- ・何人も、実行の時に適法であつた行為又は既に無罪とされた行為については、刑事上の責任を問はれない。　　　　　　　　　　（日本国憲法39条）
- ・内閣は、行政権の行使について、国会に対し連帯して責任を負ふ。
　　　　　　　　　　　　　　　　　　　　　　　（日本国憲法66条３項）

責め

責任とほぼ同義であるが、単に義務の意味で用いられることもある。

例

責めを負う　損害賠償の責めに任ずる　使用者の責めに帰する
責めに帰すべき事由　責めを免れる

責務

本来的には、責任と義務の意であるが、法令上は、責任をもって果たすべき職務という意味や、責任とほぼ同義で用いられることが多い。

例

国の責務　地方公共団体の責務　事業者の責務　国民の責務　社会的責務　施策を推進する責務を有する　管理者の責務を果たす

説　明

いずれも義務や任務、あるいは行為等の結果に対して負う義務や償いを意味するものであり、同義に用いられることも少なくない。

その場合に、「責任」は、広く用いられている用語であり、法令上も、用例が多く、特定の法分野において特別の概念として用いられることもある。「責め」は、法令用語として責任を表すものとして用いられているが、一般的には、あまり用いられなくなってきている。

他方、「責務」は、責任と同じ意味で用いられるほか、責任をもって果たすべき職務や任務という意味で用いられることも少なくない。その類語として、職務とそれに伴う責任を意味する「職責」がある。

〔140〕 沿う／添う

ポイント

・「沿う」は、長く連なるものや決まりなどから離れないようにすること、「添う」は、主となるものから離れないようにすること、そばに付いていることを意味する。

異字同訓 平26異字同訓使い分け、昭48送り仮名付け方

沿う

長く続いているもの、決まり、基準となるものなどから離れないようにすること、進むこと。

例

川沿い　線路に沿って歩く　意見に沿う　決定された方針に沿（添）って行動する　希望に沿（添）う

添う

そばに付いていること、付き従うこと、付け加えることなど。

例

母に寄り添って歩く　付き添う　付添い　添い遂げる　連れ添う

説　明

決まりなどから離れないことには、「沿う」を用い、そばに付いていることには、「添う」を用いるが、どちらも、その近くから離れないという共通の意味を持つことから、「方針」や「希望」に「そう」という場合には、「沿う」と「添う」のいずれも当てることができる。

第Ⅱ編　用字用語の使い分け　　379

〔141〕　相談／助言／勧告

ポイント

・「相談」は、意見を述べ合ったり、意見を述べてもらったりして考えることを指す。
・「助言」は、行うべきことを進言すること、「勧告」は、相手方の処置を勧め、又は促す行為のことを指す。

法律類語

相談

どうすればよいかなどについて、意見を述べ合ったり、意見を述べてもらったりして考えること。法令では、専門性を有する者からの意見や、調査に先立つ意見交換等の意味に使われることがある。

例

・行政相談　苦情相談　生活相談　法律相談　相談支援　相談機関　相談員　相談窓口
・医療提供施設の開設者及び管理者は、医療を受ける者が保健医療サービスの選択を適切に行うことができるように、……患者又はその家族からの相談に適切に応ずるよう努めなければならない。
（医療法6条の2第2項）
・適正化機関は、旅客から旅客自動車運送事業に関する苦情について解決の申出があつたときは、その相談に応じ、申出人に必要な助言をし、当該苦情に係る事情を調査するとともに、……その迅速な処理を求めなければならない。　　　　（道路運送法43条の4第1項）

助言

ある者に対し、他の者が、行うべきことを進言すること。法律上、相手方を拘束する意味は持っていない。

380　　　　　　第Ⅱ編　用字用語の使い分け

> **例**
>
> 都道府県の設置する保健所は、……所管区域内の市町村の地域保健対策
> の実施に関し、……及び市町村の求めに応じ、技術的助言、市町村職員
> の研修その他必要な援助を行うことができる。　　　（地域保健法8条）

勧告

　ある事柄を申し出て、その申出に沿う相手方の処置を勧め、又は促
す行為のこと。勧告は、尊重されることを前提とはしているが、法律
上、相手方を拘束する意味は持っていない。

> **例**
>
> ・公正取引委員会は……その親事業者に対し、……その下請代金……を
> 　支払い、又はその不利益な取扱いをやめるべきことその他必要な措置
> 　をとるべきことを勧告するものとする。
> 　　　　　　　　　　　　　　　　　　　（下請代金支払遅延等防止法7条1項）
> ・人事院は、その報告にあわせて、国会及び内閣に適当な勧告をしなけ
> 　ればならない。　　　　　　　　　　　　　　　（国家公務員法28条2項）

> **説　　明**

　一般的に、「相談」は相手方から受けて対応するもの、「助言」と「勧
告」は相手方に行うものであるが、いずれも法律上相手方を拘束する
意味を持つものではない。

　国や地方公共団体の機関では、様々な相談を受け付けたり、相談事
業を行ったりしており、相談を受けて、情報提供や助言をしたり、支
援をしたり、処理、対応等を行ったりなどすることになる。中でも、
行政相談は、行政などへの苦情や意見、要望を受け、その解決や実現
を促進するとともに、行政の制度や運営の改善に生かす仕組みとして
整備されているものである。

第Ⅱ編　用字用語の使い分け　　381

　他方、行政機関が現実に行っている助言、指導、指示、勧告、勧奨、警告、斡旋等の行為を総称して、「行政指導」と呼んでいる。行政機関がその任務又は所掌事務の範囲内において一定の行政目的を実現するため、特定の者に一定の作為又は不作為を求めるもので、法律上の強制力を伴わない事実行為とされ、行政手続法でも同様に定義されている。

　それらのうち、「助言」は、ある行為をすべきことやある行為をする場合に必要な事項につき進言をすることである。これに類似する言葉に「指導」があり、法令では「指導助言」などと一体的あるいは一緒に用いられることが少なくない。「指導」は、相手方に将来においてすべきことやすべきでないことを指し示し、相手方を一定の方向に導くことをいう。「助言」は、相手方のためや助けとなること伝えるものである点で、特定の意図等により相手方を一定の方向や目的へと導く「指導」とは異なるとされる。

　他方、「勧告」は、申出に沿う処置を勧め又は促す行為であるが、法律上その権限を付与された機関が行う場合には、事実上のものとは違い、相手方は合理的な理由のある限りこれを尊重する義務を負うことになるもので、法律で尊重義務等について規定している例もある。また、法律上相手方を拘束する意味までは有しないものの、勧告に従わなかったときは、その旨を公表し、従ったときには不利益を及ぼさないこととする例もある。「勧告」は、所期の目的を達成するために個別的具体的な事項を指し示すことに力点が置かれるような場合に用いられることが多く、その点において、一定の方向への誘導に力点が置かれる「指導」とは区別され得る。

　なお、「勧告」と類似する語として、「勧奨」があり、これはある一定の行為を良いこととして勧め奨励することをいう。「勧奨」については、「勧告」のように法律上それに従わなかった場合について規定することはないが、一定の効果を生じるための要件となることがある。

〔142〕 即する／則する

ポイント

・「即する」は、ぴったり適合することをいい、「則する」は、基準に従うことをいう。

同音異議語 平23用字用語例

即する

ぴったりと適合すること、離れずにぴったりと付くこと。

例

現実に即して対応する　実情に即した対策を練る　事実に即して考える

則する

基準として従うこと、のっとること、手本とすること。

例

前例に則して処理する　内規に則する

説　明

　いずれも「ソクする」と同音であるが、ぴったり適合することには、「即する」が用いられる一方、基準に従うことには、「則する」が用いられる。

　なお、これらの類義語として「のっとる」があるが、それに当てられることがある「則」については常用漢字表外の訓となるため、常用漢字表の訓では書き表せない語として平仮名で「のっとる」と表記されるほか、「基づく」、「従う」、「よる」、「即する」に書き換えるものとされている。

第Ⅱ編　用字用語の使い分け　　383

〔143〕　措置／処置／処理／処分

ポイント

・「措置」は、物事を取り計らって始末をつけることをいい、「処置」は、判断を行ってその物事の取扱い方を決めることをいう。

・「処理」は、物事を取りさばいて始末することをいい、「処分」は、物を始末することをいうが、法令上は、行政庁による具体的事実に関して法的規制をする行為、財産の現状を変更する行為などの意味でも用いられる。

法律類語

措置

　一般には、物事を取り計らって始末をつけること。法令上は、ある問題に対する施策、対策など、問題の処理のためにとられる諸々の手段をまとめて指す場合に用いられている。また、社会福祉等においては、特に、給付の提供、施設入所等の実施を行政機関の権限として決定することを指す。

例

必要な措置を講ずる　適当な措置をとる　予防措置　特例措置　税制上の措置　安全確保のための措置　苦情の処理に関する措置　排除措置　無償措置　措置要求　措置命令　入院措置

処置

　判断を行ってその物事の取扱い方を決めること。法令上は、法令の規定を適用した結果としての特定の処分、措置について始末をつける

という場合に用いられる。このほか、医療上、一定の手当のことを指す場合に用いられる。

例

必要な処置を行う　裁判長の処置　危険に対する処置　処置の要求
救急処置　医学的処置　処置、手術その他の治療

処理

　一般には、物事を取りさばいて始末すること。法令上は、事件、事務等を取りさばくことのほか、具体的なある物を現実に始末することなどの意で用いられている。

例

事務処理　債務の処理　外交関係の処理　廃棄物の処理　終末処理場

処分

　一般には、物を始末すること。法令において、行政法上は、行政庁が具体的事実に関し法律に基づき権利を設定し、義務を課し、その他法律上の効果を発生させる行為を指し、私法上は、財産権について移転、消滅等の変動を与えることなどを指す。

例

廃棄物の処分　行政庁の処分　所有物の使用、収益及び処分

説　明

　いずれも物事への対応や始末に用いられる用語である。
　「処置」は、個々の事項やその時の状況に応じて事に当たる場合に用いられ、物事が起こってからの場合に用いられるのに対し、「措置」は、物事に対する一連の対応を総体として表示するものであり、物事

第Ⅱ編　用字用語の使い分け　　385

が起こる前にも用いられる。また、「措置」は、その結末よりも手続や過程の面に着目して用いられることが比較的多いとされる。

　これに対し、「処理」は、物事を取りさばき、かたをつけ始末することの意で用いられるものであり、「処分」も同じような意で用いられるものであるが、処分の場合には物だけでなく人に対しても用いられ、特に、物を捨てたり、一定の不利益を課したり、罰したりすることを意味する場合などにも用いられるものである。

〔144〕 その他／その他の

> **ポイント**
> - 「その他」は、その前の字句と後の字句が並列的な関係になる場合に用いる。
> - 「その他の」は、その後の字句が前の字句を包括する関係にある場合に用いる。

法令用語

その他

「その他」は、「その他」の前に挙げられている字句のほかにそれと結び付く後の字句があることを示すものであり、「その他」の前にある字句と後にある字句とが並列関係にあることを表す場合に用いる。

例

時効は、当事者（消滅時効にあっては、保証人、物上保証人、第三取得者その他権利の消滅について正当な利益を有する者を含む。）が援用しなければ、裁判所がこれによって裁判をすることができない。

（民法145条）

その他の

「その他の」は、これにより結び付けられる字句が部分と全体の関係にあることを示すもので、「その他の」の前にある字句は後にある字句の例示となる。

第Ⅱ編　用字用語の使い分け　　387

例

溝、堀<u>その他の</u>水流地の所有者は、対岸の土地が他人の所有に属するときは、その水路又は幅員を変更してはならない。　　　（民法219条１項）

説　明

　「その他」は、その前の用語と後の用語が並列の関係にある場合に用い、「その他の」は、その前の用語が後のより意味の広い用語に包含される場合に用いるものであり、その違いは下位法令への委任の場合に明らかとなる。

　例えば、「道路、公園<u>その他</u>政令で定める施設」と「道路、公園<u>その他の</u>政令で定める施設」という二つの用例で説明すると、どちらも「その他」と「その他の」の後の部分は同じ表現であるが、「その他」の場合は、「道路、公園」と「政令で定める施設」は並列であることから、後者に前者は含まれず、政令では、「道路、公園」が改めて定められることはなく、それ以外の該当施設が定められることになる。

　これに対し、「その他の政令で定める施設」とする場合には、「道路、公園」はその例示であり、これらも包括されることになることから、政令では、改めて道路、公園も定めることが必要になる。

　なお、「その他」「その他の」が名詞を結び付ける場合には、それぞれの前に、読点は打たない。

＜ＭＥＭＯ＞

　「その他」「その他の」は、「の」の一字が入るかどうかで意味が異なる。法令や告示・通知等ではその厳密な使い分けが必要であるが、一般の人を対象とする場合にはその使い分けによるのではなく、例えば「ほか」、「など」のような並列や例示を表す平易な用語を用いるようにすべきである。

〔145〕 損害賠償／損失補償

ポイント

・「損害賠償」は、損害を与えた者が損害を受けた者に対して損害を償うことをいう。

・「損失補償」は、適法な行為によって生ずる損失を国や公共団体が補塡することをいう。

法令用語

損害賠償

　一定の事由により他人に損害を生じた場合に、その損害を塡補して、損害がなかったのと同じ状態にすること。損害賠償の義務は、債務不履行や不法行為といった違法行為によって生じ、賠償の方法としては、通常、金銭賠償によるが、例外的に原状回復が認められることもある。

例

・債務者がその債務の本旨に従った履行をしないとき又は債務の履行が不能であるときは、債権者は、これによって生じた損害の賠償を請求することができる。　　　　　　　　　　　　　　（民法415条1項）

・故意又は過失によって他人の権利又は法律上保護される利益を侵害した者は、これによって生じた損害を賠償する責任を負う。

（民法709条）

損失補償

　国、公共団体等の適法な公権力の行使によって加えた特定人の損害について、その損害を補塡するために金銭その他の財産的な給付を行うことをいう。公権力の行使によって加えられた特別の犠牲に対し、

公平の見地から全体の負担において調整を行うための財産的補塡とされている。日本国憲法29条3項は、私有財産を公共のために用いる場合について正当な補償を要求しており、これが損失補償制度の一般的な根拠となっているが、損失補償を行う場合についてはそれぞれの法律で規定されているのが通例である。

例

・河川管理者は、……収用、使用又は処分により損失を受けた者があるときは、その者に対して、通常生ずべき損失を補償しなければならない。　　　　　　　　　　　　　　　　　　　　　　　　（河川法22条3項）
・土地を収用し、又は使用することに因つて土地所有者及び関係人が受ける損失は、起業者が補償しなければならない。　　（土地収用法68条）

説　明

いずれも損害を補塡することをいうが、要件、効果、機能などが大きく異なる。

すなわち、「損害賠償」は、一定の事由に基づいて生じた損害を償うこと、「損失補償」は、適法な行為によって生ずる損失を補塡することをいうが、「損害賠償」は、債務不履行や損害賠償という違法行為に基づいて損害を加えた者に責任が生じるものであるのに対し、「損失補償」は国や公共団体が適法な行為に基づいて生じた不利益を補償するものである点で、両者は異なる。

なお、「賠償」は、一般的には、他人に与えた損害を償うこと、「補償」は、一般的に、損失、費用などを償って埋め合わせることをいう。

このほかに、「損失補塡」という用語もあり、これは、有価証券の売買その他の取引について顧客に損失が生じることとなった場合などに金融商品取引事業者等がその全部又は一部を補塡することを指すが、金融商品取引法等によって禁止されているものである。

〔146〕 対象／対称／対照

ポイント

・「対象」は、働きかけの目標とするものをいう。
・「対称」は、互いに対応して釣り合うことをいい、「対照」は、他と照らし合わせることをいう。

同音異義語

対象

働きかけの目標や目的とするもの、なるもの。

例

対象者　対象期間　調査の対象　改正対象　評価の対象となる
助成の対象とする　審査の対象とならない　対象外

対称

互いに対応して釣り合っていること。

例

左右対称　点対称　対称的　非対称

対照

（1）　他と照らし合わせること、比べ合わせること、対比。

例

比較対照する　新旧対照　貸借対照表　対照実験　筆跡の対照

（2）　二つのものの相違点が著しく際立っていること。

例

対照的　対照法　好対照

第Ⅱ編　用字用語の使い分け　　　391

説　　明

　いずれも、「タイショウ」と同音であり、「対」を用いた語であるが、その意味はそれに続く漢字によって異なる。

　「対象」は、目標となるもの、行為のターゲットなどを指すものである。例えば、「調査の対象」は、調査が取り上げるものを指す。

　他方、「対照」と「対称」は、二つのものの関係に関する語であり、「対称」は「釣り合うこと」を意味するものであるのに対し、「対照」は、他と照らし合わせる「対比」を意味するものである。したがって、例えば、「対称的」とする場合には、形や配列などに対象がとれた同じさまをいうのに対し、「対照的」とする場合には、二つの相違が際立ったさまをいうことになる。

〔147〕 体制／態勢

ポイント

・「体制」は、国家、社会、組織などの仕組みで持続的に制度化・組織化されているものを指す。
・「態勢」は、物事や状況に対する一時的・臨時的な身構えや態度をいう。

同音異義語

体制

国家、社会、組織などの仕組みが制度化・組織化されて、それが持続されている場合。

例

体制の整備　体制の充実強化　資本主義体制　政治体制　相談体制
安全管理体制　体制を確保する　体制を見直す

態勢

物事や状況に対する一時的・臨時的な身構えや態度、事態に対応するための準備が整っている状態。

例

受入態勢　万全の態勢　態勢を整える

説　明

「体制」は、その仕組みが整備され、持続されている場合を指すのに対し、「態勢」は一時的・臨時的な身構えや態度を指すことが多い。

このほか、同音異義語として「体勢」もあるが、これは主に体に関係した姿勢を意味するものであり、「不利な体勢」、「体勢を崩す」、「体勢を立て直す」などがその用例である。

第Ⅱ編 用字用語の使い分け 393

〔148〕 代表／代理／代行

ポイント

・「代表」は、団体や機関に代わって、その意思を外部に表示することをいい、「代理」は、他人が本人のために意思表示をしたり、受け取ったりすることで、その法律効果を本人に帰属させることをいう。

・「代行」は、ある職を占める者に事故があるときやその者が欠けたときに、他の者が代わってその職務を行うことをいう。

法律類語

代表

団体や機関に代わって、その意思を外部に表示すること。それを行う人や機関。法律上は、法人や団体に代わって意思を他に表示し、それを法人や団体自身の行為として法律上の効果を発生させること。なお、国民や使用者・労働者等の意見や利益を代表するといった政治的・社会的・経済的な意味で用いられることもあり、その場合、代表する者の行為は代表される者の行為としての効果を持つものではない。

例

・代表取締役　代表理事　代表訴訟　会社を代表する
・全国民を代表する　使用者を代表する者　労働者を代表する者　公益を代表する者

代理

一般的には、その人に代わって物事を処理すること。法律上は、他

人が本人のために意思表示をし、又は受け取ることにより、その法律効果を本人に帰属させること。代理人は、自己の意思において代理行為を行うことになる。なお、国や地方公共団体の内部の一機関の職務を他の機関が代行する意味で使われる場合もある。

例

- 代理人　代理権　代理行為　法定代理　表見代理　本人を代理する
- 職務代理　長の臨時代理　事故あるときにその職務を代理する

代行

　一般的には、代わって事を行うこと。法律上は、本来の職務担当者に事故があり、又はその者が欠けたときに、他の者が代わってその職務を行うこと。

例

部長代行　代行者　代行機関　事務の代行　校長の職務を代行する

説　　明

　いずれも、他人が本人に代わって行為し、その効果を本人に帰属させることであるが、「代表」は、団体や機関に代わって、その意思を外部に表示することを指し、「代理」は、他人が本人のために意思表示をし、又は受け取ることにより、その法律効果を本人に帰属させることを指すものである。「代表」の場合には、代表者の行為が団体や機関自体の行為とされる点で、本人とは別の人格である代理人が行う「代理」とは異なるが、法律上の効果としては、「代表」と「代理」でそれほど異なるものではないとされる。

　これに対し、「代行」は、本来の職務担当者に事故があり、又はその者が欠けたときに、他の者が代わってその職務を行うことを指すものであるが、法律行為だけでなく事実行為も含まれる点において、法律上は、法律行為についてのみ認められる「代理」とは異なる。

第Ⅱ編　用字用語の使い分け　　395

〔149〕　ただし／この場合において

ポイント

・法令において文章と文章をつなぐ用語であり、「ただし」は、主たる文章に対する除外例、例外的条件などを定めるために、「この場合において」は、主たる文章の趣旨を補足的・追加的に説明するなどのために、それぞれ、主たる文章に続く従たる文章の冒頭に置かれるもの。

法令用語

ただし

　前の事柄に対する例外となる場合、不可欠の条件などを次に付け加えることを表す接続詞であり、常用漢字表に使える漢字があっても、仮名書きを基本とする接続詞。法令においては、主たる文章に対する除外例、例外的条件などを規定する場合にも用いられるほか、主たる文章で述べられている事柄についてさらに説明を加えたり、追加したりする場合にも用いられる。

例

・未成年者が法律行為をするには、その法定代理人の同意を得なければならない。ただし、単に権利を得、又は義務を免れる法律行為については、この限りでない。　　　　　　　　　　　　　　（民法5条1項）
・罰金は、一万円以上とする。ただし、これを減軽する場合においては、一万円未満に下げることができる。　　　　　　　　　　（刑法15条）

この場合において

　主たる文章の趣旨を補足的・追加的に説明する場合のほか、主たる文章で適用又は準用をした場合に必要な読み替えをするときにも、文

章と文章をつなぐものとして用いられる。

例

・当事者が雇用の期間を定めなかったときは、各当事者は、いつでも解約の申入れをすることができる。この場合において、雇用は、解約の申入れの日から二週間を経過することによって終了する。

(民法627条1項)

・第七百四十七条及び第七百四十八条の規定は、縁組について準用する。この場合において、第七百四十七条第二項中「三箇月」とあるのは、「六箇月」と読み替えるものとする。　　　　　　(民法808条1項)

説　明

　いずれも、一般の文章でも用いられるものであるが、法令においては、文章と文章をつなぐ法令用語として、一つの条・項・号の中で、主たる文章に続けて、行を改めることなく、新しい文章を書く場合に用いられるものである。

　この場合に、「ただし」は、主たる文章に対する除外例、例外的条件などを定めるために、接続詞として、主たる文章に続く従たる文章の冒頭に置かれるものである。この場合、主たる文章は「本文」、従たる文章は「ただし書」と呼ばれる。「この限りでない」という法令用語と一緒に用いられることも少なくない（〔93〕参照）。

　これに対し、「この場合において」は、主たる文章の趣旨を補足的・追加的に説明するなどのために、主たる文章に続く従たる文章の冒頭に置かれるものである。この場合、主たる文章は「前段」、従たる文章は「後段」と呼ばれる。なお、「この場合において」に続く文章が長くなるような場合には、「前項の場合において」というようにして、別の行（項）を起こして書くこともある。

　「ただし」と「この場合において」の後には、読点「、」を付けることとされている。

第Ⅱ編　用字用語の使い分け

〔150〕 直ちに／速やかに／遅滞なく

> **ポイント**
> ・「直ちに」は、時間的即時性を強く要求するもので、何をさておいてもすぐに行わなければならない場合、「速やかに」は、訓示的な意味を持たせてできる限り早く行わなければならない場合、「遅滞なく」は、正当な理由などがない限りすぐに行わなければならない場合に用いられる。

法令用語

直ちに

　法令上、時間的な即時性を表すものであり、少しでも時間をおかずにという意。

> **例**
> ・不動産の保存の先取特権の効力を保存するためには、保存行為が完了した後直ちに登記をしなければならない。　　　　　　　　（民法337条）
> ・交通事故があつたときは、当該交通事故に係る車両等の運転者その他の乗務員……は、直ちに車両等の運転を停止して、負傷者を救護し、道路における危険を防止する等必要な措置を講じなければならない。
> 　　　　　　　　　　　　　　　　　　　　　　（道路交通法72条1項）

速やかに

　法令上、時間的な即時性を表すものであり、できる限り早くという意。訓示的な規定の中で用いられることが多い。

398　　　第Ⅱ編　用字用語の使い分け

> **例**
>
> ・児童虐待を受けたと思われる児童を発見した者は、速やかに、これを市町村、都道府県の設置する福祉事務所若しくは児童相談所……に通告しなければならない。　　　（児童虐待の防止に関する法律６条１項）
> ・逃亡犯罪人が人違いでないときは、直ちに、拘束の事由を告げた上、拘禁すべき刑事施設を指定し、速やかに、かつ、直接、逃亡犯罪人をその刑事施設に送致しなければならない。
>
> 　　　　　　　　　　　　　　　　　　　（逃亡犯罪人引渡法７条２項）

遅滞なく

　法令上、時間的な即時性を表すものであり、即時性は弱く、正当な理由や合理的な理由があれば遅れも許されることがあり得る。

> **例**
>
> ・債権者は、詐害行為取消請求に係る訴えを提起したときは、遅滞なく、債務者に対し、訴訟告知をしなければならない。
>
> 　　　　　　　　　　　　　　　　　　　　　　（民法424条の７第２項）
> ・医師は、診療をしたときは、遅滞なく診療に関する事項を診療録に記載しなければならない。　　　　　　　　　　　　（医師法24条１項）

説　　明

　いずれも、時間的に遅れることがないようにすることを意味する副詞であり、法令上、時間的な即時性を要求される場合に用いられる表現であるが、そのニュアンスには差がある。その場合、「直ちに」は、最も時間的即時性が強く、一切の遅れを許さない趣旨で用いられる。これに対し、「遅滞なく」は、即時性の弱い表現で、正当又は合理的な理由があれば遅滞も許されることもあるものであり、「速やかに」は、「直ちに」と「遅滞なく」の中間的なものである。

　また、「直ちに」と「遅滞なく」は、遅れがあった場合には義務違反となるのが通例であるが、「速やかに」は、訓示的な意味である場合が多い。

第Ⅱ編　用字用語の使い分け　　399

〔151〕　立つ／建つ

ポイント

・「立つ」は、直立する、ある状況や立場に身を置くことを
　いい、「建つ」は、建物などを造ることをいう。

異字同訓　平26異字同訓使い分け

立つ

　直立すること、ある状況や立場に身を置くこと、離れること、成立
すること。

例

演台に立つ　優位に立つ　席を立つ　成り立つ

建つ

　建物や国などを造ること。

例

家が建つ　一戸建て

説　明

　「建つ」は、建造物などを造ることで、その意味は限定的であるが、
「立つ」には、様々な意味があり、①事物が上方に運動を起こしては
っきりと姿を現すこと（湯気が立つ、波が立つ）、②物事があらわにな
る、はっきり現れること（声が良く立つ、噂が立つ）、③作用が激しく
なること（湯が立つ、腹が立つ）、④行動を起こす、立ち上がること（正
義のために立つ、選挙に立つ）、⑤事物が新たに設けられる（銅像が立
つ）、⑥物事が立派に成り立つ（暮らしが立つ、筆が立つ）などの意も
ある。

〔152〕 地方公共団体／地方自治体／公共団体／ 公共的団体

ポイント

・「地方公共団体」、「地方自治体」ともに、地方自治制度において一定の地域、その地域内の住民などを構成要素とし、自治権を行使する主体として位置付けられる団体のことをいい、法令上は「地方公共団体」が用いられているのに対し、一般には地方自治の主体であることに着目した「地方自治体」、「自治体」が用いられることが少なくない。

・「公共団体」は、国の法令によりその存立の目的を与えられ、公の機能を果たす主体とされている団体をいうのに対し、「公共的団体」は、広く公共的活動を目的とする団体のことを指し、「公共団体」よりも概念として広い。

法律類語

地方公共団体

　一定の地域を基礎とし、その地域内の住民を構成員として、その地域における公共事務の処理のための公権力を認められている団体。憲法によってその存在と自治権を認められ、法人とされている。

　地方自治法により、普通地方公共団体と特別地方公共団体に区分され、一般的・普遍的な「普通地方公共団体」として市町村と都道府県、政策的見地から特別に設けられる「特別地方公共団体」として特別区、地方公共団体の組合（一部事務組合・広域連合）、財産区が定められている。

例

・地方公共団体の組織及び運営に関する事項は、地方自治の本旨に基い

第Ⅱ編　用字用語の使い分け　401

て、法律でこれを定める。　　　　　　　　　　（日本国憲法92条）
・普通地方公共団体は、地域における事務及びその他の事務で法律又は
　これに基づく政令により処理することとされているものを処理する。
　　　　　　　　　　　　　　　　　　　　　　（地方自治法2条2項）

地方自治体

　地方公共団体と同義であり、一般的に、地方自治の主体であること
に着目する場合に用いられるが、その場合、主として普通地方公共団
体を指すことも多い。単に「自治体」とされることもある。

公共団体

　法令の規定に基づいてその存立の目的を与えられ、公の機能を果た
す主体とされている団体で、通常、その目的の達成のために公権力を
行使する権能を認められているものである。「公法人」と呼ばれるこ
ともある。法令によって、その範囲は一様ではないが、その目的・組
織・権能等により、「地方公共団体」、土地改良区、水害予防組合等の
「公共組合」、事業団等の「営造物法人」に区分されることがある。

例

・何人も、公務員の不法行為により、損害を受けたときは、法律の定め
　るところにより、国又は公共団体に、その賠償を求めることができる。
　　　　　　　　　　　　　　　　　　　　　　（日本国憲法17条）
・道路、河川その他の公の営造物の設置又は管理に瑕疵があつたために
　他人に損害を生じたときは、国又は公共団体は、これを賠償する責に
　任ずる。　　　　　　　　　　　　　　　　　（国家賠償法2条1項）

公共的団体

　広く公共的活動を目的とする団体であり、「公共団体」よりも広く、
おおよそ公共的活動をする団体を全て含むものであり、また、法人に
限られるものではない。その範囲については、法令上明確ではないが、
農業協同組合、消費生活協同組合等の協同組合、商工会議所等の産業

402　　　　　　第Ⅱ編　用字用語の使い分け

経済団体、PTA、青年団等の文化団体、社会福祉法人等がこれに含まれるものと解されている。

例

普通地方公共団体の長は、当該普通地方公共団体の区域内の公共的団体等の活動の綜合調整を図るため、これを指揮監督することができる。

（地方自治法157条１項）

説　　明

　国やその機関のほか、地方公共団体（地方自治体）その他の公共団体は、その機関も含め、行政活動の主体となるものであり、また、公共的団体も含めたこれらは公共的活動の主体となり、かつ、公用文の作成の主体ともなるものといえる。

　地方公共団体については、その意義・種類が明確にされ、また、1,700を超える市区町村と47の都道府県が設置されているところである。

　これに対し、公共団体は、目的の公共性、目的遂行の義務、公権力の行使の権能、国の特別の監督などを共通の特徴とするといわれるが、その範囲は明らかとは言い難い。もっとも、それらは法令の規定によりその存立の目的を与えられ、その名称や在り方なども規定されていることから、一般的には、それを踏まえて主体や対象となる公共団体を特定することが行われることになる。

　他方、公共的団体は、広範な概念であり、およそ公共的な活動を行う団体があまねく含まれ得ることになる。近年は、「公共は官の独占物ではない。」として公私協働が進められ、特定非営利活動法人（NPO法人）をはじめ様々な民間団体が公共的な活動を担うようになっている。法令の規定を見ると、公共的団体の協力等について定めるものもあるが、公用文においてそれらを対象とする場合には、少なくとも、その具体的な種類等につき列挙・例示をしたり、対象を特定したりすることが必要だろう。

第Ⅱ編　用字用語の使い分け　　403

〔153〕　調整／調製

ポイント

・「調整」は、折り合いをつけること、調子の悪いものに手を加えて整えること、ある基準に合せて調えることなどをいう。
・「調製」は、調え作ることをいう。

同音異義語

調整

折り合いをつけること、調子の悪いものに手を加えて整えること、ある基準に合せて調えること、過不足なくすることなど。

例

利用の調整　価格の調整　年末調整　主張の不一致を調整する
需要と供給を調整する　品質を調整する

調製

調え作ること、規則や注文のとおりに作ること、作製。

例

名簿の調製　地図の調製　調製品　予算を調製する　調製した洋服

説　　明

「調整」は、調子や加減を整えて程よい状態にすることをいい、公用文では、利害関係を異にする当事者間で発生した意見等の違いについて、調和を図り、解決を見出すことを指し、複数の当事者の活動について全体的に調子を整え、秩序付ける場合に用いられることが多い。これに対し、「調製」は、作ることをいい、公用文では、予算、名簿などを作ることを指す場合に用いられることが多い。

〔154〕 追及／追求／追究

ポイント

・「追及」は、追いかけること、追い詰めること、「追求」は、
追い求めること、「追究」は、突き詰めて解き明かすことを
いう。

同音類義語

追及

捕まえようとして追いかけること、追い詰めること、追いつくこと
など。

例

責任の追及　犯人を追及する

追求

目的の実現のために追い求めること、目的とするものを手に入れよ
うとすることなど。

例

幸福の追求　利益を追求する

追究

突き詰めて解き明かそうとすること、どこまでも究めることなど。

例

本質の追究　真理を追究する　原因を追究する

第Ⅱ編　用字用語の使い分け　　　405

説　　明

　いずれも、「ツイキュウ」と同音であり、追いかけるという点では共
通するが、「追」に続く漢字によって意味が異なる。

　一般的に、追い詰める意の「追及」は、責任、犯人などを追う場合
に、追い求める意の「追求」は、幸福、理想、利益などを追う場合に、
追いきわめ、明らかにする意の「追究」は、原因や学問・真理などを
追う場合に用いられる。

　「追及」は、用いられる範囲が比較的限定されているのに対し、「追
求」は、比較的意味が広いともいわれるが、いずれにしても、同じも
のを追いかける場合でも、意味によって、「追及」、「追求」、「追究」の
いずれが当てはまるのかが異なることになる。

406　　　第Ⅱ編　用字用語の使い分け

〔155〕　通知／通報／通告／告知

> ### ポイント
> ・「通知」は、ある事実や自己の意思を他人に知らせること
> 　をいい、「通報」は、一定の事実を他人に知らせることをい
> 　う。
> ・「通告」は、ある事柄を相手方に告げ知らせることをいい、
> 　「告知」は、一定の事柄を相手方に知らせることをいう。

法律類語

通知

　一定の事実、処分、意思などを特定の相手方に知らせること。相手
方は行政機関であることも私人であることもあり、ある行為の前に行
われることも、事後に行われることもある。

例

検査の通知　総会の招集の通知　死亡の通知　通知義務　通知書
期日及び場所を書面により通知する　直ちにその旨を通知しなければな
らない

通報

　一定の事実を他人に知らせること、報知。法令上は、通報の相手方
は国や地方公共団体の機関であることが多く、行政権の発動の端緒と
もなるものである。

例

事故の発生の通報　関係行政機関への通報　公益通報者　火災発見者の
通報義務　警察署に通報する

通告

　ある事柄を相手方に告げ知らせること。それにより、相手方が一定の行為や処分を行うことが期待されている場合に用いられることが多い。

例

処分の通告　犯罪の通告　通告義務　児童相談所に通告する　反則金の納付を書面で通告する　発言しようとするときは議長に通告する

告知

　一定の事実、意思、物事などを相手方に告げ知らせること。法令上、意思表示の内容を持つこともある。

例

理由の告知　事実の告知　納税の告知　当選の告知　訴訟の告知
告知義務　申立人に告知する　告知を受ける　事実の告知をせず、又は
不実の告知をした場合

説　　明

　いずれも、相手方に知らせることを意味する用語であるが、「通知」は、一定の事実、処分、意思などを相手方に知らせることをいい、最も一般的に使われている用語である。これに対し、「通報」は、単に事実を他人に知らせることであり、これによって何らかの効果が発生することは期待されておらず、また、意思の知らせが含まれない点で、「通知」とは異なる。

　他方、「通告」は、ある事柄を相手方に知らせることであり、相手方に一定の行為を行わせるために一定の事実を知らせる場合に多く用いられているものである。これに対し、「告知」は、一定の事実、意思な

どを相手方に知らせることであるが、法律上は、意思表示の形式としても用いられている。なお、法律上又は講学上、「告知」は、不利益処分を受ける相手方に処分理由を知らせること（告知・聴聞）、賃貸借契約などの継続を一方の意思表示によって将来的に消滅させること（解約告知）、保険契約において重要な事実又は事項を知らせる義務（告知義務）などの意味で用いられていることにも留意する必要がある。

第Ⅱ編　用字用語の使い分け　　409

〔156〕　付く／着く／就く

ポイント

・「付く」は、付着する、加わる、意識等を働かせるなどの
意味、「着く」は、達する、ある場所を占める、身に付ける
などの意味、「就く」は、仕事や役職、ある状況等に身を置
くなどの意味で用いられる。

異字同訓 平26異字同訓使い分け、平23用字用語例

付く

「付く」「付ける」は、物と物とが接合すること、付着すること、近
づくこと、加わること、新しい状態になること、実現・決着すること、
意識等を働かせること、区分がはっきりすること、判断・予想が行わ
れることなど多様な意味で用いられる。

例

墨が顔に付く　足跡が付く　知識を身に付ける　利息が付く　名前を付
ける　条件を付ける　味方に付く　付け加える　気を付ける　目に付く

着く

「着く」「着ける」は、達すること、到着すること、届いて触れるこ
と、ある場所を占めること、身に付けること、着ることなどの意。

例

手紙が着く　東京に着く　船を岸に着ける　車を正面玄関に着ける
足が地に着く　席に着く　落ち着く　衣服を身に着ける

410　　第Ⅱ編　用字用語の使い分け

就く

「就く」「就ける」は、仕事や役職に身を置くこと、ある職業や仕事に従事すること、ある状況や行程に身を置くこと、練ること、ある人に従って教えを受けることなどの意。

例

職に就く　役に就ける　緒に就く　帰路に就く　床に就く　眠りに就く
先生に就く

説　　明

「付く」は、付着する、加わる、意識等を働かせることなど、「着く」は、達する、ある場所を占める、身に付けることなど、「就く」は、仕事や役職、ある状況等に身を置くことなどを意味し、使い分けられることになる。ただ、例えば、「知識を身につける」の「つける」には、付着する意で「付」を当てるが、知識を「着る」という比喩的な視点から捉えて、「着」を当て「知識を身に着ける」とすることもできる。また、「付く」と「着く」が、くっついて離れないという意味の場合には、いずれを当てるのか迷うことも少なくないが、「付く」を当てることが比較的多いともいわれる。

「付く」「付ける」は、上記のとおり、広い範囲の意味と用例があるが、どこまで「付」を当てるのかという問題があり、「……について」「……につき」という場合には平仮名書きとされている。もっとも、「つき」については、「……付き」とする場合には、「折り紙付き」、「尾頭付き」のように「付」が当てられるのに対し、「顔つき」、「目つき」、「体つき」などは平仮名書きとされる。また、「……づけ」については、「〇月〇日付け」、「関連付け」、「義務付け」などのように「……付け」と表記され、「日付」は慣用に従って送り仮名を付けないものとされて

第Ⅱ編　用字用語の使い分け　　　411

いる。

　このほか、「昭48送り仮名付け方」では、「うわつく」は「浮つく」というように送るとされている。

　一般では、「板につく」、「けりをつける」、「高くつく」、「活気づく」、「元気づける」、「見つける」、「思いつく」など「つく」を平仮名書きとすることも少なくなく、漢字を当てるかどうか、どの漢字を当てるべきか、はっきりしない場合には、平仮名書きとするのが無難ともいえる。

412　　第Ⅱ編　用字用語の使い分け

〔157〕　作る／造る／創る

ポイント

・「作る」は、目的のものをこしらえることをいうが、大きなものをこしらえる場合などには「造る」、独創性のあるものを生み出す場合などには「創る」が用いられる。

異字同訓　平26異字同訓使い分け、平23用字用語例

作る

材料にあれこれ手を加えて目的のものをこしらえること、別の新しいものを生み出すこと、無いものをあるようにすること。

例

米を作る　規則を作る　計画を作る　列を作る　新記録を作る　書類を作る　詩を作る　会社を作る　体制を作る　機会を作る　笑顔を作る　声を作る

造る

大規模で工業的なものや有形のものをつくること。醸造すること。

例

船を造る　ビルを造る　宅地を造る　道路を造る　庭園を造る　彫像を造る　数寄屋造りの家　財産を造る　酒を造る

創る

それまでになかった新しいものを生み出すこと、意味のあるものにまとめ上げること、文章・詩歌などを創作することなど。

第Ⅱ編　用字用語の使い分け　　　413

例

新しい文化を創る　画期的な商品を創り出す　未来を創る　時代を創る
曲を創る　芸術を創る

説　　明

　「つくる」は、手を加えて目的のものをこしらえることを指すもの
であり、「作る」がその一般的表現ともされるが、「作る」は、主に規
模の小さいものや無形のものをこしらえる場合に用いられる。これに
対し、「造る」は、工業的なものや規模の大きなものをこしらえる場合
などに用いられる。また、「創る」は、特に独創性のあるものを生み出
す場合などに用いられる。

　「作る」と「造る」は、上記のように使い分けられているが、どち
らも当てられる用例もあり、また、「人づくり」などのように、「作」
「造」のどちらの漢字も当てにくいような場合は、平仮名で書かれる
ことも少なくない。ただし、「国づくり」については、その意味から、
「造」が当てられ、「国造り」と表記される。

　また、「創る」については、一般的にその代わりに「作る」と表記し
て差し支えないが、事柄の「独創性」を明確に示したい場合には、「創
る」を用いるものとされている。

第Ⅱ編　用字用語の使い分け

〔158〕　勤める／務める／努める

ポイント

・「勤める」は、雇われて働くこと、「務める」は、役目に当たること、「努める」は、努力することを意味する。

同音異義語

勤める

会社・団体等に雇われて働くこと、勤務すること。仏事を行うこと。

例

会社に勤める　役所に勤める　勤め人　勤め先　お堂でのお勤め

務める

役目や任務に当たること、果たすこと。役を演じること。

例

案内役を務める　議長を務める　親の務めを果たす　主役を務める

努める

力を尽くしてあることをすること、努力すること。

例

実現に努める　解決に努めなければならない　努めて早起きする

説　明

「勤める」は、職場で勤務することを意味するのに対し、「務める」は、仕事に限らず引き受けた役割を遂行することを意味するものである。これに対し、「努める」は、力を尽くすこと、努力することを意味するものである。

第Ⅱ編　用字用語の使い分け　　415

〔159〕　的確／適確／適格

ポイント
- 「的確」は、確かで、間違いがないこと、「適確」は、適切で、確実なことを意味する。
- 「適格」は、必要な資格を満たしていることを意味する。

|同音類義語| |同音異義語|

的確

的確は、的をはずれず確かなこと、真相を突いていて正確なこと、間違いのないさま。

例

事務を的確に処理する　的確に表現する　的確な判断を行う
状況の的確な把握

適確

適確は、「的確」と同義ともされるが、特に、適正又は適切で確実なことを表す場合に用いられているものであり、主に法令等で使用されている。

例

事態に適確に対応する　措置の適確な実施　適確な評価

適格

適格は、ある資格に適っていること、必要な資格に適合していること。

例

適格性を欠く　適格者　当事者適格　適格退職年金

説　明

　確かで、間違いがないことを意味するのは「的確」であり、学校教育や国語辞典などでも「てきかく」には「的確」が当てられており、国語辞典では、「適確」とされることもあるが、「適確」を挙げていない辞典も見られる。

　「適確」は、「適正確実」や「適切確実」の略ともいわれ、法令を中心に、適正又は適切で確実なことの意で用いられるようになっているものである。

　第5期国語審議会の第2部会報告「語形の「ゆれ」について」（昭和36年）では、漢字表記のゆれとして、「的確（適確）」も挙げ、「漢字は一字一字意味をもっているものであるから、漢字のもつ意味を厳密に生かそうとすれば、漢字表記のゆれの多くは、同音類義ないし同音異議の語であるとして、使い分ける必要がある。」としつつ、「しかしながら、こういう場合、漢字の意味のわずかな相違にあまりこだわることは、社会一般としては限度があるであろう。」と述べている。

　法令や告示・通知など厳密な使い分けが求められる公用文では、特に上記の意で「適確」を使い分けて用いることが必要となる場合もあるが、それ以外の公用文においては、社会一般では「的確」が用いられていることも考慮し、あえてそのような使い分けをする必要性は高くはなく、多くの場合、「的確」を用いることで足りるのではないかと思われる。

　他方、「適格」は、必要な資格を満たしていることを意味する語であるが、「適格性」、「適格団体」、「適格請求書」などのように、複合語ないし熟語として用いられることが少なくない。

　なお、「的確」、「適確」、「適格」の読みは「てきかく」であるが、いずれも「てっかく」とも読むとされている。

第Ⅱ編　用字用語の使い分け　　　417

〔160〕　手続／手続き

ポイント

・「手続」は、公用文においては、送り仮名の「き」を省略するが、文書の性格や読み手に配慮し、送り仮名を省かずに「手続き」と書くこともできる。

送り仮名 昭48送り仮名付け方、令4公用文作成考え方、平22公用文漢字使用等、平22法令漢字使用等、平23送り仮名用例

説　　明

「手続」は、物事を行う順序や方法、手順を意味するものであるが、法令においては、一定の目的の実現に向けられる複数の行為の体系的な連続をいい、重要な意味を持つことが多い。

複合語の送り仮名については、その複合の語を書き表す漢字の、それぞれの音訓を用いた単独の語の送り仮名の付け方によるが、「手続」については、その例外として、「読み間違えるおそれのない複合語は、送り仮名を省く」とされているものである。

もっとも、学校教育のほか、新聞などでは、その例外にはよらず、「手続き」が用いられている。

「公用文の作成の考え方」でも、広く一般の人に向けた解説・広報等においては、読み手に配慮して、多くの人が理解している学校教育で学ぶ表記を用いた方が良い場合があり、また、社会では、学校教育で学んだ表記が広く用いられており、公用文で使われる送り仮名を省く表記を見慣れていない人も多いとして、「文書の性格や読み手に配慮し、送り仮名を省かずに書くこともできる」とする。

なお、公用文では、活用のない複合の語186語に関しては、「送り仮名の付け方」において「許容」とされている表記（誤読等のおそれがない場合は送り仮名を省く）をあえて用いることとされている。法令、告示・通知等の文書では、それによることが求められる。

これに該当する186語については、第Ⅰ編の50頁に列挙している。

第Ⅱ編　用字用語の使い分け　　419

〔161〕　等／など

ポイント

・「等」「など」は、具体的な事柄を例示するため、又は文中
に明示したものだけに限定されないことを表すために用い
られる。

|法令用語| 令4公用文作成考え方、平22法令漢字使用等、平23用字用語例

等

　「等」は、具体的な事柄を例示するため、又は文中に明示したもの
だけに限定されないことを表すために用いられる。法令において漢語
が続く場合には、基本的には「等」が用いられる。なお、「等」は、「と
う」と読み、「など」の読みはない。

例

国は、再生資源その他の環境への負荷の低減に資する原材料、製品、役
務等の利用が促進されるように、必要な措置を講ずるものとする。

(環境基本法24条2項)

など

　「など」は、「等」と同じ意味で用いられる。平仮名を用いて柔らか
い感じを表現しようとするなど、特に「等」という漢字を使用する必
要がない場合に用いる。

例

・資料などを用意する
・幼稚園においては、……保護者及び地域住民その他の関係者からの相
　談に応じ、必要な情報の提供及び助言を行うなど、家庭及び地域にお

420　　　　第Ⅱ編　用字用語の使い分け

ける幼児期の教育の支援に努めるものとする。

（学校教育法24条1項）

> ### 説　　明

「等」「など」は、具体的な事柄を例示するため、又は文中に明示したものだけに限定されないことを表すために用いる。

具体例を示す場合には、「等」や「など」の前には、代表的又は典型的なものを挙げるべきである。

公用文においては、文中に示したものに限定されないことを表すために、「等」や「など」が用いられることが多い。文章の正確さを確保する観点からこれらの語を用いるときには、「等」や「など」の内容として想定するものを説明することができるようにしておく必要がある。

> ◁MEMO▷
>
> 「等」や「など」を用いるのと同様の場合において、「その他」を用いることもできる。この場合、「その他」の用法のほか、「等」や「など」と同様の点に留意すべきである。

第Ⅱ編　用字用語の使い分け　　　421

〔162〕　同／その／当該

ポイント

- 「同」は、直前に挙げられた法律、条項、期日等の語を受け、これと同一のものであることを表す。
- 「その」は、近い所にある物事、すぐ前に話したことやお互いに了解している事柄を指し示すものであり、「当該」は、「その」とほぼ同義であるが、そこで問題となっている「まさにその」といった意味で用いられる。

法令用語

同

　法令をはじめ公用文において、直前に挙げられた法律、条項、期日等の語を受け、これと同一のものであることを表すもの。

例

　同法　同条　同項　同日

その

　連体詞である「その」は、近い所にある物事、すぐ前に話したことやお互いに了解している事柄を指し示すもの。

例

　その者　その保護者　その場所　その日　その事務　その承諾　その旨
　その住所及び連絡先

当該

そこで問題となっている「当の」とか、「まさにその」といった意味で用いられるもの。

例

当該場所　当該規定　当該者　当該団体　当該職員

説　明

「その」は、文書の種類を問わず、一般的に用いられているものであり、近い所にある物事、すぐ前に話したことやお互いに了解している事柄を指し示すものとして頻繁に用いられているものである。

これに対し、「同」は、直前に挙げられた法律、条項、期日等の語を受け、これと同一のものであることを指し、法令などにおいて「同条」、「同日」などの形で用いられるものである。

また、「当該」は、「その」とほぼ同義のものとして、前に出ている用語「○○」を受けてこれを指し示すために「当該○○」などとするものであり、そこで問題となっている「その」とか、「まさにその」といった意味で、法令などで用いられているものである。「当該各号に定めるところにより」、「当該各号に掲げる○○」などといったように「それぞれに対応する」という意味で用いられることもある。

第Ⅱ編　用字用語の使い分け　　　　423

〔163〕　当分／当面

ポイント

・「当分」は、将来のある時期までを漠然と表すものであり、「当分の間」は、法令上、ある措置が臨時的なものであり、将来別段の措置がとられるまでその効力を存続する意で用いられる。

・「当面」は、直面していることのほか、今のところを意味する。

類義語

当分

将来のある時期までを漠然と表すものであり、しばらくの間。

例

当分の間　当分の間の措置　当分の間、適用しない

当面

直面していること、目の前に存在していることのほか、今のところ、さしあたり。

例

当面の目標　当面する課題　当面予算を増やすことはない

説　明

「当分」は、主にしばらくの間を意味するのに対し、「当面」は、直面していることのほか、今のところを意味し、「当分」の方が先の時期

を漠然と表す意味合いが強いともいえる。なお、法令上、「当分の間」
は、ある措置が臨時的なものであって、将来においてその使途の廃止
又は変更が予定されているものの、その措置について定めた時点では
直ちに特定の期間を見通すことができないため、将来別段の措置がと
られるまではその措置の効力を存続させる場合に用いられている。

第Ⅱ編　用字用語の使い分け　　425

〔164〕　通り／とおり

ポイント

・名詞として人や車の通るところなどを意味する「通り」は、
　形式名詞の場合は、「とおり」と平仮名で書く。

漢字・仮名（品詞）　令4公用文作成考え方、平23用字用語例

通り

　人や車の通るところ・道・往来、物が通り抜ける具合、世間での評
判、人の受け、理解、街路の名など。

例

大通り　表通り　素通り　一通り　人通り　目通り　風の通りがいい
銀座通り

とおり

　形式名詞として、平仮名で書き、同じ状態や方法であること、その
ままであることなどを表す。

例

通知のとおり　思ったとおり　次のとおりである　従来どおり
予定どおりに実施した

説　　明

　常用漢字表に使える漢字がある場合には、その漢字を用いて書くの
が原則であるが、「通り」については、形式名詞の場合には平仮名で書
くものとされている。他方、通常の名詞として実質的な意味を持つ実
質名詞の場合には、「大通り」などと漢字で書く。

〔165〕 所／ところ

> ### ポイント
> ・名詞として空間的な位置・場所、抽象的な事柄についての
> 位置・場面などを意味する「所」は、形式名詞の場合は、
> 「ところ」と平仮名で書く。

漢字・仮名（品詞） 令4公用文作成考え方、平23用字用語例

所

空間的な位置・場所、人や物が存在する場所。抽象的な事柄についての場所・場面・箇所・範囲など。

例

遠い所　所書き　台所　家を建てる所　所構わず　良い所

ところ

形式名詞として、平仮名で書き、状態、成り行きなどを表す。

例

今のところ　すんでのところ

説　明

常用漢字表に使える漢字がある場合には、その漢字を用いて書くのが原則であるが、「所」については、形式名詞の場合には平仮名で書く。ただし、「家を建てる所」のように、具体的に特定できる対象がある場合には漢字で書く。

なお、接続詞である「ところが」も、常用漢字表に使える漢字があっても、接続詞は仮名書きを基本とするものとされている。

第Ⅱ編　用字用語の使い分け　　427

〔166〕　届出／報告

ポイント

・「届出」は、公の機関に対し一定の事柄を知らせる行為を
　指す。
・「報告」は、事実、状況等を他の特定の人又は機関に知ら
　せることを指し、基本的に過去の事柄を対象とする。

法律類語

届出

　「届出」は、公の機関に対し一定の事柄を知らせる行為を指す。届
出の対象は、過去の事実だけでなく、計画その他の将来における事柄
を知らせる場合もある。

　届出は、法令上義務として課される場合や一定の法的効果を発生さ
せるために必要とされる場合がある。

例

・医師は、死体又は妊娠四月以上の死産児を検案して異状があると認め
　たときは、二十四時間以内に所轄警察署に届け出なければならない。
　　　　　　　　　　　　　　　　　　　　　　　　　　（医師法21条）
・婚姻は、戸籍法（昭和二十二年法律第二百二十四号）の定めるところ
　により届け出ることによって、その効力を生ずる。（民法739条１項）

　行政手続法では、届出を「行政庁に対し一定の事項の通知をする行
為（申請に該当するものを除く。）であって、法令により直接に当該通
知が義務付けられているもの（自己の期待する一定の法律上の効果を
発生させるためには当該通知をすべきこととされているものを含
む。）」と定義している（同法２条７号）。この定義に該当する届出につい
ては、届出書の記載事項に不備がないこと、必要な書類が添付されて

いることその他の法令に定められた届出の形式上の要件に適合している場合は、当該届出が法令により当該届出の提出先とされている機関の事務所に到達したときに、当該届出がなされたことになる（同法37条）。

報告

「報告」は、事実、状況等を他の特定の人又は機関に知らせることを指し、基本的に過去の事柄を対象とする。法令又は契約に基づく義務として行われることが多い。

例

- 受任者は、委任者の請求があるときは、いつでも委任事務の処理の状況を報告し、委任が終了した後は、遅滞なくその経過及び結果を報告しなければならない。 （民法645条）
- 労働基準監督官は、この法律を施行するため必要があると認めるときは、使用者又は労働者に対し、必要な事項を報告させ、又は出頭を命ずることができる。 （労働基準法104条2項）

説　明

「届出」と「報告」は、いずれも一定の事柄を特定の機関等に知らせる行為を指すという点は共通する。「届出」では将来的な事柄も対象とすることがあるのに対し、「報告」では過去の事柄が対象となるのが通常である。

「届出」は、行政手続法に規定するとおり、公の機関に一定の事項を通知すること自体でその手続が完結することになる。この点で、相手方である公の機関に一定の行為を求める申請や申立てとは異なる。また、法令上、一定の行為を行うに当たり行政庁に対してその旨を届け出ることが義務付けられる場合があり、このような規制の仕組みは、届出制と呼ばれる。

第Ⅱ編　用字用語の使い分け　　　　429

〔167〕　整える／調える

ポイント

・「整える」は、乱れがない状態にすることを指し、「調える」
は、必要なものがそろうことや望ましい状態にすることを
指す。

異字同訓 平26異字同訓使い分け

整える（整う）

　「整える・整う」は、乱れがない状態にしたり、そのような状態に
なること意味する。

例

体制が整う　整った文章　隊列を整える　身辺を整える　呼吸を整える

調える（調う）

　「調える・調う」は、必要なものがそろう、望ましい状態にするこ
とを意味する。

例

家財道具が調う　旅行の支度を調える　費用を調える　味を調える

　法令では、協議について「調える」「調わないとき」のように用いら
れることが多い。この場合、協議が調うとは、協議として望ましい状
態、すなわち、協議がうまくまとまったことを表す。

例

・共有物の分割について共有者間に協議が調わないとき、又は協議をす
　ることができないときは、その分割を裁判所に請求することができる。
（民法258条1項）

430 第Ⅱ編 用字用語の使い分け

・普通地方公共団体から国の行政機関又は都道府県の機関に対して協議
の申出があつたときは、国の行政機関又は都道府県の機関及び普通地
方公共団体は、誠実に協議を行うとともに、相当の期間内に当該協議
が調うよう努めなければならない。 （地方自治法250条1項）

説　明

「整える」と「調える」には、ある良好な状態にするということが
共通しているが、若干の違いがある。

「整える」は、乱れがない状態にすることを指す。「整理」「整列」
といった熟語からその意味合いを捉えることができる。

「調える」は、必要なものがそろうことや望ましい状態にすること
を指す。「調達」「調和」といった熟語からその意味合いを捉えること
ができる。

「整える」「調える」の対象がどのようなものなのかによって、使い
分ける必要がある。

第Ⅱ編　用字用語の使い分け　　　　431

〔168〕　……と共に／……とともに

ポイント

・「……とともに」は平仮名で書き、人に付く場合は「彼と
　共に……」などと漢字で書く。

漢字・仮名（用法）　令４公用文作成考え方、平22公用文漢字使用等

……と共に

　人に付く場合は、「……とともに」とすることの例外として「彼と共
に……」などと漢字で書く。

例

自己と共に現場に所在する他の隊員……　　　　　　　（自衛隊法94条の７）

……とともに

　「共」の字は、常用漢字であり、常用漢字表の音訓に「とも」があ
るが、「……とともに」とする場合は、例外として仮名で書くものとさ
れている。

例

説明するとともに意見を聞く

説　　明

　「……とともに」は、「共同して」「共々に」という意味で横に並べ
たような場合や、「……と同時に」という意味を表す場合に用いられる。
公用文では、動詞に付く場合及び名詞に付く場合のいずれについても、
「……とともに」と平仮名で書くこととされている。ただし、例外が

あり、人に付く場合は、「彼と共に」などと漢字で書くこととされている。

　「……とともに」が時間的な意味を表す場合には、「……と同時に」と同じ意味となる。「……とともに」「……と同時に」のいずれを使用するかは、文脈にもよるが、「……と同時に」は、結びつけるものの時間的な同時性を強調するような場合に用いることが適当であろう。

◁ＭＥＭＯ▷

　「共」が「共に」「共々」などと副詞で用いられる場合は、漢字で書く。また、「共」が人に付く場合であっても、接尾語として「……ども」となる場合は、「私ども」などと漢字で書く。

第Ⅱ編　用字用語の使い分け　　433

〔169〕　捕らえる／捉える

ポイント

・「捕らえる」は、取り押さえることを指し、「捉える」は、
的確につかむことを指す。

異字同訓　平26異字同訓使い分け、平22公用文漢字使用等

捕らえる

「捕らえる」は、取り押さえることを意味する。

例

犯人を捕らえる　獲物の捕らえ方　密漁船を捕らえる

捉える

「捉える」は、的確につかむことを意味する。

例

文章の要点を捉える　問題の捉え方が難しい　真相を捉える
聴衆の心を捉える

説　　明

「捕らえる」は、具体的な対象を取り押さえることを指し、「捉える」
は、より抽象的なものについて的確につかむことを指す。

「捕らえる」の送り仮名については、活用語尾以外の部分の送り仮
名を省くことができるとされ、「捕える」との表記が許容されている。
しかし、公用文では、「捕らえる」と表記するものとされている。

434　　第Ⅱ編　用字用語の使い分け

〔170〕　執る／採る／取る／とる

ポイント

- 「執る」は、手に持って使うことや役目として事に当たることを意味する。
- 「採る」は、採取すること、採用すること、採決することを意味する。
- 「取る」は、手で持つこと、手に入れることなど様々な意味で用いられる。
- 「とる」は、「とる」の訓のどの漢字を使用するかの判断がつかない場合などに用いられる。

異字同訓　平26異字同訓使い分け

執る

　「執る」は、手に持って使うことや役目として事に当たることを意味する。

例

筆を執る　事務を執る　指揮を執る　政務を執る　式を執り行う

採る

　「採る」は、採取すること、採用すること、採決することを意味する。

例

血を採る　きのこを採る　指紋を採る　新入社員を採る　こちらの案を採る　会議で決を採る

第Ⅱ編　用字用語の使い分け　　　435

取る

「取る」は、次のような様々な意味で用いられる。

（1）　手で持つこと、手に入れることを意味する場合

例

本を手に取る　魚を取る　資格を取る　新聞を取る　政権を取る
年を取る

（2）　書き記すことを意味する場合

例

メモを取る

（3）　つながることを意味する場合

例

連絡を取る

（4）　除くことを意味する場合

例

着物の汚れを取る　疲れを取る　痛みを取る

とる

「とる」の訓のあるどの漢字を当てはめるかの判断がつかない場合
や使用しようとする「とる」の字が常用漢字表にない場合に用いられ
る。

「栄養をとる」は、漢字を使えば「摂る」となるところ、「摂」は常
用漢字であるが、「とる」の読みは認められていない。このように漢字
が使用できない場合は、「とる」と表記する。

例

栄養をとる

第Ⅱ編　用字用語の使い分け

> ### 説　明

「執る」は、手に持って使うこと、「取る」は、手で持つことを表し、ほぼ似たような意味を持っている。「筆をとる」「ペンをとる」という場合には、いずれの書き方も可能である。「筆を執る」とした場合には、筆を手で持つことに加え、筆を使うという意味もあることになる。

「執る」には、「執務」「執行」などの熟語から分かるように、役目として事に当たる、物事をつかさどる意味あいがある。

「採る」は、「採決」「採用」などの熟語からも分かるように、「取る」とは違う文脈で使われることになる。

「措置をとる」は、意味の違いにより「採る」と「執る」のいずれも用いることが可能である。「措置を執る」とした場合は措置を実行する、講ずるの意味となり、「措置を採る」とした場合には特定の措置を選択するという意味となる。これらのいずれかを判断できないときは、平仮名で「とる」とするものとされている。

第Ⅱ編　用字用語の使い分け　　　437

〔171〕　無い／ない

ポイント

・「ない」と平仮名で書く場合がほとんどであるが、有無の
　対照を強調する場合には「無い」と漢字で書く。

漢字・仮名（品詞）　令4公用文作成考え方、平22公用文漢字使用等、平22法令
漢字使用等、平23用字用語例、平26異字同訓使い分け

無い

　「無」の字は、常用漢字であり、常用漢字表の音訓でも「ない」と
の読みがある。ただし、「無い」と漢字で書くのは、存在しないこと、
所有していないことについて、「有無」の対照を強調する場合に限られ
る。

例

有ること無いこと言い触らす　無くて七癖　無い袖は振れぬ
無い物ねだり

ない

　「無」は、常用漢字表の音訓に「ない」とあるが、助動詞として用
いる場合には、例外として仮名で「ない」と書くものとされている。

例

やむを得ない　現地には行かない

　また、自立語として、単独での文節となる場合も、「ない」と表記す
る。

例

欠点がない　金がない

説　明

「無い」は「有無」の対照を強調する場合に用いられる。一方で、「ない」は、助動詞や自立語として単独での文節をつくる場合に用いられることから、公用文では、ほとんど平仮名の「ない」が使用されることになる。

> ＜MEMO＞
> 「死んでこの世にいない」という意味では、「亡い」が「今は亡い人」などと漢字で用いられる。この場合、「亡き父」といった表現で「亡き」の文語での表記となることが多い。

第Ⅱ編　用字用語の使い分け　　　439

〔172〕　なお従前の例による／なおその効力を有する

ポイント

・「なお従前の例による」「なおその効力を有する」のいずれも、法令の附則で用いられ、ある事柄について、新法令・改正法令の規定によらず、旧法令の規定を適用するという意味で用いられる。

・この二つの表現の間には、適用の根拠となる規定の差異など微妙な違いがあることから、それを正確に捉える必要がある。

法令用語

なお従前の例による

　「従前の例による」とは、その規定で定められた事項に関しては、新法令又は改正後の法令の規定にかかわらず、旧法令又は改正前の法令の規定を適用しようとすることを表している。

　単に「例による」とする場合、ある事項について、他の法令の規定を包括的に当てはめて用いることを意味することが多い。これに「従前の」が付くことで、「なお従前の例による」は、旧法令の規定を包括的に当てはめて適用することを表すことになる。

例

・この法律の施行前にした行為に対する罰則の適用については、なお従前の例による。

　（私立学校法の一部を改正する法律（令和5年法律第21号）附則10条1項）

・施行日前に締結された保証契約に係る保証債務については、なお従前

の例による。

（民法の一部を改正する法律（平成29年法律第44号）附則21条1項）

なおその効力を有する

「なお従前の例による」とほぼ同じ意味で用いられる。

例

この法律の施行前にした行為に対する罰則の適用については、旧法は、この法律施行後も、なおその効力を有する。　　　（電波法附則4項）

　限時法が罰則を規定している場合には、制定当初からその失効後の罰則の経過措置を設けておくことになるが、この場合には、専ら「なおその効力を有する」が用いられる。限時法の失効という将来のある時点での事柄を規定することになるため、「なお従前の例による」との表現は、ふさわしくないものと考えられる。

例

　（失効）

第二条　この法律は、令和十二年三月三十一日限り、その効力を失う。ただし、同日までに行われた市町村の合併については、同日後もなおその効力を有する。

2　この法律の失効前にした行為に対する罰則の適用については、この法律は、前項の規定にかかわらず、同項に規定する日後も、なおその効力を有する。

（市町村の合併の特例に関する法律附則）

説　明

　「なお従前の例による」「なおその効力を有する」は、いずれも同じような意味で用いられるが、厳密には次のような違いがある。

　第一に、「なお従前の例による」では、旧法令・旧規定は既に失効し

ており「なお従前の例による」という規定がその適用の根拠となるのに対し、「なおその効力を有する」では、効力を有することとされた旧法令・旧規定そのものが適用の根拠となる。

第二に、「なお従前の例による」では、下位法令を含めて包括的に旧法令・旧規定によることを定めているのに対し、「なお効力を有する」では、そこで効力を有するものとされた特定の旧法令のみが問題とされており、旧法令に基づく命令については、その改廃を改めて規定する必要がある。

第三に、「なお従前の例による」では、ある事項に対する法律関係について、新法令・新規定の施行直前の法制度をそのまま凍結した状態で適用するのであって、後に改正することは不可能であるのに対し、「なおその効力を有する」では、必要があれば、効力を有するものとされた旧法令・旧規定そのものを改正することが可能である。

〔173〕 成る／なる

ポイント

・「成る」は、常用漢字表に使える漢字がある動詞のうち、仮名で書くものとされ、原則として「なる」と表記する。

漢字・仮名（用法） 令４公用文作成考え方、平23用字用語例

成る

「成る」は、原則として仮名で書くものとされるが、「構成される」や「でき上がる」「実現する」の意味では「成る」と表記する。

例

本表と付表から成る　歩が金に成る　信頼関係に基づいて成り立つ

なる

「成る」は、常用漢字表に使える漢字がある動詞のうち、仮名で書くものとされ、原則として「なる」と表記する。

例

１万円になる　小さくなる

説　明

「なる」は、動詞のうち仮名で書くものとされている。「構成される」等の意味で使用する場合には、「成る」とするが、その他の場合は「なる」を使用することになる。

第Ⅱ編　用字用語の使い分け　　443

〔174〕　認証／認定／認許／認諾

ポイント

・ 「認証」とは、公の機関が、一定の行為が正当な手続により なされたことを証明することをいう。
・ 「認定」とは、公の機関が、一定の事実又は法律関係の存 否を確認することをいう。
・ 「認許」とは、公の機関が、ある事項を是認し、承認する ことをいう。
・ 「認諾」とは、ある事柄を自認し、承諾することをいう。

法律類語

認証

　「認証」とは、公の機関が、一定の行為が正当な手続によりなされ たことを証明することをいう。

　「認証」は、公の機関による意思の表示ではなく、その認識や判断 の表示である。認証が法令上どのような効果を有するかは、当該法令 において定めるところによる。

例

・第二十六条第一項の定款は、公証人の認証を受けなければ、その効力 を生じない。　　　　　　　　　　　　　　　　　　（会社法30条１項）
・民間紛争解決手続を業として行う者（法人でない団体で代表者又は管 理人の定めのあるものを含む。）は、その業務について、法務大臣の認 証を受けることができる。
　　　　　　　（裁判外紛争解決手続の利用の促進に関する法律５条）

444　　　　　　第Ⅱ編　用字用語の使い分け

認定

　「認定」とは、公の機関が、一定の事実又は法律関係の存否を確認することをいう。

　「認定」が法令上どのような効果を有するかは、当該法令において定めるところによる。

例

・事実の認定は、証拠による。　　　　　　　　　　（刑事訴訟法317条）
・文部科学大臣は、学校又は一般社団法人若しくは一般財団法人の行う通信教育で社会教育上奨励すべきものについて、通信教育の認定（以下「認定」という。）を与えることができる。　（社会教育法51条１項）

認許

　「認許」とは、公の機関が、ある事項を是認し、承認することをいう。

　「認許」の語は、一般的な意味は上記のとおりであるが、現在では、外国法人に対し、内国において法人としての活動を承認することという意味が代表的な用例となっている。

例

外国法人は、国、国の行政区画及び外国会社を除き、その成立を認許しない。ただし、法律又は条約の規定により認許された外国法人は、この限りでない。　　　　　　　　　　　　　　　　　　　　（民法35条１項）

認諾

　「認諾」とは、ある事柄を自認し、承諾することをいう。

　専ら民事訴訟における、権利関係に関する原告の主張を正当とする被告の陳述を意味する用語として、「請求の認諾」という用語で使用されている。

第Ⅱ編　用字用語の使い分け　　　445

例

・請求の放棄又は<u>認諾</u>は、口頭弁論等の期日においてする。

（民事訴訟法266条 1 項）

・和解又は請求の放棄若しくは<u>認諾</u>を調書に記載したときは、その記載
は、確定判決と同一の効力を有する。　　　（民事訴訟法267条）

説　　明

　「認証」及び「認定」は、公の機関による確認に分類されるもので
あり、それぞれの有する効果は、法令の定めるところによる。

　例えば、「認証」のうち、特定非営利活動法人の設立の認証（特定非営
利活動促進法10条 1 項）は、法人の設立という行為を完成させるために公
の機関が行う補充的な行為である点で、「認可」と同様の機能を持って
いる。また、特定非営利活動法人のうち、その運営組織及び事業活動
が適正であって公益の増進に資するものは、所轄庁の「認定」を受け
ることができる（同法44条 1 項）。この認定を受けた特定非営利活動法
人は、税制上の優遇措置の対象となる。

　「認許」は、外国法人についての用法のほか、講学上、許可と認可
を合わせた概念を表す用語として使用されることがある。

　「認諾」は、専ら「請求の認諾」という用語で使用されるものであ
る。

446　　第Ⅱ編　用字用語の使い分け

〔175〕　年／年度

ポイント

- 「年」は、暦の上での１年のことを指す。
- 「年度」は、一定の期日から一定の期日までの期間のことを意味し、法令や定款等によって設定される期間を指す。

類義語

年

　「年」は、暦の上での１年（暦年）のことであり、１月１日から12月31日までの１年間を指す。

例

- 週、月又は年によって期間を定めたときは、その期間は、暦に従って計算する。　　　　　　　　　　　　　　　　　　（民法143条１項）
- その居住者からその年において生活費又は教育費に充てるための支払を三十八万円以上受けている者　（所得税法２条１項34号の２ロ（３））

年度

　一定の期日から一定の期日までの期間のことを意味し、各制度の目的に照らして、法令や定款等によって特に設定している期間を指す。

　例えば、国及び普通地方公共団体の会計年度は、法律で定められている。

例

- 国の会計年度は、毎年四月一日に始まり、翌年三月三十一日に終るものとする。　　　　　　　　　　　　　　　　　　　　（財政法11条）
- 普通地方公共団体の会計年度は、毎年四月一日に始まり、翌年三月三十一日に終わるものとする。　　　　　　　（地方自治法208条１項）

第Ⅱ編　用字用語の使い分け　　447

┌─────────┐
│　説　　明　│
└─────────┘

　「年」は、暦の上での１年のことで、１月１日から12月31日までの１年間を指す。

　「年度」は、それぞれの制度の目的に照らして、法令や定款等によって特に設定している期間を指す。「年度」は、法人税法の「事業年度」でいえば、法人の財産及び損益の計算の単位となる期間（会計期間）で、法令で定めるもの又は法人の定款、寄附行為、規則、規約その他これらに準ずるものによって定めるものとされている（法人税法13条１項）。

┌────────────────────────────────────┐
│◁MEMO▷   │
│　法令では様々な「年度」が定められているが、いわゆる「学校年度」│
│について、は法令上「年度」という用語は用いられていない。小学校を│
│例に挙げると、学校教育法施行規則59条では「小学校の学年は、四月一│
│日に始まり、翌年三月三十一日に終わる。」としており、単に「学年」と│
│規定している。   │
└────────────────────────────────────┘

〔176〕 延ばす／伸ばす

ポイント

- 「延ばす」は、「遅らす」「つながって長くする」等を意味する。
- 「伸ばす」は、「まっすぐにする」「増す」等を意味する。

異字同訓 平26異字同訓使い分け

延ばす（延びる・延べる）

「延ばす・延びる・延べる」は、「遅らす」「つながって長くなる」「重複も認め合計する」「広げる」ことを意味する。

例

出発を延ばす　開会を延ばす　支払が延び延びになる　地下鉄が郊外まで延びる　寿命が延びる　終了時間が予定より10分延びた

伸ばす（伸びる・伸べる）

「伸ばす・伸びる・伸べる」は、「まっすぐにする」「増す」「そのものが長くなる」「差し出す」ことを指す。

例

手足を伸ばす　旅先で羽を伸ばす　勢力を伸ばす　輸出が伸びる
学力が伸びる　草が伸びる　身長が伸びる　救いの手を差し伸べる

説　明

「延ばす・延びる・延べる」は、「遅らす」「つながって長くする」など場所・時間の限界点をより遠方に移す場合に、「伸ばす・伸びる・伸べる」は、「まっすぐにする」「増す」などある物や事柄それ自身の全体が伸長・伸展する場合に、それぞれ用いられる。

第Ⅱ編　用字用語の使い分け　　449

〔177〕　上る／登る／昇る

> **ポイント**
> ・「上る」は、「上方に向かう」「達する」「取り上げられる」
> 　を意味する。
> ・「登る」は、「自らの力で高い所へと移動する」を意味する。
> ・「昇る」は、「一気に高く上がる」を意味する。

異字同訓　平26異字同訓使い分け

上る

　「上る」は、「上方に向かう」「達する」「取り上げられる」を意味する。

例

水銀柱が上る　損害が一億円に上る　川を上る　坂を上る

登る

　「登る」は、「自らの力で高い所へと移動する」を意味する。

例

山に登る　木に登る　演壇に登る

昇る

　「昇る」は、「一気に高く上がる」を意味する。

例

日が昇る（上る）　天に昇る（上る）

説　明

「上る」「登る」「昇る」は、いずれも「のぼる」と読み、「上の方向に移動する」という意味を共通して持っている。

「上る」は、このような意味で広く一般に用いられる。

「登る」は、急坂や山道などを一歩一歩確実に上がっていく様子を表すのに用いることが多い。

「昇る」は一気に上がっていく様子を表すのに用いることが多い。

「日がのぼる」や「天にのぼる」の「のぼる」には、「昇」と「上」のどちらも当てることができるが、「昇る」の場合、上記のような意味が込められることになる。

ケーブルカーなどで山に「のぼる」場合にも「登る」と当てるのは、「登山」という語との関係やケーブルカーなどを自らの足に代わるものとして捉えた見方による。

第Ⅱ編　用字用語の使い分け　　451

〔178〕　場合／とき／時

> **ポイント**
> ・「場合」は、仮定的条件を表す。
> ・「とき」は、「場合」と同様に仮定的条件を表す。
> ・「時」は、時期又は時点を限定する場合に用いる。

|法令用語| 令4公用文作成考え方、平23用字用語例

場合

「場合」は、一般的に仮定的条件を表す。

例

・住所が知れない場合には、居所を住所とみなす。　　　（民法23条1項）
・商人の商号は、営業とともにする場合又は営業を廃止する場合に限り、譲渡することができる。　　　（商法15条1項）

とき

「とき」は、「場合」と同様に仮定的条件を表す。時点という限定的な意味でない場合に「とき」を用いる。

例

・犯罪後の法律によって刑の変更があったときは、その軽いものによる。　　　（刑法6条）
・日、週、月又は年によって期間を定めたときは、期間の初日は、算入しない。ただし、その期間が午前零時から始まるときは、この限りでない。　　　（民法140条）

　法令では、仮定的条件が重なる場合には、大きい条件には「場合」を、小さい条件には「とき」を使うことになっている。

例

・利息の支払が一年分以上延滞した場合において、債権者が催告をして

452 第Ⅱ編 用字用語の使い分け

も、債務者がその利息を支払わない<u>とき</u>は、債権者は、これを元本に
組み入れることができる。 （民法405条）
・懲役に処せられた者がその執行を終わった日又はその執行の免除を得
た日から五年以内に更に罪を犯した<u>場合において</u>、その者を有期懲役
に処する<u>とき</u>は、再犯とする。 （刑法56条１項）

時

「時」は、時期又は時点を限定する場合に用いる。

例

・何人も、実行の<u>時</u>に適法であつた行為又は既に無罪とされた行為につ
いては、刑事上の責任を問はれない。 （日本国憲法39条）
・追認は、別段の意思表示がないときは、契約の<u>時</u>にさかのぼってその
効力を生ずる。 （民法116条）

なお、「時」の字は、時代、時期、時間、好機などの意味を表す場合
には、漢字で表記する。

例

時折 時々 時めく 時の記念日

説 明

仮定的条件を表す場合には、「場合」又は「とき」を用いる。

法文において仮定的条件が重なる場合には、「……場合において、
……ときは、」という文章となる。このように、大きな条件には「場合」
を用い、小さな条件には「とき」を用いることになっている。

仮定的条件が重ならない場合、すなわち、「場合」と「とき」を同時
に用いる必要がない場合に、そのいずれかを用いるべきかについては、
特にルールが定まっているわけではない。個々の文脈に応じ、語感等
によっていずれかを選択することになる。

「時」は、仮定的条件を表す場合には用いない。「時」は、時期又は
時点を限定する必要がある場合に用いる。

第Ⅱ編　用字用語の使い分け　　　453

〔179〕　廃止／停止／中止／中断／休止

ポイント

- 「廃止」とは、ある法律状態又は事実状態の進行又は継続を将来にわたって永久的に止めることをいう。
- 「停止」とは、ある法律状態又は事実状態の進行を一時的に止めることをいう。
- 「中止」とは、ある事物の進行の途中において、その進行を止めることをいう。
- 「中断」とは、ある状態や手続の進行中、その終結前にその進行を断ち切ることをいう。
- 「休止」とは、営業その他の業務を一時的にやめることをいう。

法律類語

廃止

　「廃止」とは、ある法律状態又は事実状態の進行又は継続を将来にわたって永久的に止めることをいう。

例

- ・酒類販売業者がその販売業を廃止しようとするとき（その販売場の全部又は一部を廃止しようとするときを含む。）は、政令で定める手続により、酒類の販売業免許の取消しを申請しなければならない。

（酒税法17条2項）

- ・その旧慣を変更し、又は廃止しようとするときは、市町村の議会の議決を経なければならない。　　　（地方自治法238条の6第1項）

　法令の効力に関し「廃止」を用いる場合には、法令を消滅させることを意味する。

454 第Ⅱ編 用字用語の使い分け

> **例**
>
> 高度情報通信ネットワーク社会形成基本法（平成十二年法律第百四十四号）は、廃止する。 （デジタル社会形成基本法附則２条）

停止

「停止」とは、ある法律状態又は事実状態の進行を一時的に止めることをいう。一時的に止める点で、完全に止めるものである「廃止」と異なる。行政庁の行政処分に基づいて、一時的にやめさせる場合に多く用いられる。

> **例**
>
> ・経済産業大臣は、供託をしなければならない者が供託をしないときは、その事業の<u>停止</u>を命ずることができる。 （鉱業法120条）
> ・医療法人が前項の命令に従わないときは、都道府県知事は、当該医療法人に対し、期間を定めて業務の全部若しくは一部の<u>停止</u>を命じ、又は役員の解任を勧告することができる。 （医療法64条２項）

法令の効力に関し「停止」を用いる場合には、法令の効力を一時的に止めることを意味する。この例として、財政構造改革の推進に関する特別措置法の停止に関する法律（平成10年法律第150号）などがある。

一般的な用法と同じく、物理的な停止の意味で使用される場合もある。

> **例**
>
> 警察官は、……犯罪が行われようとしていることについて知つていると認められる者を<u>停止</u>させて質問することができる。
> （警察官職務執行法２条１項）

中止

「中止」とは、ある事物の進行の途中において、その進行を止める

第Ⅱ編　用字用語の使い分け　　455

ことをいう。「中止」は、「停止」と同じく一時的にやめる意味で用いられることもあれば、「廃止」と同じく終局的な取りやめの意味で用いられることもある。

例

・当事者が不定期間の故障により訴訟手続を続行することができないときは、裁判所は、決定で、その<u>中止</u>を命ずることができる。

(民事訴訟法131条１項)

・重要文化財の所有者、管理責任者又は管理団体が前項の指示に従わない場合には、文化庁長官は、公開の停止又は<u>中止</u>を命ずることができる。

(文化財保護法51条５項)

中断

「中断」とは、ある状態や手続の進行中、その終結前にその進行を断ち切ることをいう。当事者の死亡等の場合の訴訟手続の中断（民事訴訟法124条）、刑の時効の中断（刑法34条）などのほか、事実として中断の状態であることを指す場合がある。

例

・懲役、禁錮及び拘留の時効は、刑の言渡しを受けた者をその執行のために拘束することによって<u>中断</u>する。　　(刑法34条１項)

・電子公告による公告をしなければならない期間（……）中公告の<u>中断</u>（不特定多数の者が提供を受けることができる状態に置かれた情報がその状態に置かれないこととなったこと又はその情報がその状態に置かれた後改変されたことをいう。……）が生じた場合に……

(会社法940条３項)

休止

「休止」とは、営業その他の業務を一時的にやめることをいう。

456　　　　　第Ⅱ編　用字用語の使い分け

　「休止」は、原則として、本人の自由な意思に基づいて、自発的に休む場合に用いられる。「停止」は本人の意思によらず一時的にやめさせられるものであるという点で、「廃止」は終局的に取りやめるという点で、それぞれ「休止」と区別される。

例

・ガス小売事業者は、その事業を休止し、又は廃止したときは、遅滞なく、その旨を経済産業大臣に届け出なければならない。

（ガス事業法９条１項）

・病院、診療所又は助産所の開設者は、正当の理由がないのに、その病院、診療所又は助産所を一年を超えて休止してはならない。

（医療法８条の２第１項）

説　明

　「廃止」「停止」「中止」「中断」「休止」は、いずれも何らかの事物の進行が途中で止まることをいう。

　止まった状態が、終局的な場合に用いられるのが、「廃止」である。「中止」もこの意味で用いられることがある。

　止まった状態が、一時的な場合には、「停止」「中止」「中断」「休止」が用いられる。「停止」は行政庁の行政処分など本人の意思によらない場合に、「休止」は本人の意思による場合に用いられる。「中断」は訴訟手続の中断等の場合に用いられる。「中止」は、「停止」と同じように用いられることがある。

　また、「停止」「中断」は、一般的な用法と同じく、物理的に止まるの意味で用いられることもある。

第Ⅱ編　用字用語の使い分け　　457

〔180〕　配付／配布

ポイント

- 「配付」は、個々に配ること、一人一人に配ることを意味する。
- 「配布」は、広く行き渡るように配ることを意味する。法令では、特別な場合のほかは、「配布」を用いる。

|同音類義語| 平22法令漢字使用等

配付

「配付」は、個々に配ること、一人一人に配ることを意味する。

法令では、「配付」は、交付税及び譲与税配付金特別会計のような特別な場合にのみ用いる。

例

交付税及び譲与税配付金特別会計（……）は、地方交付税及び地方譲与税の配付に関する経理を明確にすることを目的とする。

（特別会計に関する法律21条）

配布

「配布」は、広く行き渡るように配ることを意味する。法令では、「配付」を用いる特別な場合のほかは、「配布」を用いる。

例

・選挙公報は、都道府県の選挙管理委員会の定めるところにより、市町村の選挙管理委員会が、当該選挙に用うべき選挙人名簿に登録された者の属する各世帯に対して、選挙の期日前二日までに、配布するものとする。

（公職選挙法170条１項）

・被災民に対する食糧、衣料、医薬品その他の生活関連物資の<u>配布</u>
　　　　（国際連合平和維持活動等に対する協力に関する法律３条５号ヨ）

説　　明

　「配付」と「配布」は、ある物を配るという点で共通するが、その意味には、特定の者に配るか、広く配るかの違いがある。

　法令上は、特別な場合のほかは、「配布」に統一して用いることとされている。

　また、不特定多数の者に対して配る場合には、「頒布」の語が用いられることが多い。

第Ⅱ編　用字用語の使い分け　　459

〔181〕　図る／計る／測る／量る

ポイント

- 「図る」は、「あることが実現するように企てる」を意味する。
- 「計る」は、「時間や数などを数える」「考える」を意味する。
- 「測る」は、「長さ・高さ・深さ・広さ・程度を調べる」「推測する」を意味する。
- 「量る」は、「重さ・容積を調べる」「推量する」を意味する。

異字同訓　平26異字同訓使い分け

図る

「図る」は、「あることが実現するように企てる」を意味する。

例

合理化を図る　解決を図る　身の安全を図る　再起を図る　局面の打開を図る　便宜を図る

計る

「計る」は、「時間や数などを数える」「考える」を意味する。

例

時間を計る　計り知れない恩恵　タイミングを計る　頃合いを計って発言する

測る

「測る」は、「長さ・高さ・深さ・広さ・程度を調べる」「推測する」

を意味する。

　なお、「身長と体重をはかる」という場合の「はかる」は、「測定する」と言い換えられることなどから、「量る」よりも「測る」を用いる方が一般的である。

例

距離を測る　標高を測る　身長を測る　水深を測る　面積を測る
血圧を測る　温度を測る　運動能力を測る　測定器で測る　真意を測りかねる

量る

　「量る」は、「重さ・容積を調べる」「推量する」を意味する。

例

重さを量る　体重を量る　立体の体積を量る　容量を量る　心中を推し量る

説　明

　「図る」は、「意図」「企図」などの熟語から分かるように、「あることが実現するように企てる」を意味する。

　「計る」は、「計算」「計量」「計画」などの熟語から分かるように、「時間や数などを数える」「考える」を意味する。

　「測る」は、「測量」「観測」「予測」などの熟語から分かるように、「長さ・高さ・深さ・広さ・程度を調べる」「推測する」を意味する。

　「量る」は、「計量」「測量」「思量」「酌量」などの熟語から分かるように、「重さ・容積を調べる」「推量する」を意味する。

　これらのうち、「図る」以外の「計る」「測る」「量る」は、いずれも数や量、程度などを知ろうとする場合に用いられる。「計る」は、時間や数を数える場合に、「測る」は、遠近、大小、広狭、長短等をはかる場合に、「量る」は、重量や容積などをはかる場合に、それぞれその場合に応じて用いられる。

第Ⅱ編　用字用語の使い分け　　461

〔182〕　諮る／謀る

ポイント

・「諮る」は、ある問題について意見を聴くことを意味する。
・「謀る」は、良くない事をたくらむことを意味する。

異字同訓 平26異字同訓使い分け

諮る

「諮る」は、「ある問題について意見を聴く」の意。

例

審議会に諮る　議案を委員会に諮る　役員会に諮って決める

謀る

「謀る」は、「良くない事をたくらむ」の意。

例

暗殺を謀る　悪事を謀る　会社の乗っ取りを謀る　競争相手の失脚を謀る

説　　明

「諮る」は、ある問題について意見を聴くことを意味する。

法令では、「諮る」は、「諮問（する）」と同様に、そのために設置された専門的な機関に対して一定の事項について意見を求めるという意味で用いられる。そのため、証人、参考人など、公的な諮問機関でないものに対しては、原則として、「意見を聴く」を用い、「諮問（する）」は用いないことになる。

「謀る」は、「共謀」「謀略」などの熟語から分かるように、良くない事をたくらむことを意味する。

462　　　第Ⅱ編　用字用語の使い分け

〔183〕　初め／始め／（はじめ）

ポイント

・時間や順序に関するはじめには、「初め」を用い、物事に関してのはじめには、「始め」を用いる。

異字同訓 平26異字同訓使い分け、昭48送り仮名付け方

初め

「初め」「初めて」は、時間的に最初、早い段階、先の方のものなどを意味し、次のように用いられる。なお、活用のある語から転じた名詞は、もとの語の送り仮名の付け方によって送るとされたもの。

（1）　時期的に最初、早い段階。

例

年の初め　秋の初め　初めはこう思った

（2）　第一番目、先の方のものなど順序の意。

例

初めて聞いた話　初めての経験　初めからやり直す　初めの曲の方がいい

（3）　「初めて」（副詞）として、その状態や事柄をそれまでは経験していないことを表す。

例

初めてお目に掛かる　初めて知る　初めて聞いた話

始め

「始め」は、物事の開始、起こりなどを意味し、次のように用いる。

第Ⅱ編　用字用語の使い分け　　　463

（1）　始めたばかりの段階、物事の起こり。

例

手始め　仕事始め　始めと終わり　国の始め　人類の始め

（2）　「始める」「始まる」（動詞）として、開始する、新たに起こる
　　などの意で用いる。

例

仕事を始める　書き始める　会議が始まる　懇親会が始まる

（3）　それが主たるもの、代表的な例であることを表す。

例

校長を始め、教職員一同……

説　　明

　「初め」は時間や順序に関して用いられ、「始め」は物事に関して用いられる。「年の初め」はその年の最初を意味し、「仕事始め」は仕事を始める日のことである。

　「初め」は、「初めて」として副詞の形で用いられるが、「初める」というように動詞として用いられることはない。そのほかの訓として、「はつ」（初の受賞）、「うい」（初々しい）、「そめる」（書き初め）がある。

　「始め」は、「始める」、「始まる」の転成名詞であり、同じ名詞として「始まり」もあるが、「始めて」というように副詞として用いられることはない。

MEMO
　「○○をはじめ（はじめとする　はじめとして）……」などという場

合の「はじめ」については、多くの人や物の中で「主たるもの」の意で「始」を当てるが、現在の表記実態としては、法令も含め仮名で書かれることも多い（例えば、「ボランティア活動をはじめとする市民が行う自由な社会貢献活動」など）。このほか、「初め」と「始め」のいずれかが区別しにくい場合にも「はじめ」と仮名で表記されることもある。

第Ⅱ編　用字用語の使い分け　　　465

〔184〕　早い／速い

| ポイント |

・「早い」は時期や時刻が前であることや時間が短いことを、「速い」はスピードがあることを意味する。

異字同訓　平26異字同訓使い分け

早い（早まる・早める）

　「早い・早まる・早める」は、「時期や時刻が前である」「時間が短い」「予定よりも前になる」を意味し、次のように用いられる。

（1）　時期や時刻が前であること。

例

時期が早い　早く起きる

（2）　時間が短いこと。

例

気が早い　早変わり　早口　矢継ぎ早　早まった行動

（3）　予定よりも前になること。

例

順番が早まる　出発時間が早まる　開会の時刻を早める

速い（速まる・速める）

　「速い・速まる・速める」は、「スピードがある」「速度が上がる」を意味し、次のように用いられる。

（１）　スピードがあること。

例

流れが速い　投手の球が速い　テンポが速い

（２）　速度が上がること。

例

改革のスピードが速まる　回転を速める　脈拍が速まる　足を速める

説　　明

　「早い」は、時期や時刻が前であることや時間が短いことを意味する。予定より前になる場合などの時間的に前となることも意味する。また、時間的に前にあることから転じて、そのまま時を置かずに急いでとの意味合いで、時間的に短いの意味でも使われる。

　「速い」は、スピードがあること、すなわち、あることをするための所要時間が短いことや一定時間内の行為・動作が多いことを意味している。

　時期・時刻について前の場合には「早い」を、スピードの場合には「速い」を用いることになる。

第Ⅱ編　用字用語の使い分け　　　467

〔185〕　人／個人／自然人

> ### ポイント
>
> ・「人」は、権利義務の主体をいい、「人」には、自然人と法
> 人がある。
> ・「個人」は、一般に、法人以外の人を表すために用いられ
> る。
> ・「自然人」は、権利義務の主体である個人をいい、法人と
> 対比する場合に用いられる。

法律類語

人

　「人」とは、権利義務の主体をいい、法人格（法的人格）が認められている者を指す。「人」は、「自然人」と法律によって特に法人格が認められた「法人」から成っている。

　ただし、単に「人」とした場合に、本来の人である自然人を表す場合もある。例えば、民法では、第1編第2章が「人」、同編第3章が「法人」と題されており、第1編第2章の「人」は、自然人を表している。次の例に掲げる刑法の規定も同様である。

例

・人を殺した者は、死刑又は無期若しくは五年以上の懲役に処する。
（刑法199条）
・人の身体を傷害した者は、十五年以下の懲役又は五十万円以下の罰金
に処する。（刑法204条）

個人

「個人」とは、一般に、法人以外の人を表すために用いられる。

例

・すべて国民は、<u>個人</u>として尊重される。　　　　　（日本国憲法13条）
・この法律は、<u>個人</u>の尊厳と両性の本質的平等を旨として、解釈しなければならない。　　　　　　　　　　　　　　　　　　　　　　　　　　（民法２条）

「<u>法人</u>である場合においては」「<u>個人</u>である場合においては」（建設業法５条）といったように、特に法人と対比する意味で「個人」を用いることもある。

自然人

「自然人」は、権利義務の主体である個人をいい、法人と対比する場合に用いられる。「法人」と対比して、肉体を持った人間や生身の人間のことを意味する。従来、法律学（民法学）において、「人」を「自然人」と「法人」に分類する学術用語であると捉えられてきたが、法令でも用いられている。

例

・この法律において「所有者等」とは、所有権が帰属し、又は帰属していた<u>自然人</u>又は法人（法人でない社団又は財団（以下「法人でない社団等」という。）を含む。）をいう。
　　（表題部所有者不明土地の登記及び管理の適正化に関する法律２条２項）
・「居住者」とは、本邦内に住所又は居所を有する<u>自然人</u>及び本邦内に主たる事務所を有する法人をいう。
　　　　　　　　　　　　　　　　　　　（外国為替及び外国貿易法６条１項５号）

説　明

「人」は、権利義務の主体をいい、自然人と法人とを包括する用語

第Ⅱ編　用字用語の使い分け　　　469

として用いられる。単に「人」と表現した場合に、特に自然人のみを
指す用例もある。

　「個人」「自然人」は、いずれも、権利義務の主体である生身の人間
を意味する。「個人」は、法人以外の人を表すために用いられる一般的
な用語である。「自然人」は、「法人」と対比する場合の用語であるが、
「個人」もそのように用いられており、この点では、特段の違いはな
い。ただ、「個人」は、法人との対比といった側面だけでなく、個々の
人といった具体性を持った意味あいも持っている。

◁　ＭＥＭＯ　▷

　法人格を有する「自然人」と「法人」を表す用語として、法令上は、
「者」を用いる。ただし、法人格のないものが「者」に含まれる場合が
ある。詳細は、〔205〕を参照。

　法令では、「人間」という用語もある。これは、「現在及び将来の世代
の人間」（環境基本法3条）のように、人全体を表すような場合に用いら
れている。また、ヒトに関するクローン技術等の規制に関する法律では、
生物学的な意味での人を「ヒト」と表現し、それ以外の動物と対比して
使用している。ちなみに、同法1条には、「人の尊厳の保持」との表現も
ある。

470　　　第Ⅱ編　用字用語の使い分け

〔186〕　費用／経費／実費

ポイント

・「費用」「経費」は、いずれも、ある用途のために使用された金銭又は使用されるべき金銭を意味する。「経費」は、他に、財政法等でやや特殊な意味あいで用いられる。
・「実費」は、実際に要した費用又は要する費用という意味で用いられる。

法律類語

費用

　「費用」とは、ある用途のために使用された金銭又は使用されるべき金銭を指すものとして用いられる。資本的支出であれ、経費的支出であれ、その用途は問われない。

例

・売買契約に関する費用は、当事者双方が等しい割合で負担する。
（民法558条）
・代執行に要した費用は、国税滞納処分の例により、これを徴収することができる。　　　　　　　　　　　　　　　　　　（行政代執行法６条１項）

経費

（１）　「経費」は、その用途が資本的支出であるものも含め、ある用途のために使用された金銭又は使用されるべき金銭を意味する。この意味では、「費用」と同義である。

例

・社員は、定款で定めるところにより、一般社団法人に対し、経費を支

第Ⅱ編　用字用語の使い分け　　471

払う義務を負う。　　（一般社団法人及び一般財団法人に関する法律27条）
・第一項の規定により事務の一部を日本銀行に取り扱わせる場合におい
ては、その事務の取扱いに要する<u>経費</u>は、日本銀行の負担とすること
ができる。　　　　　　　　　　　（外国為替及び外国貿易法69条３項）

（2）　「経費」は、財政法、地方財政法等において、一定の用途に充
てるため、予算に計上された金銭又は各般の需要を満たすのに要す
る一切の金銭を意味する。

> **例**

・各会計年度における<u>経費</u>は、その年度の歳入を以て、これを支弁しな
ければならない。　　　　　　　　　　　　　　　　（財政法12条）
・普通地方公共団体の<u>経費</u>をもつて支弁する事件でその履行に数年度を
要するものについては、予算の定めるところにより、その<u>経費</u>の総額
及び年割額を定め、数年度にわたつて支出することができる。
（地方自治法212条１項）

（3）　「経費」は、租税法規において資本的支出を除いた会計学上の
経費の意味で使われることがある（所得税法37条、所得税法施行令181
条）。

> **実費**

「実費」は、実際に要した費用という意味で用いられる。

> **例**

・普通地方公共団体は、条例の定めるところにより、……第百十五条の
二第一項（……）の規定による公聴会に参加した者の要した<u>実費</u>を弁
償しなければならない。　　　　　　　　　　　（地方自治法207条）
・保管記録又は再審保存記録を閲覧する者は、<u>実費</u>を勘案して政令で定
める額の手数料を納付しなければならない。
（刑事確定訴訟記録法７条）

説　明

　「費用」「経費」「実費」は、いずれも一定の用途のために使用された金銭又は使用されるべき金銭を意味している。最も広い一般的な意味では「費用」となる。「経費」も費用と同じ意味で用いられるが、予算に計上された費用という意味や資本的支出を除いた必要経費という意味で用いられることがある。

　「実費」は、実際に要した費用という意味で用いられる。公務員等が職務を執行するのに実際に消費した費用を償うために金銭を支払うこと又は償うために支払われる金銭を「実費弁償」あるいは「費用弁償」という。これは、一定の役務の提供の対価の意味を持つ「給料」「報酬」等とは区別される。

第Ⅱ編　用字用語の使い分け　　473

〔187〕　表示／標示

ポイント

・「表示」「標示」は、いずれも、文字、図形その他の表現手段を用いて、一定の事項を外部に分かるように示すことを意味する。
・法令では、「標示」は特別な理由がある場合以外は、用いない。

同音異義語

表示

「表示」とは、文字、図形その他の表現手段を用いて、一定の事項を外部に分かるように示すことを意味する。

例

・法律行為の当事者が法令中の公の秩序に関しない規定と異なる意思を表示したときは、その意思に従う。　　　　　　　　　　（民法91条）
・筆界特定書においては、図面及び図面上の点の現地における位置を示す方法として法務省令で定めるものにより、筆界特定の内容を表示しなければならない。　　　　　　　　　　　　　　（不動産登記法143条2項）

標示

「標示」は、「表示」と同様の意味であるが、法令では、「標示」は特別な理由がある場合以外は、用いない。法令上は、表示されているそのものを指し、文字や図形などを目印として示すことをいう。

例

弁護士又は弁護士法人でない者は、弁護士又は法律事務所の標示又は記載をしてはならない。　　　　　　　　　　　　　　（弁護士法74条1項）

説　明

「表示」「標示」は、いずれも、文字、図形その他の表現手段を用いて、一定の事項を外部に分かるように示すことを意味する。

「標示」は、法令では、特別な理由がある場合以外は、用いないこととされている。「標示」を用いるのは、文字、図形、記号などを目印として示す場合など表示そのものを指す場合である。

< MEMO >

「標示」と同様の意味を有する用語として「標識」がある。例えば、「鉄道若しくはその標識を損壊し」（刑法125条1項）、「古物商又は古物市場主は、……国家公安委員会規則で定める様式の標識を掲示しなければならない。」（古物営業法12条1項）など数多くの法令で用いられている。「標示」との間での明確な区別はつけがたいが、「標識」は、一定の形式のあるものを想定している。

なお、道路交通法では、「道路標識」と「道路標示」を区別して使用している。「道路標識」とは「道路の交通に関し、規制又は指示を表示する標示板」（道路交通法2条1項15号）をいい、「道路標示」とは「道路の交通に関し、規制又は指示を表示する標示で、路面に描かれた道路鋲、ペイント、石等による線、記号又は文字」（同項16号）をいうとされている。

第Ⅱ編　用字用語の使い分け　　　　475

〔188〕　附／付

> ### ポイント
> ・「附」「付」は、いずれも常用漢字であるが、公用文では基
> 　本的に「付」を用い、「附」を用いることに制限的な方針と
> 　なっている。

|同音類義語| 平23用字用語例、平22法令漢字使用等

附

　「附」は、原義としては、「つける」「つけくわえる」の意であると
される。ただ、戦前から「付」と混用ないし通用されてきた経緯があ
り、「付」に統一するのが適切であると考えられている。現在では、例
に掲げたもの以外は、「付」を使用する。

例

　附属　寄附　附箋　附則　附帯　附置

付

　「付」は、原義としては、「わたす」「あたえる」「さずける」の意で
あるとされる。公用文では、「附」の使用には制限的な方針がとられて
おり、基本的に「付」を使用する。

例

　付記　付随　付与　付録　交付　給付

説　　明

　「附」「付」は、厳密には字の成り立ちや意味に違いがあるが、字形

と意味が似ていることから、同じような意味で使用されてきた。公用文においては、字画の少ない「付」の字を用いることが原則であると考えられている。「附」の字は、法令では「附属」「寄附」「附箋」「附則」「附帯」「附置」に限って用いることとされており、法令以外の公用文で「附」の字を用いるとしても、これらの用語に限られることになる。

　以上のように、「附」「付」は、いずれも常用漢字であるが、「附」が用いられるのは制限的な方針がとられている。

第Ⅱ編　用字用語の使い分け　　　477

〔189〕　不正／不当／不実

ポイント

・「不正」は、法令上は、単に倫理・道徳的に正しくないことではなく、法令上の違反すなわち違法という意味を含んだものとして用いられる。
・「不当」は、一般的には必ずしも違法である場合に限らず、実質的に不適当な場合や妥当でない場合に用いられる。
・「不実」は、事実と異なること、又は真実・真正でないことをいい、一般には「虚偽」「偽り」とほぼ同義に用いられる。

類義語

不正

　「不正」は、日常用語では、倫理・道徳的に正しくないことを表す場合に用いられるが、法令上は、こうした倫理・道徳的意味の「正しくない」ことよりは、法令上の違反すなわち違法という意味を含んだものとして用いられるのが一般的である。

例

急迫不正の侵害に対して、自己又は他人の権利を防衛するため、やむを得ずにした行為は、罰しない。　　　　　　　　　　　（刑法36条1項）

　「不正」の法令上の意味内容は、画一的なものではなく、それぞれの規定の趣旨や目的に応じて決まることになる。例えば、次の例の加重収賄罪のように、法令に違反する場合に限らず、職務上の義務に違反するという場合に「不正」が用いられることがある。

478　　第Ⅱ編　用字用語の使い分け

例

公務員が前二条の罪を犯し、よって<u>不正</u>な行為をし、又は相当の行為を
しなかったときは、一年以上の有期懲役に処する。

（刑法197条の3第1項）

不当

　「不当」は、一般的には必ずしも違法である場合に限らず、実質的
に不適当な場合や妥当でない場合に用いられる。

　「行政庁の違法又は不当な処分」（行政不服審査法1条1項）といったよ
うに、「不当」という用語が、「違法」に対する用語として用いられる
場合には、「不当」は「違法」とはいえないが、適当でないか、あるい
は妥当でないことが表されている。

例

個人情報取扱事業者は、違法又は<u>不当</u>な行為を助長し、又は誘発するお
それがある方法により個人情報を利用してはならない。

（個人情報の保護に関する法律19条）

不実

　「不実」は、事実と異なること、又は真実・真正でないことをいい、
一般には「虚偽」「偽り」とほぼ同義に用いられる。

例

故意又は過失によって<u>不実</u>の事項を登記した者は、その事項が<u>不実</u>であ
ることをもって善意の第三者に対抗することができない。

（商法9条2項）

　なお、次の例の公正証書原本不実記載罪のように、「不実」と「虚偽」
を区別して用いる例もある。ここでは、「不実」は、単に客観的に真実

第Ⅱ編　用字用語の使い分け　　　479

でないことを表しているのに対し、「虚偽」は、真実でないことについて主観的な認識があることを表しているものと解されている。

| 例 |

公務員に対し虚偽の申立てをして、登記簿、戸籍簿その他の権利若しくは義務に関する公正証書の原本に不実の記載をさせ……た者は、五年以下の懲役又は五十万円以下の罰金に処する。　　　　　（刑法157条1項）

| 説　　明 |

　「不正」は、法令上は、単に「正しくないこと」ではなく、法令上の違法の意味を含んだ意味で用いられる。

　「不当」は、「違法」である場合に限らず、実質的に不適当な場合や妥当でない場合に用いられる。

　「不実」は、「虚偽」「偽り」とほぼ同義に用いられている。

　法令においては、いずれの用語も多用されており、それがどのような意味内容を持つものであるかは、それぞれの法令の規定の趣旨や目的に応じて決まることになる。

480 第Ⅱ編 用字用語の使い分け

〔190〕 振り／ぶり

ポイント

・「振り」は、接尾語として用いる場合には、仮名で書くものとされ、「……ぶり」と表記する。

漢字・仮名（用法） 令4公用文作成考え方、平23用字用語例

振り

「振り」は、接尾語でない場合に、次の例のように用いられる。

例

小振り　手振り　身振り　割り振り　バットの振り

ぶり

「ぶり」は、接尾語として用いる場合には、「……ぶり」と表記する。

例

説明ぶり　三日ぶり　枝ぶり

説　明

「振り」は、常用漢字表において使える漢字とされているが、接尾語として用いる場合には、「……ぶり」と仮名で書くものとされている。具体的には、「説明ぶり」「三日ぶり」といった表記で使用される。

第Ⅱ編　用字用語の使い分け　　481

〔191〕　弁明／釈明

ポイント

・「弁明」は、特に自己に不利益な状況が生じようとしている場合に、自己の言い分を説明すること。法令上は、不利益処分を受ける者に対し、説明する機会を付与するときに用いられることが多い。
・「釈明」は、自己の意見や立場などを説明することを指す。法令上は、訴訟法上で用いられるが、行政法上、「弁明」に相当するものとして用いられる場合もある。

法律類語

弁明

　特に自己に不利益な状況が生じようとしている場合に、自己の言い分を説明すること。法令上は、不利益処分を受ける者に対し、あらかじめ自己の言い分を説明する機会を付与するときに用いられることが多い。

例

　（不利益処分をしようとする場合の手続）
第十三条　行政庁は、不利益処分をしようとする場合には、次の各号の区分に従い、この章の定めるところにより、当該不利益処分の名あて人となるべき者について、当該各号に定める意見陳述のための手続を執らなければならない。
　一　〔略〕
　二　前号イからニまでのいずれにも該当しないとき　弁明の機会の付与

（行政手続法13条１項２号）

　ただし、同様の意味で、「釈明」が用いられることもある（後述の「釈明」の（２）参照。）。

釈明

自己の意見や立場などを説明すること。

（1） 訴訟法上の用法

訴訟関係を明瞭にするため、事実上・法律上の事項に関し、裁判長が当事者に対して問いを発し、又は立証を促し（民事訴訟法149条1項）、また、これに対して当事者が必要な説明をすること（民事訴訟法157条2項）。

例

- （釈明権等）
  裁判長は、口頭弁論の期日又は期日外において、訴訟関係を明瞭にするため、事実上及び法律上の事項に関し、当事者に対して問いを発し、又は立証を促すことができる。　　　　（民事訴訟法149条見出し・1項）
- 攻撃又は防御の方法でその趣旨が明瞭でないものについて当事者が必要な釈明をせず、又は釈明をすべき期日に出頭しないときも、前項と同様とする。　　　　　　　　　　　　　　（民事訴訟法157条2項）

（2） 行政法上の用法

行政機関が取消処分などを行う場合で、行政手続法の適用を受けないときに、あらかじめ当事者に対して、証拠を提出し、説明をする機会を与えるという意味で、「釈明」のための機会を与える旨規定されることがある。これは、行政手続法上の「聴聞」「弁明」に相当する。

例

税関長は、前項（注：許可の取消し等）の処分をしようとするときは、当該処分に係る保税蔵置場の許可を受けた者にあらかじめその旨を通知し、その者若しくはその代理人の出頭を求めて意見を聴取し、又はその他の方法により、釈明のための証拠を提出する機会を与えなければならない。　　　　　　　　　　　　　　　　　　　　（関税法48条2項）

第Ⅱ編　用字用語の使い分け

説　　明

　いずれも自己の意見や言い分を説明するという意味であり、一般には必ずしも厳密な使い分けがなされているわけではないが、法令上、「弁明」は、主に不利益処分を受ける者などに対し用いられ、「釈明」は、訴訟法上、裁判長の「釈明権」や訴訟当事者による「釈明」といった形で用いられている。

　ただし、「弁明」については、単なる「説明」の意味で用いられる場合もあり（参議院規則118条「発議者又は提出者は、議案の趣旨を弁明するために、数回の発言をすることができる」）、また、「釈明」については、行政法上、行政手続法の適用を受けない場合に、「弁明」に相当するものとして用いられることもある（関税法48条2項）。

484 第Ⅱ編 用字用語の使い分け

〔192〕 他／外／ほか

ポイント

「他」は、それとは異なるものを、「外」は、ある範囲から出たところを指し、それぞれ常用漢字表に訓もあるが、公用文においては、常用漢字表にあっても仮名の「ほか」を用いる。

異字同訓 平26異字同訓使い分け、平23用字用語例、令４公用文作成考え方、平22法令漢字使用等、平22公用文漢字使用等

他

それとは異なるもの。公用文では「ほか」という訓では用いない。

例

他の仕事を探す　この他に用意するものはない　他の人にも尋ねる

常用漢字表の音は「タ」であり、次のように用いる。

例

その他　その他の

外

ある範囲から出たところ。公用文では「ほか」という訓では用いない。

例

思いの外うまく事が運んだ　想像の外の事件が起こる　もっての外
その外　殊の外　何某外○名

常用漢字表の音は「ガイ」「ゲ」であり、次のように用いる。

第Ⅱ編　用字用語の使い分け　　　485

例

外国　外出　外科手術

ほか

公用文では、常用漢字表にあっても法令に倣い、仮名で書く。

例

そのほか……　特別の場合を除くほか……　ほかの意見　ほかから探す
ほかから連れてくる

説　　明

　公用文では、いずれも平仮名で「ほか」と書く。常用漢字表にあっ
ても法令に倣って仮名で書くものの一つで、ほかには、「おそれ」「か
つ」「ただし」「ただし書」「よる」などがある。

〔193〕 保護者／親権者／監護者／後見人

ポイント

・「保護者」は、一般的には、未成年者を保護する義務のある者を指して用いられることが多いが、法令上は、それぞれの法令において具体的に定義が置かれることがある。

・「親権者」は、未成年者に対し親権を行う者、すなわち、未成年者を監護教育する権利義務を有し、その財産を管理する権利義務を有する者を指す。

・「監護者」は、未成年を監督し、保護する者のことを指す。

・「後見人」は、①民法上の法定後見制度として「未成年後見人」と「成年後見人」の制度、②任意後見契約に基づく「任意後見人」の制度がある。

法律類語

保護者

　一般的には、未成年者を保護する義務のある者を指して用いられることが多い。

　法律上は、それぞれの法律において定義が置かれることがあり、例えば、児童福祉法や少年法では、親権者のほか、未成年後見人や未成年者を現に監護する者などが定められている。

例

・この法律で、保護者とは、親権を行う者、未成年後見人その他の者で、児童を現に監護する者をいう。　　　　　　　　　　　　（児童福祉法６条）
・この法律において「保護者」とは、少年に対して法律上監護教育の義務ある者及び少年を現に監護する者をいう。　　　　　（少年法２条２項）

第Ⅱ編　用字用語の使い分け　　　487

親権者

　未成年者に対し親権を行う者、すなわち、未成年者を監護教育する権利義務（身上監護権）を有し、その財産を管理する権利義務（財産管理権）を有する者を指す。

　親権は、父母の婚姻中は、父母が共同して行うが、父母の一方が親権を行うことができないときは、他の一方が行う（民法818条）。親権を行う者は、子の利益のために子の監護及び教育をする権利を有し、義務を負うとともに、子の財産を管理し、かつ、その財産に関する法律行為についてその子を代表する（民法820条・824条）。

例

・父母が協議上の離婚をするときは、その協議で、その一方を親権者と定めなければならない。　　　　　　　　　　　　　　（民法819条１項）
　※令和６年の民法改正により下線部分は「その双方又は一方を親権者と定める」に改められる（２年以内の施行）。
・親権者又は後見人は、未成年者は代って労働契約を締結してはならない。　　　　　　　　　　　　　　　　　　　　（労働基準法58条１項）

監護者

　未成年を監督し、保護する者のことを指す。

　民法では、親権を行う者は、子の利益のために子の監護教育をする権利を有し、義務を負うことが定められているため（身上監護権）、親権者が監護者であることが多いが、上記「保護者」で紹介した例のように、親権者以外の者で「現に監護する者」がいる場合もあり得る。

　このほか、民法766条の協議離婚の際に定める「子を監護すべき者」を指すこともある。この場合は、親権者と監護者が一致しないときがある。

488　　第Ⅱ編　用字用語の使い分け

後見人

制限能力者のため後見の事務を行う者。

（1）　民法上の法定後見制度として、①未成年後見人と②成年後見人の制度がある。

①　未成年後見人

　未成年者に対して親権を行う者がないとき、又は親権を行う者が管理権を有しないときに、後見が開始する（民法838条1号）。

②　成年後見人

　精神上の障害により事理を弁識する能力を欠く常況にある者について、後見開始の審判があったときに、後見が開始する（民法838条2号）。

　成年被後見人の法律行為については、取り消すことができる。ただし、日用品の購入など日常生活に関する行為については、取り消すことができない（民法9条）。

（2）　任意後見人

上記のほか、任意後見契約に関する法律に基づく任意後見人の制度がある。精神上の障害により事理を弁識する能力が不十分な状況にある場合に、契約により、自己の生活、療養看護及び財産の管理に関する事務の全部又は一部を委託し、その委託に係る事務について代理権を付与するものである。

　任意後見人は、委託事務を行うに当たっては、委任者である本人の意思を尊重し、かつ、その心身の状態及び生活の状況に配慮しなければならない。

例

後見人は、被後見人の財産を管理し、かつ、その財産に関する法律行為について被後見人を代表する。　　　　　　　　　　　（民法859条1項）

第Ⅱ編　用字用語の使い分け　　489

説　明

　一般的に、「保護者」は、未成年者を保護する義務のある者を指して
用いられることが多いが、法令上は、それぞれの法令において具体的
に定義が置かれることがある。

　「保護者」「監護者」「親権者」については、具体的に誰が該当する
かについて、全て一致する場合も多いが、それぞれの事情によっては
一致しない場合があるため、注意が必要である。

< MEMO >

　民法上の監護教育に関連して、令和４年の民法改正で、「子の人格の尊
重等」という見出しの規定が新設され（821条）、「親権を行う者は、前条
の規定による監護及び教育をするに当たっては、子の人格を尊重すると
ともに、その年齢及び発達の程度に配慮しなければならず、かつ、体罰
その他の子の心身の健全な発達に有害な影響を及ぼす言動をしてはなら
ない」と定められた。

〔194〕 欲しい／ほしい

ポイント

・形容詞の場合は、漢字を用いて「欲しい」と書く。

・補助形容詞の場合は、「……してほしい」と平仮名で書く。

漢字・仮名（品詞） 令4公用文作成考え方、平23用字用語例、平22常用漢字

欲しい

　自分のものにしたい、手に入れたいなど形容詞の場合は、漢字を用いて「欲しい」と書く。

例

　資格が欲しい　金が欲しい　欲しがる

ほしい

　公用文では、形容詞の補助的な用法の場合には、常用漢字表に使える漢字があっても「ほしい」と平仮名で書く。

例

　……してほしい　見てほしい

説　明

　公用文では、動詞や形容詞の補助的な用法の場合には平仮名で書くこととされており、ほかに、「……ていく」「……ていただく」「……てくださる」「……てくる」「……てみる」「……てよい」などがある。ただし、実際の動作・状態等を表す場合には、漢字を用いて「欲しい」と書く。

第Ⅱ編　用字用語の使い分け　491

〔195〕　補助／補佐／保佐

ポイント

- 「補助」は、他人の事務や事業を補い助けること。金銭的な援助の意味で用いられる場合もある。また、民法上の法定後見制度の一つで、精神上の障害により事理を弁識する能力が不十分である者が対象。
- 「補佐」は、他人の仕事を助けること。法令上は、上級の職員を下級の職員が助ける場合の「補助」と類似しているが、「補助」と比べて、単なる事務の助けにとどまらず、組織の長と次位の者の関係において用いられる場合が多い。
- 「保佐」は、民法上の法定後見制度の一つで、精神上の障害により事理を弁識する能力が著しく不十分である者が対象。

法律類語

補助

（1）　他人の事務や事業を補い助けること。

①　国や地方公共団体において、上級の職員の職務執行を下級の職員が助ける

例

・事務局を置かない市町村の監査委員の事務を補助させるため書記その他の職員を置く。　　　　　　　　　　　　　　（地方自治法200条4項）
・家庭裁判所調査官補は、上司の命を受けて、家庭裁判所調査官の事務を補助する。　　　　　　　　　　　　　　（裁判所法61条の3第2項）

② 更に広く一般に他人の事務を助ける

例

外部監査人は、監査の事務を他の者に補助させることができる。
（地方自治法252条の32第 1 項）

③ 国や地方公共団体が、特定の事業について、金銭的な援助をする

例

普通地方公共団体は、その公益上必要がある場合においては、寄附又は
補助をすることができる。　　　　　　　　（地方自治法232条の 2 ）

（ 2 ） 民法上の法定後見制度の一つ。精神上の障害により事理を弁識
する能力が不十分である者が対象（被補助人）。

例

精神上の障害により事理を弁識する能力が不十分である者については、
家庭裁判所は、本人、配偶者、四親等内の親族、後見人、後見監督人、
保佐人、保佐監督人又は検察官の請求により、補助開始の審判をするこ
とができる。　　　　　　　　　　　　　　　　　（民法15条 1 項）

補佐

他人の仕事を助けること。

（ 1 ） 国や地方公共団体において、長の職務執行をその次位の職員が
補助すること。

例

副知事及び副市町村長は、普通地方公共団体の長を補佐し……
（地方自治法167条 1 項）

（ 2 ） 更に広く一般に他人の仕事を助けること。

刑事訴訟や民事訴訟において、被告人や当事者を補助する者という
意味で「補佐人」が用いられる。

例

・被告人の法定代理人、保佐人、配偶者、直系の親族及び兄弟姉妹は、

第Ⅱ編　用字用語の使い分け　　493

> 何時でも補佐人となることができる。　　　（刑事訴訟法42条１項）
> ・当事者又は訴訟代理人は、裁判所の許可を得て、補佐人とともに出頭
> することができる。　　　　　　　　　　　（民事訴訟法60条１項）

保佐

　民法上の法定後見制度の一つ。精神上の障害により事理を弁識する
能力が著しく不十分である者が対象（被保佐人）。

例

> 精神上の障害により事理を弁識する能力が著しく不十分である者につい
> ては、家庭裁判所は、本人、配偶者、四親等内の親族、後見人、後見監
> 督人、補助人、補助監督人又は検察官の請求により、保佐開始の審判を
> することができる。　　　　　　　　　　　　　　　　　　（民法11条）

説　　明

　「補助」と「補佐」は、他人の事務や仕事を助けるという意味でか
なり似ているが、「補助」の（１）①の用法と「補佐」の（１）の用法に関
して言えば、「補佐」の方が、「補助」に比べて、単なる事務の助けに
とどまらず、組織の長と次位の者との関係において用いられることが
多いといえる。

　「補助」の（２）と「保佐」は、いずれも法定後見制度の一類型であ
る。「補助」は「精神上の障害により事理を弁識する能力が不十分であ
る者」が、「保佐」は「精神上の障害により事理を弁識する能力が著し
く不十分である者」が対象である。

◁ＭＥＭＯ▷

　かつては、「補佐」ではなく「輔佐」を用いている例もあった。「輔佐」
の方がより重要な地位の場合に用いられていたようである。しかし、
「輔」が当用漢字表（常用漢字表の前身）から外れたため、同音の漢字
に書き換えることとされ（昭31同音漢字書換え）、新しい法令では「輔佐」
ではなく「補佐」が用いられている。

494 第Ⅱ編 用字用語の使い分け

〔196〕 保証／保障／補償

ポイント

・「保証」は、一般に、民法上の保証を指す。主たる債務者が債務を履行しない場合に、代わって他人がその債務を履行する義務を負うこと。
・「保障」は、地位や立場、状態、権利利益などについて、侵害から防護・保全をすることを指す。
・「補償」は、生じた損害や損失、出えんした費用などを埋め合わせ、償うことを指す。

法律類語 同音異義語

保証

一般に、民法上の保証を指す。ある人が一定の債務を履行しない場合に、その主たる債務者に代わって他人がその債務を履行する義務を負うこと。

例

保証人は、主たる債務者がその債務を履行しないときに、その履行をする責任を負う。 　　　　　　　　　　　　　　　　　　（民法446条１項）

そのほか、身元保証など、広く「担保」という意味で用いられることもある。

例

被用者ノ行為ニ因リ使用者ノ受ケタル損害ヲ賠償スルコトヲ約スル身元保証契約 　　　　　　　　　　　　　（身元保証ニ関スル法律１条）

保障

ある一定の地位や立場、状態、権利利益などについて、これらに対

第Ⅱ編　用字用語の使い分け　　495

する侵害から防護・保全をすること。

例

- 勤労者の団結する権利及び団体交渉その他の団体行動をする権利は、これを保障する。　　　　　　　　　　　　　　　　（日本国憲法28条）
- 義務教育の機会を保障し……　　　　　　　　　　（教育基本法５条３項）

補償

生じた損害や損失、出えんした費用などを埋め合わせ、償うこと。法令上は、「損失補償」、労働者に対する災害補償などの例がある。

例

- 私有財産は、正当な補償の下に、これを公共のために用ひることができる。　　　　　　　　　　　　　　　　　　　　（日本国憲法29条３項）
- 労働者災害補償保険は、業務上の事由、事業主が同一人でない二以上の事業に使用される労働者……の二以上の事業の業務を要因とする事由又は通勤による労働者の負傷、疾病、障害、死亡等に対して迅速かつ公正な保護をするため、必要な保険給付を行い……
　　　　　　　　　　　　　　　　　　　　（労働者災害補償保険法１条）
- 中小漁業者がその営む漁業につき異常の事象又は不慮の事故によつて受けることのある損失を補てんするため、その協同組織を基盤とする漁業共済団体と政府とが行なう漁業災害補償の制度
　　　　　　　　　　　　　　　　　　　　　　　（漁業災害補償法１条）

説　明

　「保証」は、一般に民法上の保証を、「保障」は、地位や立場、状態、権利利益などについて侵害から防護・保全をすること、「補償」は、生じた損害や損失、出えんした費用などを埋め合わせ、償うことを指す。混同しやすい用語であるが、意味はかなり異なるため、使い分けを間違えないよう注意が必要である。

〔197〕 補足／捕捉／補則

ポイント

- 「補足」は、足りない部分を補うことを指す。
- 「捕捉」は、捕まえること、捉えることを指す。
- 「補則」は、本体的な規定を補うための補完的な規定のこと。法令上、「雑則」と似たような意味で用いられている。

同音異義語 平23用字用語例

補足

足りない部分を補うこと。

例

言葉を補足する　補足説明

法律上は、次のような用例がある。

例

……この章の規定を実施し、又は補足するために安全上、防火上及び衛生上必要な技術的基準は、政令で定める。　　　　　（建築基準法36条）

捕捉

捕まえること、捉えること。

例

人工衛星からの信号を捕捉する

法律上は、余り使われることがないが、例えば、次のような用例がある。

第Ⅱ編　用字用語の使い分け　　　497

例

特別交付税は、第十一条に規定する基準財政需要額の算定方法によつては捕捉されなかつた特別の財政需要があること……〔中略〕……等のため特別の財政需要があり、又は財政収入の減少があることその他特別の事情があることにより、基準財政需要額又は基準財政収入額の算定方法の劃一性のため生ずる基準財政需要額の算定過大又は基準財政収入額の算定過少を考慮しても、なお、普通交付税の額が財政需要に比して過少であると認められる地方団体に対して、総務省令で定めるところにより、当該事情を考慮して交付する。　　　　　　　　　（地方交付税法15条）

補則

　本体的な規定を補うための補完的な規定のこと。法令上、「雑則」と似たような意味で用いられている。最近では、「雑則」が用いられるようになっている。

例

　　　第十八章　補則
　第百三十三条　この法律及び各議院の規則による期間の計算は、当日から起算する。

（国会法18章）

　なお、日本国憲法（第11章）の「補則」は、内容としては「雑則」ではなく「附則」に近い。ただし、「補則」は、「本則」に置かれるため、その点で「附則」とは異なる。

説　明

　「補足」「捕捉」は一般的な用語として用いられるが、「補則」は上記のとおり法令上の用語として用いられているので、混同しないように注意が必要である。

なお、「補則」の解説で触れた「雑則」とは、法令上、ある特定の章や節に入れたり、一つの独立した章や節にしたりするほどではない雑多な事項を、まとめて一つの章や節にしたもののこと。一般的には、その法令の実体的な規定全般に共通に適用されるような規定であって、法令の総則に入れるのが適当でないような手続的・技術的な内容の規定が多い。「補則」と同様に、「附則」ではなく、「本則」に置かれる。必ず置かなければならないものではない。

<MEMO>

　「補足」のほかの用例として、法律上の用語ではないが、最高裁判所の裁判官が法廷意見に賛成した上で付す「補足意見」がある（裁判所法11条参照）。

第Ⅱ編　用字用語の使い分け　　499

〔198〕　程／ほど

> **ポイント**
> ・名詞の場合には、漢字を用いて「程」と書く。
> ・助詞の場合には、「ほど」と平仮名で書く。

漢字・仮名（品詞）　令４公用文作成考え方、平22公用文漢字使用等、平22常用漢字、平23用字用語例

程

名詞の場合には、漢字を用いて「程」と書く。

例

程遠い　身の程　程なく

……ほど

助詞の場合には、常用漢字表に使える漢字があっても「ほど」と平仮名で書く。

例

三日ほど経過した　先ほど　後ほど　今朝ほど　少ないほど良い

説　明

物事、時間、空間、身分などの程度の意を表す名詞の場合は、漢字を用いて「程」と書き、助詞の場合は、「ほど」と平仮名で書く。

〔199〕 又は／若しくは／あるいは

ポイント

- 「又は」と「若しくは」は、選択的接続詞であり、単一で用いる場合には「又は」を用いる。
- 選択される語句に段階があるときは、最も大きい選択肢に「又は」を、それより小さい選択肢に「若しくは」を用いる。「又は」を用いていない文に「若しくは」は現れない。
- 「あるいは」は、一般に、「又は」「若しくは」と同じ意味で用いられることがあるが、法律上は、一部の古い法律などを除き、用いられていない。

法令用語 令4公用文作成考え方

又は

　法令や公用文で、複数の物事のうち、いずれか一つを選ぶことを表す場合に用いる。「か」という意味である。用法は、次のとおり。

（1）　A又はB

　二つの物事のうち、どちらか一つを選ぶ場合に用いる。

例

英語又は中国語（＝英語か中国語のどちらか一方）

（2）　A、B、C又はD

　それぞれ同格の三つ以上の物事の中から一つを選ぶ場合に用いる。最後に示す物事の前にだけ「又は」を用い、ほかは「、」とする。

例

物理、生物、化学又は地学を選択する。

第Ⅱ編　用字用語の使い分け　501

（＝物理、生物、化学、地学の４科目のうち、いずれか一つを選択する。）

（３）　A若しくはB又はC（若しくはD）

三つ以上の物事から一つを選ぶ際に、結び付きの強さに段階がある場合、１段階目の結び付きには「若しくは」を、２段階目の結び付きには「又は」を用いる。

例

英語若しくは中国語又は数学若しくは理科を選択し受験する。
（＝次のアとイのどちらか一方の方法を選択し、さらにそのうちで選んだ１科目を受験する。
　ア：英語か中国語のどちらかを受験する。
　イ：数学か理科のどちらかを受験する。）

若しくは

「又は」と同じく、法令や公用文で、複数の物事のうち、いずれか一つを選ぶことを表す場合に用いる。「か」という意味である。

ただし、「又は」と異なり、「若しくは」は上記「又は」の（３）の用法の場合にのみ用いるものであるため、「又は」を用いていない文には、「若しくは」は現れない。用法は、上記「又は」の（３）を参照。

あるいは

一般に、「又は」「若しくは」と同様に「か」の意味で用いられることがあるが、法律上は、一部の古い法律などを除き、用いられていない。

説　　明

「又は」と「若しくは」は、いずれも選択的接続詞である。法令や

公用文では、単一で用いる場合には「又は」を用いる。選択される語句に段階があるときは、最も大きい選択肢に「又は」を用い、それより小さい選択肢に「若しくは」を用いる。同じ段階の選択が3以上ある場合には、「、」で並列し、最後の部分に「又は」「若しくは」を用いる。

　なお、「又は」と「若しくは」は、いずれも漢字を使って書く接続詞である（令4公用文作成考え方、平22公用文漢字使用等、平22法令漢字使用等、平23送り仮名用例、昭61現代仮名遣い）。

　また、「あるいは」については、常用漢字表の字種で書き表せない語で訓による語は平仮名で書くため、「或いは」は用いず、「あるいは」を用いる。

＜MEMO＞

- 　法令では、「又は」と「及び」の双方の意味を持たせる場合には、規定の内容によるところもあるが、「又は」を用いることが多いように思われる。
- 　広報等では、特に「若しくは」は使わないようにし、上記の例の「＝」で示すような言い換えをするなどの工夫をする。
- 　公用文で「又は」と「若しくは」を用いる場合には、漢字を用いて書くのが原則であるが、一般の社会生活では仮名で表記する場合も多いため、解説や広報などでは、分かりやすさや親しみやすい表現を優先し、仮名で書くこともある。

第Ⅱ編　用字用語の使い分け　　503

〔200〕　見る／診る／みる

ポイント

・「見る」は、眺める、調べる、世話するという意味で用いる。
・「診る」は、診察するという意味で用いる。
・動詞の補助的な用法の場合には、「みる」と平仮名で書き、実際の動作・状態等を表す場合には、漢字を用いて書く。

異字同訓 平26異字同訓使い分け、平23用字用語例、令4公用文作成考え方

見る

眺める。調べる。世話する。

例

遠くの景色を見る　エンジンの調子を見る　顔色を見る　面倒を見る
親を見る

診る

診察する。

例

患者を診る　脈を診る　胃カメラを診る　医者に診てもらう

……（て）みる

　公用文では、動詞の補助的な用法の場合には、常用漢字表に使える漢字があっても「みる」と平仮名で書く。

例

……してみる　見てみる

504　　第Ⅱ編　用字用語の使い分け

説　　明

　「見る」は、眺める、調べる、世話するという意味を表す場合に、「診る」は、診察するという意味を表す場合に用いる。

　公用文では、視覚を働かせて物を認める、視覚以外の感覚で物事を捉えるなど、動詞の場合は漢字を用いて「見る」と書き、補助動詞の場合は、「……てみる」と平仮名で書く。

　公用文では、動詞や形容詞の補助的用法の場合には平仮名で書くこととされており、ほかに、「……ていく」「……ていただく」「……てくださる」「……てくる」「……てほしい」「……てよい」などがある。

　なお、観察する、観劇するという意味で「観る」が用いられることがあるが、常用漢字表にない訓であるため、公用文では用いない。

第Ⅱ編　用字用語の使い分け　　505

〔201〕　無効／取消し／撤回

ポイント

・「無効」は、基本的に、瑕疵があるために効力が始めから生じないことを指す。
・「取消し」は、基本的に、瑕疵があった場合に遡って効力を消滅させることを指す。
・「撤回」は、基本的に、瑕疵がなくても将来に向かって効力を消滅させることを指す。

法律類語

無効

（1）　私法上の用法

　法律行為に何らかの瑕疵があり、当事者の意図した法律上の効果が始めから発生しないこと。取消しと異なり、何ら意思表示がなくても始めから当然無効である。

　法律では、「無効とする」のほか、「その効力を生じない」と規定されることもある。

例

・公の秩序又は善良の風俗に反する法律行為は、無効とする。

（民法90条）

・婚姻は、次に掲げる場合に限り、無効とする。
　一　人違いその他の事由によって当事者間に婚姻をする意思がないとき。
　二　当事者が婚姻の届出をしないとき。ただし、その届出が第七百三十九条第二項に定める方式を欠くだけであるときは、婚姻は、そのためにその効力を妨げられない。

（民法742条）

506　　第Ⅱ編　用字用語の使い分け

・保証契約は、書面でしなければ、その効力を生じない。

（民法446条）

（2）　行政法上の用法

　瑕疵があるために、行政行為の外形があっても始めからその効果が全く生じないこと。個別具体的にどのような場合に無効となるかは講学上争いがあるが、行政行為に重大かつ明白な瑕疵がある場合には無効とされている。

取消し

（1）　民法上の用法

　民法総則上、法律行為の成立に瑕疵があった場合に、そのことを理由として法律行為の成立時に遡ってその効力を消滅させることをいう。

例

取り消された行為は、初めから無効であったものとみなす。

（民法121条）

　しかし、民法は、成立に瑕疵のない有効な法律行為の効力を将来に向かい失わせる場合にも「取消し」の語を用いている。

例

前項の場合において、未成年者がその営業に堪えることができない事由があるときは、その法定代理人は、第四編（親族）の規定に従い、その許可を取り消し、又はこれを制限することができる。　（民法6条2項）

　なお、婚姻の取消し（民法743条等）などについても、その性質上、将来に向かってのみその効力を消滅させるものと解されている。

（2）　行政法上の用法

　成立に瑕疵のある行政行為の効力を成立時に遡って消滅させることをいう。

第Ⅱ編　用字用語の使い分け　　507

> **例**
> ---
> 「処分の取消しの訴え」「裁決の取消しの訴え」
> （行政事件訴訟法３条２項・３項）

　しかし、法令の規定上は、成立に瑕疵のない行政行為の効力を、新たに生じた事由により、将来に向かって失わせる場合にも「取消し」の語が用いられている。講学上は、上記用法と区別するため、「行政行為の撤回」と呼ばれている。

> **例**
> ---
> ・経済産業大臣は、前項に規定する場合を除くほか、一般送配電事業者がこの法律又はこの法律に基づく命令の規定に違反した場合において、公共の利益を阻害すると認めるときは、第三条の許可を取り消すことができる。
> （電気事業法15条２項）
> ・医師が第四条各号のいずれかに該当し、又は医師としての品位を損するような行為のあつたときは、厚生労働大臣は、次に掲げる処分をすることができる。
> 　一　戒告
> 　二　三年以内の医業の停止
> 　三　免許の取消し
> （医師法７条）
> ・免許……を受けた者が次の各号のいずれかに該当することとなつたときは、その者が当該各号のいずれかに該当することとなつた時におけるその者の住所地を管轄する公安委員会は、政令で定める基準に従い、その者の免許を取り消し、又は六月を超えない範囲内で期間を定めて免許の効力を停止することができる。　（道路交通法103条）

撤回

（１）　民法の法律行為において、意思表示をした者が、その意思表示の効果を将来に向かって消滅させること。

（２）　国会法において、提出した議案を取り戻し、提出しなかったことにすること。地方公共団体の議会においても同様の意味で用いられる。

508 　　　第Ⅱ編　用字用語の使い分け

> **例**
>
> 内閣が、各議院の会議又は委員会において議題となつた議案を修正し、又は撤回するには、その院の承諾を要する。但し、一の議院で議決した後は、修正し、又は撤回することはできない。　　　　　（国会法59条）

（3）　「取消し」の（2）で触れたとおり、法律上は「取消し」が用いられているものについて、講学上の呼称として、「行政行為の撤回」といった語が用いられている。

説　　明

　いずれも、効力や効果が生じない、あるいは、これらを生じさせないことにまつわる用語である。

　「無効」は、法律行為や行政行為に何らかの瑕疵があるために法律上の効果が始めから発生しないものであり、何ら意思表示がなくても当然無効であることが、「取消し」と大きく異なる点である。

　「取消し」は、法律上、法律行為や行政行為の成立に瑕疵があった場合に、成立時に遡って効力を消滅させるときに用いられているが、法律の規定によっては、これらの行為の成立に瑕疵がないものについて将来に向かって効力を失わせる場合にも用いられている。後者については、行政法の分野では、講学上、前者と区別するために「行政行為の撤回」と呼ばれているため、混同しないよう注意が必要。

> **＜ＭＥＭＯ＞**
>
> 　「取消し」の表記に関して補足すると、公用文では、活用がなく、読み間違えるおそれのない複合語は、送り仮名を省くこととされているため、「取り消し」のように「り」を送ることはしない（令４公用文作成考え方、平22公用文漢字使用等、平22法令漢字使用等、平23送り仮名用例）。

第Ⅱ編　用字用語の使い分け　　509

〔202〕　巡る／めぐる

ポイント

- ・「巡り歩く」などの場合は、漢字を用いて書く。
- ・「課題をめぐって」などの場合は、平仮名で書く。

漢字・仮名（用法）　平22常用漢字、平23用字用語例

巡る

回り歩くこと。周りを取り囲むこと。

例

> 巡り歩く　寺を巡る　国々を巡る　城の周りを堀が巡っている

めぐる

ある事を中心として、それにまつわること、関連すること。

「繞る」は、常用漢字表にはないため用いず、平仮名を用いる。

例

> 課題をめぐって

説　　明

　「巡る」は、回り歩くこと、周りを取り囲むこと。「課題をめぐって」のように、ある事を中心として、それにまつわること、関連することの意味で用いる場合には、平仮名の「めぐる」を用いる。

第Ⅱ編　用字用語の使い分け

〔203〕　下／元／本／基

ポイント

・「下」は、影響力や支配力の及ぶ範囲、物の下の辺りなどを意味する。
・「元」は、物事が生じる始まり、以前、近くの場所などを意味する。
・「本」は、物事の根幹となる部分を意味する。
・「基」は、基礎・土台・根拠を意味する。

異字同訓　平26異字同訓使い分け

下

（1）　影響力や支配力の及ぶ範囲、……という状態・状況で

例

命令の下に　法の下に平等　……という理念の下　ある条件の下で成立する　一撃の下に倒した　真実を白日の下にさらす

（2）　物の下の辺り

例

花の下で遊ぶ　灯台下暗し　足下　足下（元）が悪い

　なお、「足もと」の「もと」は、「足が地に着いている辺り」という意で「下」を当てるが、「足が着いている地面の周辺（近くの場所）」という視点から捉えて、「元」を当てることもできる。

第Ⅱ編　用字用語の使い分け　　　511

元

（1）　物事が生じる始まり

例

口は災いの元　過労が元で入院する　火の元　家元　出版元　親元に帰る

　なお、一般に「親許」と書くことがあるが、公用文では、「許（もと）」は、常用漢字表にない音訓であるため、「親許」は用いない。

（2）　以前

例

元の住所　元首相

（3）　近くの場所

例

手元に置く　お膝元

（4）　もとで

例

元が掛かる

本（⇔末）

物事の根幹となる部分

例

生活の本を正す　本を絶つ必要がある　本を尋ねる

基

基礎・土台・根拠

例

資料を基にする　詳細なデータを基に判断する　これまでの経験に基づく

512 第Ⅱ編 用字用語の使い分け

| 説　明 |

　「下」は、影響力や支配力の及ぶ範囲、物の下の辺りなど、「元」は、物事が生じる始まり、以前、近くの場所など、「本」は、物事の根幹となる部分を、「基」は、基礎・土台・根拠を意味する。

　「足下」と「足元」のように、同じ読みでも、意味によって漢字を使い分けるので、注意が必要。

　また、「許」は、常用漢字表にない訓であるため、公用文では用いない。

第Ⅱ編　用字用語の使い分け　　513

〔204〕　基づく／よる

ポイント

・「基づく」は、基盤や根拠とするという意味。
・「よる」は、原因や理由とする、根拠とする、手段とする などを意味する。

類義語 令４公用文作成考え方、平22常用漢字、平22法令漢字使用等

基づく

基盤や根拠とするという意味。

例

統計データに基づいて資料を作成する　証拠に基づいて事実を認定する この法律の規定に基づき

よる

原因や理由とする（因る・由る）という意味。また、根拠とする（拠 る）、手段とする（依る）なども意味する。

例

火災による損害　国勢調査によれば　第○条の規定により　投資によっ て生計を立てる

なお、公用文では、常用漢字表にない音訓であるため、「由る」「拠 る」「依る」は用いず、平仮名で「よる」と書く（令４公用文作成考え方、 平22常用漢字）。

また、常用漢字表にあっても、法令に倣い、「因る」は用いず、平仮 名で書く（令４公用文作成考え方、平22法令漢字使用等）。

514　　第Ⅱ編　用字用語の使い分け

例

これによってよい

説　　明

　「基づいて」と「よる」のそれぞれの意味は上記のとおりであるが、場合によっては、使い分けが難しい場合がある。

　例えば、法令では、「～の規定に基づき」や「～の規定により」といった使い方がされることがあり、厳密な使い分けを見出すのは難しいが、強いて言えば、「～の規定により」は、端的にその根拠となる規定を示すものであるのに対し、「～の規定に基づき」は、その規定に「のっとって」という意味があり、当該規定との結び付きがより強いといえようか。

第Ⅱ編　用字用語の使い分け　　515

〔205〕　者／物／もの

ポイント

・「者」は、法律上の人格を有するもの（自然人・法人）を
指すときに用いる。
・「物」は、権利の客体となり得る外界の一部を指すときに
用いる。ただし、民法では「有体物」に限られる。
・「もの」は、①「者」と「物」で表現できないものを指す
場合、②①と「物」とを含めて表す場合、③人格のない団
体を指す場合、④③と「者」とを含めて表す場合に用いる。
関係代名詞的に用いることもある。

同音異義語 漢字・仮名（用法）　平22常用漢字、平23用字用語例

者

　法令上、「者」は、法律上の人格を有するもの、すなわち、自然人と
法人を指すときに用いられる。

例

若者　18歳未満の者

　一方、人格のない社団、財団その他人格のない団体が含まれるとき
や、これらの人格のないものだけであるときは、「もの」を用いるのが
原則である。ただし、法令の趣旨によっては「者」に人格のないもの
を含んでいると解される場合もある。

物

　法令上、「物」は、権利の客体となり得る外界の一部を指すときに用

いる。ただし、民法上は有体物のみを指す。

人又は人の身体は、死体及び分離したものを除き、物ではない。また、太陽や大洋など人が支配できないものも「物」ではない。

> **例**

> 物語　品物　果物（くだもの）　物を大切に扱う

もの

（1）　法令上、「もの」は、①「者」若しくは「物」では表現できないものを指す場合又は②これらと「物」とを含めて指す場合に用いる。

また、③人格のない団体を指す場合又は④これと「者」とを含めて指す場合に用いる。

（2）　関係代名詞的に「……であって、……であるもの」というように、あるものに更に要件を重ねて限定する場合にも用いる。

> **例**

> この法律において「電磁的記録」とは、電子的方式、磁気的方式その他人の知覚によっては認識することができない方式で作られる記録であって、電子計算機による情報処理の用に供される<u>もの</u>をいう。
>
> （刑法７条の２）

（3）　形式名詞の場合

公用文では、常用漢字表に使える漢字があっても、形式名詞は平仮名で「もの」と書く。

> **例**

> 正しいものと認める　目安を示すものである

ただし、「所持する物」、「裁判所の指名した者」のように、具体的に特定できる対象がある場合には、漢字で書く。

第Ⅱ編　用字用語の使い分け　　　517

| 説　　明 |

　一般の用語としても、「者」「物」「もの」はある程度使い分けがされているが、法令上は、更に厳密に使い分けがされている。特に「もの」は、「者」又は「物」で表現できないものを指す場合、人格のない団体を指す場合、これらと「物」あるいは「者」を含めて指す場合、関係代名詞的に用いる場合、形式名詞として用いる場合など様々な場合に用いられるものであり、これらの場合には「物」や「者」は使わないので、注意が必要である。

518　　　第Ⅱ編　用字用語の使い分け

〔206〕　故なく／みだりに／正当な理由がないのに

ポイント

・いずれも「正当な理由がないのに」とほぼ同じ意味だが、「故なく」は最近は用いられていない。
・「みだりに」は、理由だけでなく、行為の態様をも意味していると考えられる。

法令用語

故なく

　根拠なく、理由なくの意味。古い法律では用いられているが、最近の法律では用いられていない。

例

普通地方公共団体の議会の議員が正当な理由がなくて招集に応じないため、又は正当な理由がなくて会議に欠席したため、議長が、特に招状を発しても、なお故なく出席しない者は、議長において、議会の議決を経て、これに懲罰を科することができる。　　　　　（地方自治法137条1項）

みだりに

　社会通念上、正当性があるとは認められず、秩序を乱して、むやみに、わけもなく、という意味。「正当な理由がないのに」とほぼ同じ意味だが、理由だけでなく、行為の態様をも意味していると考えられる。

例

・何人も、みだりに廃棄物を捨ててはならない。
　　　　　　　　　　（廃棄物の処理及び清掃に関する法律16条）
・何人も、信号機若しくは道路標識等又はこれらに類似する工作物若しくは物件をみだりに設置してはならない。　　（道路交通法76条1項）

第Ⅱ編　用字用語の使い分け　　519

正当な理由がないのに

「故なく」とほぼ同じで「理由なく」の意味であるが、その理由について、その事柄との関係で正当性が強調される。

例

・正当な理由がないのに、封をしてある信書を開けた者は、一年以下の懲役又は二十万円以下の罰金に処する。　　　　　　　　（刑法133条）
・何人も、正当な理由がないのに、気象庁若しくは……気象の観測を行う者が屋外に設置する気象測器又は気象、地象……、津波、高潮、波浪若しくは洪水についての警報の標識を壊し、移し、その他これらの気象測器又は標識の効用を害する行為をしてはならない。

（気象業務法37条）

説　明

いずれも「正当な理由がないのに」とほぼ同じ意味だが、「みだりに」は、理由だけでなく、行為の態様をも意味していると考えられる。

また、「故なく」は最近の法律では用いられていない。かつては、例えば、刑法で用いられていたが、平成7年の改正で表記の平易化（ひらがな化等）が行われた際に、「正当な理由がないのに」に改められた。

＜MEMO＞
　「故なく」「みだりに」「正当な理由がないのに」と類似のものとして、「不法に」がある（例：不法に人を逮捕し、又は監禁した者は、三月以上七年以下の懲役に処する（刑法220条）。）。「違法に」と同じような意味であるが、形式的な法律違反だけでなく、実質的な違法に着目して用いられることも多い。

520　　　　　第Ⅱ編　用字用語の使い分け

〔207〕　代／世

ポイント

・「代」は、ある人や同じ系統の人が国を治めている期間。
・「世」は、その時の世の中。

異字同訓 平26異字同訓使い分け、平22常用漢字

代

ある人や同じ系統の人が国を治めている期間

例

明治の代　260年続いた徳川の代　武家の代　神代

世

その時の世の中

例

明治の世　世の中が騒然とする　この世のものとは思えない美しさ
世渡り　世が世ならば

説　明

　「代」はある人などが国を統治している期間を意味し、「世」は世の中のことを意味する。例えば、「明治のよ」については、「明治天皇の治世下にある」という意では「明治の代」、「明治時代の世の中」という意では「明治の世」と使い分ける。

第Ⅱ編　用字用語の使い分け　　　521

〔208〕　良い／善い／よい

ポイント

・「良い」は、優れている、好ましいという意味を表す場合に用いる。

・「善い」は、道徳的に望ましいという意味を表す場合に用いる。

・公用文では、形容詞の補助的な用法の場合は、仮名を用いて「よい」と書く。

異字同訓　漢字・仮名（品詞）　平26異字同訓使い分け、令４公用文作成考え方、平22公用文漢字使用等、平23用字用語例

良い

優れている。好ましい。

例

品質が良い　成績が良い　手際が良い　発音が良い　今のは良い質問だ　感じが良い　気立てが良い　仲間受けが良い　良い習慣を身に付ける　頭が良い　良い成績

善い

道徳的に望ましい。

例

善い行い　世の中のために善いことをする　人に親切にするのは善いことである

522 第Ⅱ編　用字用語の使い分け

…… （て）よい

　形容詞の補助的な用法の場合には、常用漢字表に使える漢字があっても「よい」と平仮名で書く。

例

……してよい　連絡してよい

　ただし、実際の動作・状態等を表す場合は漢字で書く。

例

声が良い

説　明

　「良い」は、優れている、好ましいものに広く用いられる用語である。一方、「善い」は、その中でも特に道徳的に望ましいという意味で用いられるものであり、「良い」ものが必ずしも「善い」ものとは限らない。

　公用文では、動詞や形容詞の補助的な用法の場合には、常用漢字表に使える漢字があっても平仮名で書くこととなっており、ほかに、「……ていく」「……ていただく」「……てくださる」「……てくる」「……てほしい」「……てみる」などがある。

　なお、「好い」は、常用漢字表にない音訓であるため、公用文では用いない。

第Ⅱ編　用字用語の使い分け　　523

〔209〕　要領／要綱／大綱／骨子

ポイント

・ 「要領」は、一般に、内容を要約したものを指す。
・ 「要綱」は、①一般に、要点をなす大事な事柄やそれをまとめたもの、②行政機関の定める規範のうち行政機関の内部の規律で国民の権利義務に関する定めとしての性質を有しないものを指す。
・ 「大綱」は、根本となるもの、大元となるもの、だいたいの内容を指す。
・ 「骨子」は、全体の骨格や骨組みをまとめたものを指す。

類義語

要領

　一般に、内容を要約したものを指す。

例

普通地方公共団体の長は、第三項の規定により議会の認定に付した決算の要領を住民に公表しなければならない。　　　（地方自治法233条６項）

要綱

（1）　一般に、要点をなす大事な事柄やそれをまとめたものを指す。

例

法律案要綱

（2）　行政機関の定める規範のうち行政機関の内部の規律で国民の権利義務に関する定めとしての性質を有しないものの形式名称として用いられる。法的拘束力はない。講学上の行政規則に当たる。

例

補助金交付要綱　指導要綱

大綱

　根本となるもの、大元となるもの、だいたいの内容などを指す。要綱を更に概括したものともいえる。

例

令和〇年度税制改正の大綱

骨子

　全体の骨格や骨組みをまとめたものを指す。

例

政策骨子　法律案骨子

説　　明

　「要領」は内容を要約したもの、「要綱」は要点をなす大事な事柄やそれをまとめたもの、「大綱」は根本となるもの、だいたいの内容など、「骨子」は全体の骨格や骨組みをまとめたものを意味する。ただし、必ずしも厳密な使い分けがあるわけではなく、例えば「要綱」を更に概括したものとして「大綱」「骨子」が用いられる場合もあれば、「要綱」と概括の度合いが同程度のものが「大綱」「骨子」と呼ばれる場合もある。

> **＜ＭＥＭＯ＞**
> 　上記「要綱」の（2）に該当するもののうち、基本的な内容や重要な内容を定める場合には「要綱」が、職員の事務処理上の更なる細目を定める場合には「要領」が用いられることもあるようである（例：「〇〇実施要領」）。

第Ⅱ編　用字用語の使い分け　　525

〔210〕　濫用／乱用

ポイント

・「濫用」は、むやみに用いること、みだりに用いることを意味する。

・現在、一般的には、「濫用」を指す際にも「乱用」が用いられているが、法律上は、「濫用」が用いられている。

同音類義語

濫用

むやみに用いること、みだりに用いること。

　現在は、一般的には、「濫用」を指す際に「乱用」が用いられているが、法律上は、依然として「濫用」が用いられている。

例

・麻薬及び向精神薬の濫用による保健衛生上の危害を防止し……
（麻薬及び向精神薬取締法1条）

・覚醒剤の濫用による保健衛生上の危害を防止するため……
（覚醒剤取締法1条）

　また、法律上、権限や職権の行使に用いられることが多く、形式的には権限や職権の行使といえるが、実質的には、その本来の使命を逸脱しており、正当な行使とはいえないことを意味する。

例

・この憲法が国民に保障する自由及び権利は、国民の不断の努力によつて、これを保持しなければならない。又、国民は、これを濫用してはならないのであつて、常に公共の福祉のためにこれを利用する責任を負ふ。
（日本国憲法12条）

526　　　　第Ⅱ編　用字用語の使い分け

・公務員がその職権を濫用して、人に義務のないことを行わせ、又は権
　利の行使を妨害したときは、二年以下の懲役又は禁錮に処する。

（刑法193条）

・権利の濫用は、これを許さない。　　　　　　　　　（民法1条3項）

乱用

　「乱」は、本来、みだす、みだれるを意味する漢字であり、みだり
にという意味はないが、現在は、「濫用」を指す際に、一般的には「乱
用」が用いられている。

例

薬物乱用

説　　明

　本来、むやみに用いること、みだりに用いることを指す場合には「濫
用」を用いるものであるが、常用漢字表の前身ともいえる「当用漢字
表」（昭和21年11月16日内閣告示）の再検討の際に「当用漢字表から削って
もよいと思われる漢字」として「濫」が挙がったことなどを踏まえ、
新聞などでは「乱用」が用いられるようになった。

　このような経緯もあり、現在、一般的には「濫用」を指す際にも「乱
用」が用いられる。一方、法律上は、依然として「濫用」が用いられ
ている。

第Ⅱ編　用字用語の使い分け　　527

〔211〕　連係／連携

ポイント

・「連係」は、切れ目なく続くこと、密接なつながりを持つことを指す。
・「連携」は、連絡を取り合って、協力して物事を進めることを指す。

同音異義語

連係

切れ目なく続くこと。密接なつながりを持つこと。

なお、「繋」が常用漢字表を外れているため、「連繋」は「連係」と書き換える（昭31同音漢字書換え）。

例

・連係プレー
・家庭医機能の充実等地域における医療を提供する施設相互間の業務の連係の在り方　　　　　　　　　　　（医療法平成９年改正法附則）
・自動データ処理機械と連係して作動する機械　（関税定率法別表の注）

連携

連絡を取り合って、協力して物事を進めること。

例

・連携協力　業務の連携　有機的な連携
・医療提供施設において診療に従事する医師及び歯科医師は、医療提供施設相互間の機能の分担及び業務の連携に資するため、必要に応じ、医療を受ける者を他の医療提供施設に紹介し、その診療に必要な限度において医療を受ける者の診療又は調剤に関する情報を他の医療提供

施設において診療又は調剤に従事する医師若しくは歯科医師又は薬剤
師に提供し、及びその他必要な措置を講ずるよう努めなければならな
い。 （医療法1条の4第3項）
・連携協約 （地方自治法252条の2）
・市町村の防災に係る関係機関相互間の連携の確保に関する事項
（消防組織法32条2項5号）

説　　明

　「連係」は、切れ目なく続くこと、密接なつながりを持つことを意
味し、「連携」は、連絡を取り合って、協力して物事を進めることを意
味する。

　法律上は、国の行政機関間の連携など、「連携」の用例は多く見受け
られるが、「連係」は余り例が見られない。

第Ⅱ編　用字用語の使い分け　　529

〔212〕　分かれる／別れる

ポイント

- 「分かれる」は、一つのものが別々の幾つかになる。違いが生じる。
- 「別れる」は、一緒にいた身内や友人などと離れる。

異字同訓　平26異字同訓使い分け、平23用字用語例

分かれる

（1）　一つのものが別々の幾つかになること。

例

道が二つに分かれる　敵と味方に分かれる　人生の分かれ道
勝敗の分かれ目

（2）　違いが生じること。

例

意見が分かれる　評価が分かれる

別れる

一緒にいた身内や友人などと離れること。

例

幼い時に両親と別れる　友と駅頭で別れる　家族と別れて住む
けんか別れになる　物別れに終わる

説　明

いずれも別々になるという意味で似ている部分があるが、「別れる」は特に人と人とが離れる、隔たる場合に用いられる。

530　　　第Ⅱ編　用字用語の使い分け

〔213〕　訳／わけ

ポイント

・実質名詞の場合は、漢字を用いて「訳」と書く。

・形式名詞の場合は、「わけ」と平仮名で書く。

漢字・仮名（品詞）　令4公用文作成考え方、平22公用文漢字使用等、平22常用漢字、平23用字用語例

訳

　意味・道理・理由・事情などの意を表す実質名詞の場合は、漢字を用いて「訳」と書く。

例

内訳　申し訳　訳がある　訳あって　申し訳ない

わけ

　公用文では、形式名詞の場合には、常用漢字表に使える漢字があっても「わけ」と平仮名で書く。

例

そうするわけにはいかない　賛成するわけにはいかない

説　明

　公用文では、常用漢字表に使える漢字があっても、形式名詞の場合には平仮名で書き、実質名詞の場合には漢字で書くこととされている。

第Ⅱ編　用字用語の使い分け　　　531

〔214〕　算用数字／漢数字

ポイント

・算用数字は、横書きで使い、漢数字は、縦書きにする場合
　に使う。
・兆、億、万の単位は、漢字を使う。
・概数は、漢数字を使い、語を構成する数なども、漢数字を
　使う。
・算用数字を使う横書きでは、「○か所」「○か月」と「か」
　を用いて書く

数字　令4公用文作成考え方

算用数字

（1）　横書きでは、算用数字を使う。その場合、四桁以上の大きな数
　は、三桁ごとにコンマで区切って書く。

例

・令和2年11月26日　午後2時37分　72％
・電話：03－5253－＊＊＊＊　5,000　62,250円　1,254,372人

（2）　兆、億、万の単位は、漢字で書くが、千・百は、例えば、「5千」
　「3百」とはしないで、「5,000」「300」と書く。なお、単位の漢字
　と算用数字を合せて使う場合、数字だけの場合とコンマの位置がず
　れることによる混乱を避けるため、コンマを省いてもよいとされて
　いる。

例

・5兆　100億　30万円　1億2,644万3,000人
・1億2644万3000人／（126,443,000人）

（3）　算用数字を使う横書きでは、「○か所」「○か月」と平仮名を用
　いて書く。なお、漢数字の場合の「箇」の使用については、漢数字

の解説、また、「箇」と「か」の使い分けについては、〔39〕を参照。

例
```
３か所　７か月
```

漢数字

（1）　縦書きする場合には、漢数字を使う。
　なお、その場合、法令、告示等の縦書きでは、原則として次の例のように漢数字を省略せず用いる。

例
```
令和二十五年一四二十六日　十九百八十三世　二百三十七万
七十二・三八一・二人
```

　他方、広報等の縦書きでは、次の例のような書き方をすることがある。

例
```
一九六五年　五二八　二百三十七万　２億３千万
72・8パーセント（又は％）　電話：〇三-五三六三-****
```

（2）　概数は、漢数字を使う。
　なお、「箇」については、概数を示すために漢数字を用いる場合には、例のようにこれを使って書く。また、「何箇所」「何箇月」なども「箇」を用い、縦書きで漢数字を用いる場合も同様である。

例
```
二十余人　数十人　四、五十人　数箇所　数十箇所
三箇所　七箇月　五箇条
```

（3）　語を構成する数や常用漢字表の訓による数え方などについては、次のように、漢数字を使う。
　ア　熟語、成語、ことわざを構成する数

例
```
二者択一　千里の道も一歩から　三日坊主　再三再四　幾百　幾千
```

第Ⅱ編　用字用語の使い分け　　　533

　イ　常用漢字表の訓、付表の語を用いた数え方　　（（　）内は読み方）

例

一つ、二つ、三つ……（ひとつ、ふたつ、みっつ……）
一人（ひとり）、二人（ふたり）……
一日（ついたち）、二日（ふつか）、三日（みっか）……
一間（ひとま）、二間（ふたま）、三間（みま）……

　ウ　他の数字と置き換えられない数

例

三権分立　六法全書　七福神　二十四節気

　エ　歴史、伝統文化、宗教等の用語

例

前九年の役　三国干渉　三代目坂田藤十郎　お七夜　七五三　四十九日

説　　明

　算用数字は、横書きで使い、漢数字は、縦書きで使うが、上記の漢数字の（2）概数の場合と（3）の語を構成する数や常用漢字表の訓による数え方などの場合には、横書きであっても漢数字を使うものである。
　なお、概数については、漢数字を使うものとされているが、算用数字で統一したい場合には、例えば「二十余人」については「20人余り」、「四、五十人」については「40〜50人」などと書き方を工夫することが必要である。
　また、縦書きされた漢数字を横書きで引用する場合には、「なお、昭和五十六年内閣告示第一号は廃止する。」→「なお、昭和56年内閣告示第1号は廃止する。」のように、原則として算用数字にするが、元の表記を示すために漢数字を用いる場合もある。「箇」についても、算用数字を使う横書きでは上記の例のように平仮名を用いて書くとされているが、縦書きの漢数字を用いる場合の「箇」につき、これを横書きで

引用するときにも、「三箇所」→「3か所」、「七箇月」→「7か月」のように直すこととされている。

　ちなみに、一般の社会生活において、横書きで算用数字を使った「1つ、2つ、3つ……」という表現が広く使われているが、公用文では、広報等で明確に数を数えているような場合などに限って算用数字を用いて表記することがあるものとされており、このことは「一人、二人、三人……」「一日、二日、三日……」などでも同様である。

　このほか、算用数字に全角を用いるか半角を用いるかについては、特に定めはないが、使い分けの考え方を文書内で統一し、全角と半角が混在しないようにする必要がある。なお、データや金額等の数値を示す場合には、情報処理において数値として認識されない場合があることから、半角数字を用いる。

　漢数字のゼロについては、「〇」（文字コード上の準漢字）を用いる。

◁ MEMO ▷

　数字の使い方に関連して、数字を使って表記する場合にしばしば問題となる「起算点による使い分け」について、ここで説明しておくと、例えば、「満5年」、「5か年」、「5年ぶり」、「5周年」はまるまる5年を意味し、「〜年ぶりに開催」の「〜年」は、前の開催年の翌年から数えて、今回の開催年を含むものである。

　また、例えば、「5年目」、「5年掛かり」、「5年来」、「5年越し」は起算の年を含んで5年を指す。

　これらについては、起算点に留意して使い分けることが必要である。

　このほか、「以上」「以下」「以前」「以後」や「超える」「未満」「満たない」「前」「後」による数量、日時などの起算点による使い分けも重要であるが、これらについては、本書のそれぞれの関連項目（〔15〕〔18〕）を参照。

　なお、それらの項目にない「満たない」は、起算点となる数量などを含まない場合に用いるもので、例えば、「100人に満たない」は「100人を含まずに、100人より少ない人数」の意である。

第Ⅱ編　用字用語の使い分け　　535

〔215〕　（　）／「　」／【　】

> **ポイント**
>
> ・括弧は、（　）（丸括弧）と「　」（かぎ括弧）を用いること
> を基本とする。
> ・括弧の中で文が終わる場合には、閉じ括弧の前に句点を打
> つ。
> ・文末にある括弧と句点の関係を使い分ける。
> ・【　】（隅付き括弧）は、項目を示したり、強調すべき点を
> 目立たせたりするときに用いる。

符号 令4公用文作成考え方

（　）（丸括弧）　「　」（かぎ括弧）

（1）　法令や公用文で用いる括弧は、（　）と「　」を基本とする。（　）
や「　」の中に、更に（　）や「　」を用いる場合にも、そのまま
重ねて用いる。

例

「異字同訓」の漢字の使い分け例」（平成26（2014）年　文化審議会国語分
科会報告）

（2）　括弧の中で文が終わる場合には、句点（。）を打つ。

括弧の中で文が終わる場合には、閉じ括弧の前に句点を打つ。

例

・（以下「基本計画」という。）
・「決める。」と発言した。

ただし、引用部分や文以外（名詞、単語としての使用、強調表現、

日付等）に用いる場合には打たない。また、文が名詞で終わる場合に
も打たない。

> 例

・議事録に「決める」との発言があった。
・「決める」という動詞を使う。
・国立科学博物館（上野）
・「わざ」を高度に体現する。

（3）　文末にある括弧と句点の関係を使い分ける。

　文末に括弧がある場合、それが部分的な注釈であれば閉じた括弧の
後に句点を打つ。

> 例

当事業は一時休止を決定した。ただし、年内にも再開を予定している（日
程は未定である。）。

　さらに、二つ以上の文又は文章全体の注釈であれば、最後の文と括
弧の間に句点を打つ。

> 例

当事業は一時休止を決定した。ただし、年内にも再開を予定している。
（別紙として、決定に至った経緯に関する資料を付した。）

【　】（隅付き括弧）

　【　】（隅付き括弧）は、項目を示したり、注意点や強調すべき点を
目立たせたりする目的で多く使用される。文書内での用法を統一し、
効果的に用いる。

> 例

・【会場】文部科学省講堂
・【取扱注意】

第Ⅱ編　用字用語の使い分け　　537

［　説　　明　］

　上記の（　）「　」の（1）のとおり、法令や公用文では、（　）や「　」
の中に、更に（　）や「　」を用いるときも、そのまま重ねて用いる
が、解説・広報等では、「　」の中で『　』（二重かぎ括弧）を用いる
こともある。また、閉じの丸括弧　）（片括弧）のみで用いることもあ
る。

　上記（　）「　」の（3）のとおり、文末にある括弧と句点の関係を使
い分けるが、一般の社会生活においては、括弧内の句点を省略するこ
とが多い。解説・広報等では、そこで文が終わっていることがはっき
りしている場合に限って、括弧内の句点を省略することがある。例）
年内にも再開を予定しています（日程は未定です）。

　このほか、（　）や「　」、『　』、【　】のほかにも様々な括弧の類が
あるが、慣用が定着しているとは言い難い面があるため、むやみに使
用しないようにし、必要な場合には文書内で用法を統一して使う。

538　　　　　第Ⅱ編　用字用語の使い分け

〔216〕　。／、／，／・

> **ポイント**
> ・句点には「。」、読点には「、」を用いる。
> ・「・」は、並列する語、外来語や人名の区切り、箇条書の冒頭等に用いる。

符号 令4公用文作成考え方

。（マル）　、（テン）　，（コンマ）

　句点には「。」（マル）、読点には「、」（テン）を用いることを原則とするが、横書きでは事情に応じて「，」（コンマ）を用いることもできる。ただし、両者が混在しないよう留意する。

　学術的・専門的に必要な場合等を除いて、句点に「．」（ピリオド）は用いない。欧文では「，」と「．」を用いる。

・（ナカテン）

　「・」（ナカテン）は、並列する語、外来語や人名の区切り、箇条書の冒頭等に用いる。

> **例**
>
> 光の三原色は、赤・緑・青である。　ケース・バイ・ケース
> マルコ・ポーロ　　・項目1　　や十二・川〜や人ム

説　明

　令和4年以降、句読点は「。」と「、」を用いることが原則とされている。昭和27年「公用文作成の要領」では、「句読点は，横書きでは「，」および「。」を用いる。」とされていたため、最近まで裁判所や法務省など一部の官庁では読点に「，」が用いられていたが、既に一般社会では「、」が長らく広まっていたことから、上記要領の見直しが行われた。

第Ⅱ編　用字用語の使い分け　　539

〔217〕　—／－／〜／…

> ### ポイント
> ・「—」（ダッシュ）は、文の流れを切り、間を置く。発言の
> 　中断や言いよどみを表す。
> ・「－」（ハイフン）は、数字やローマ字による表記の区切り
> 　やつなぎに使う。
> ・「〜」（波形）は、時間や距離などの起点と終点を表す。「か
> 　ら」「まで」を表す。
> ・「…」（３点リーダー）は、続くものの存在を示す。重ねて
> 　項目とページ数や内容をつなぐ。

符号 令４公用文作成考え方

—（ダッシュ）

文の流れを切り間を置く、発言の中断や言いよどみを表す等がある。

例

・昭和56年の次官通知—（又は二つ重ねる「——」）
・これは既に無効であるが——

－（ハイフン）

　数字やローマ字（A, a, B, b, C, c……）による表記の区切りやつ
なぎに使う等がある。

例

〒100－8959　03－5253－＊＊＊＊

～（波形）

時間や距離などの起点と終点を表す、「から」「まで」を表す等がある。

例

10時～12時　東京～京都　価格：3,000円～　～10月4日

…（3点リーダー）

続くものの存在を示す、重ねて項目とページ数や内容をつなぐ等がある。

例

・牛、馬、豚、鶏…（又は二つ重ねる「……」）
・第5章………2
・材料………鉄

説　明

公用文においてこれらの符号の用い方について特に定めはないが、上記の呼称や使用例などを参考に、慣用に倣って文書内での用法を統一するとともに、むやみに多用しないこと。また、情報処理の際に文字化けを起こすものがあり得るため留意が必要である。

用語索引

542

用　語　索　引

【あ】

	ページ
会う	86
合う	86
遭う	87
上がる	90
挙がる	90
揚がる	91
空く	88
明く	88
開く	88
空ける	88
明ける	88
開ける	88
あげる	91
上げる	90
挙げる	90
揚げる	91
明渡し	92
価	95
値	95
あっせん	96
当てる	100
充てる	100
宛てる	100
後（→ご）	
表す	102
現す	102
著す	103
表れる	102
現れる	102
ある	104
有る	104
在る	104
あるいは	501
あわせて	107

合わせて	106
併せて	106
案件	299

【い】

位（→くらい）	
いう	108
言う	108
以下	115
以下同じ	110
以下「〇〇」という	110
以下の	349
いく	112
行く	112
以後	120
以降	120
意志	113
意思	113
以上	115
異常	117
異状	117
移譲	118
委譲	118
委嘱	123
以前	120
委託	122
いたす	126
致す	126
いただく	127
頂く	127
悼む	128
痛む	128
傷む	128
痛める	128
傷める	128

委任	123	収まる	149
違法	130	納まる	149
いる	133	治まる	149
居る	133	修まる	150
姻族	241	収める	149
		納める	149
【う】		治める	149
		修める	150
受入れ	134	おそれ	151
受入先	134	恐れ	151
受け入れる	134	畏れ	151
受渡し	93	虞	151
うち	135	おって	153
内	135	追って	153
写す	137	及び	154
映す	137	下りる	157
写る	137	降りる	157
映る	137	下ろす	157
生まれる	139	降ろす	157
産まれる	139	御（おん）	142
生む	139		
産む	139	**【か】**	
【え】		か	158
		箇	158
閲覧	140	価（→あたい）	
延長	260	会社	160
		解除	162
【お】		解職	164
		改正	166
お	142	改定	169
犯す	144	改訂	169
侵す	144	解任	164
冒す	144	解約	162
……（て）おく	146	代える	187
置く〔動詞〕	146	替える	187
後れる	147	換える	187
遅れる	147	変える	188

用語索引　　545

価格	171	**【き】**	
価額	171		
係る	173	基（→もと）	
関わる	174	起因	194
下記	349	基因	194
過失	254	期間	196
科す	175	棄却	199
課す	175	企業	160
形	177	聞く	202
型	177	聴く	202
堅い	178	期限	197
固い	178	期日	198
硬い	178	基準	203
かつ	155	規準	203
過程	180	規程	205
課程	180	規定	205
から	181	記名	207
から起算して〇日	184	却下	200
から〇日	183	休暇	210
科料	185	休業	211
過料	185	休憩	211
代わる	187	休憩時間	211
替わる	187	休止	455
換わる	187	休日	209
変わる	188	給付	322
款	342	給与	213
勘案	273	給料	214
慣行	189	行政官庁	217
勧告	380	行政機関	216
監護者	487	行政庁	216
慣習	189	協定	218
漢数字	532	共同	221
関する	173	協同	221
監督	191	協働	222
管理	192	強迫	223
監理	192	脅迫	224
慣例	190	協約	219
		供与	305

許可	226	号	341
居所	330	公開	256
許諾	360	更改	259
		後記	349
【く】		公共団体	401
		公共的団体	401
ください	229	公共用	271
下さい	229	後見人	488
国	230	公告	262
くらい	233	広告	263
位	233	公示	263
ぐらい	233	更新	259
位する	233	更生	266
くる	235	更正	167・266
来る	235	厚生	266
		公正	267
【け】		交代	268
		交替	268
形式	177	高年齢者	276
型式	177	公表	256
経費	470	交付	305
契約	237	合法	270
血族	240	公有	272
元（→もと）		公用	271
権限	248	考慮	273
権原	248	高齢者	275
権能	249	越える	278
原本	243	超える	115・278
権利	247	告示	264
		告知	407
【こ】		個人	468
		越す	278
子	250	超す	278
ご	143	答える	280
後	120	応える	280
御（ご）	142	国庫	231
故意	254	骨子	524
項	341	こと	282

用語索引　547

事	282
子供	250
この限りでない	283
この場合において	395

【さ】

歳	285
才	285
催告	287
財団	327
探す	289
捜す	289
作成	290
作製	290
差す	292
指す	293
刺す	293
挿す	293
妨げない	283
さらに	295
更に	295
参酌	273
算用数字	531

【し】

事案	299
時期	296
時季	296
時機	296
支給	305
事業	325
事件	298
事故	298
志向	301
指向	301
施行	302

施策	367
指示	317
支出	304
辞職	307
指針	318
施設	310
自然人	468
下（→もと）	
したがって	312
従って	312
実施	303
実状	313
実情	313
失職	307
実体	314
実態	313
実費	471
してはならない	315
指導	317
児童	251
しなければならない	319
辞任	165
支払	322
支弁	304
事務	325
釈明	482
社団	327
住居	330
住所	329
修正	166
習得	332
修得	332
十分	333
充分	333
縦覧	140
主旨	335
趣旨	335
受理	337

用語索引

受領	337	しん酌	273
準用する	339	申請	363
使用	344	親族	241
章	342		
条	341	【す】	
昇格	346		
上記	349	推定する	365
償却	348	末（→まつ）	
消却	348	速やかに	397
焼却	348	することができない	315
昇給	346	することができる	320
召集	351	するものとする	319
招集	351		
昇進	347	【せ】	
承諾	360		
譲渡	352	政策	367
昇任	346	製作	369
承認	359	制作	369
抄本	244	清算	371
条約	219	精算	371
譲与	352	正当	373
使用料	354	正当な理由がないのに	519
所轄	355	政府	230
所管	355	正本	244
嘱託	124	責任	376
職務	326	責務	377
助言	379	節	342
所持	358	設備	310
所掌	356	責め	377
処置	383	前	120
処分	384	前記	349
署名	207	占有	357
所有	357	占用	345
処理	384		
審議	361	【そ】	
親権者	487		
申告	363	沿う	378
審査	361	添う	378

用語索引　　549

相談	379	地方公共団体	400
相当	373	地方自治体	401
贈与	353	仲介	96
即する	382	中高年齢者	276
則する	382	仲裁	97
措置	383	中止	454
外（→ほか）		中断	455
その	421	調査	361
その他	386	調整	403
その他の	386	調製	403
損害賠償	388	調停	98
損失補償	388	賃金	214

【た】

他	484		
代（→よ）		追及	404
大綱	524	追求	404
代行	394	追究	404
対策	367	通告	407
対象	390	通知	406
対称	390	通報	406
対照	390	次の	349
退職	307	付（→ふ）	
体制	392	付く	409
態勢	392	着く	409
代表	393	就く	410
代理	393	作る	412
ただし	395	造る	412
直ちに	397	創る	412
立つ	399	勤める	414
建つ	399	務める	414
脱法	131	努める	414

【つ】

【て】

値（→あたい）		停止	454
遅滞なく	398	訂正	167
		的確	415

【ち】

550　用語索引

適確	415	とる	435
適格	415	執る	434
適法	270	採る	434
適用	302	取る	435
手数料	354		
撤回	507	**【な】**	
手続	417		
手続き	417	ない	437
		無い	437
【と】		内（→うち）	
		なお従前の例による	439
等	419	なおその効力を有する	440
同	421	など	419
同意	360	並びに	155
当該	422	なる	442
当分	423	成る	442
謄本	244		
当面	423	**【に】**	
同様とする	340		
とおり	425	人（→ひと）	
通り	425	認可	227
とき	451	認許	444
時	452	認証	443
督促	287	認諾	444
ところ	426	認定	444
所	426		
歳（→さい）		**【ね】**	
年（→ねん）			
届出	427	年	446
整う	429	年度	446
調う	429		
整える	429	**【の】**	
調える	429		
……とともに	431	延ばす	448
……と共に	431	伸ばす	448
捕らえる	433	延びる	448
捉える	433	伸びる	448
取消し	506	延べる	448

用語索引　　551

伸べる	448
上る	449
登る	449
昇る	449

【は】

場合	451
廃止	453
配付	457
配布	457
配慮	273
図る	459
計る	459
測る	459
量る	460
諮る	461
謀る	461
はじめ	462
初め	462
始め	462
発表	257
早い	465
速い	465
早まる	465
速まる	465
早める	465
速める	465

【ひ】

引渡し	92
人	467
費用	470
表示	473
標示	473
開く（→あく）	

【ふ】

附	475
付	475
副本	245
複本	245
節（→せつ）	
不実	478
不正	477
不適法	131
不当	478
不法	130
ぶり	480
振り	480

【へ】

別記	350
編	342
弁済	323
弁明	481

【ほ】

報告	428
方策	368
法人	161
ほか	485
他（→た）	
外	484
保護者	486
補佐	492
保佐	493
ほしい	490
欲しい	490
補助	491
保証	494
保障	494

補償	495	申出		364
補正	167	目		342
補足	496	若しくは		501
捕捉	496	下		510
補則	497	元		511
……ほど	499	本		511
程	499	基		511
本（→もと）		基づく		513
		もの		516
【ま】		者		515
		物		515
前（→ぜん）				
又は	500	**【や】**		
末	511			
		約定		238
【み】		約束		239
		約款		238
みだりに	518			
みなす	365	**【ゆ】**		
未満	115			
……（て）みる	503	故なく		518
見る	503			
診る	503	**【よ】**		
【む】		代		520
		世		520
無効	505	……（て）よい		522
		良い		521
【め】		善い		521
		要綱		523
目（→もく）		要旨		335
めぐる	509	要領		523
巡る	509	より		181
免許	227	よる		513
免職	308			
		【ら】		
【も】				
		濫用		525
申立て	364	乱用		526

【り】

履行	323
離職	308
利用	344

【れ】

例による	339
連係	527
連携	527

【ろ】

老人	275

【わ】

分かれる	529
別れる	529
わけ	530
訳	530

【記号】

「　」（かぎ括弧）	535
，（コンマ）	538
…（3点リーダー）	540
【　】（隅付き括弧）	536
―（ダッシュ）	539
、（テン）	538
・（ナカテン）	538
〜（波形）	540
－（ハイフン）	539
。（マル）	538
（　）（丸括弧）	535

公用文の書き表し方と用字用語の使い分け
―公用文作成のポイント―

令和7年1月10日　初版発行
定価4,400円(本体4,000円)

編　著　川　﨑　　政　司
発行者　河　合　誠　一　郎

発　行　所　新日本法規出版株式会社

本　　　社
総 轄 本 部　(460-8455)　名古屋市中区栄1-23-20

東 京 本 社　(162-8407)　東京都新宿区市谷砂土原町2-6

支社·営業所　札幌・仙台・関東・東京・名古屋・大阪・高松
広島・福岡

ホームページ　https://www.sn-hoki.co.jp/

【お問い合わせ窓口】
新日本法規出版コンタクトセンター
☎ 0120-089-339 (通話料無料)
●受付時間／9：00～16：30 (土日・祝日を除く)

※本書の無断転載・複製は、著作権法上の例外を除き禁じられています。
※落丁・乱丁本はお取替えします。　　ISBN978-4-7882-9393-9
5100333　公用文使い分け　　　　　©川﨑政司 2025 Printed in Japan